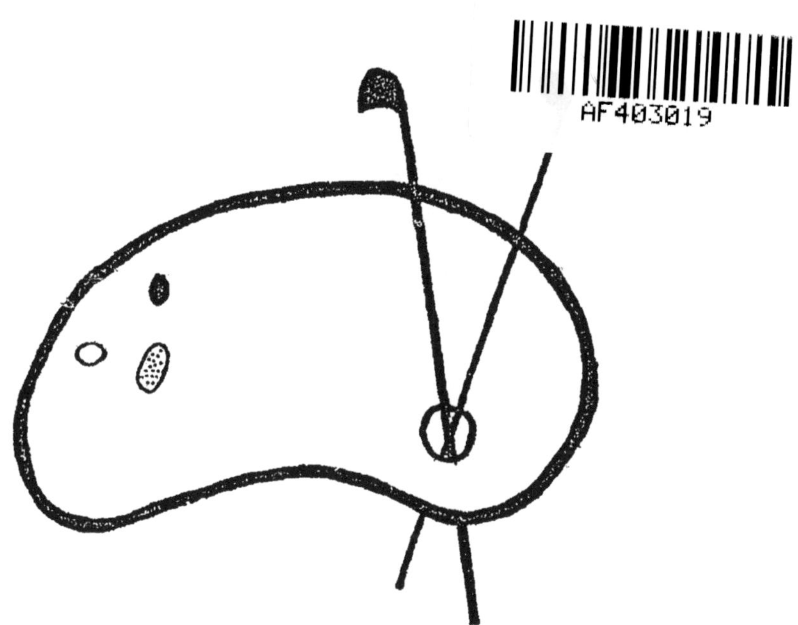

DEBUT D'UNE SERIE DE DOCUMENTS
EN COULEUR

BIBLIOTHÈQUE SOCIALISTE INTERNATIONALE
publiée sous la direction de Alfred BONNET
XI

CONTRIBUTION A LA CRITIQUE

DE

L'ÉCONOMIE POLITIQUE

PAR

KARL MARX

TRADUIT SUR LA 2ᵉ ÉDITION ALLEMANDE DE KARL KAUTSKY

PAR

LAURA LAFARGUE

PARIS (Vᵉ)

V. GIARD & E. BRIÈRE

LIBRAIRES-ÉDITEURS
16, RUE SOUFFLOT ET 12, RUE TOULLIER

1909

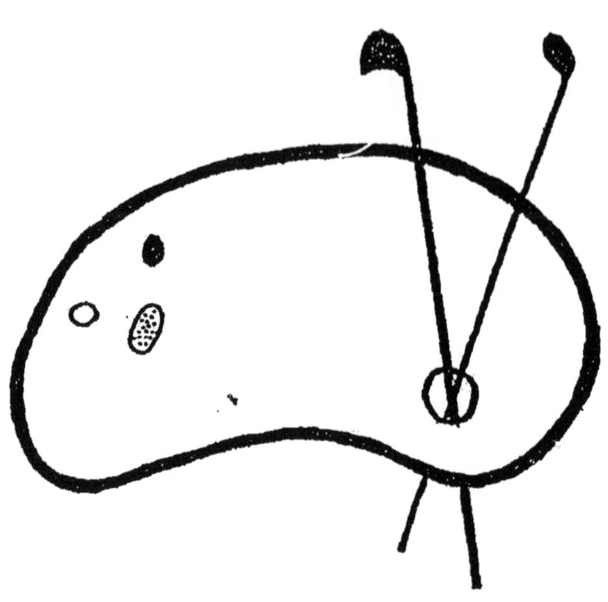

FIN D'UNE SERIE DE DOCUMENTS
EN COULEUR

CONTRIBUTION A LA CRITIQUE

DE

L'ÉCONOMIE POLITIQUE

BIBLIOTHÈQUE SOCIALISTE INTERNATIONALE
publiée sous la direction de Alfred BONNET
XI

CONTRIBUTION A LA CRITIQUE

DE

L'ÉCONOMIE POLITIQUE

PAR

KARL MARX

TRADUIT SUR LA 2e ÉDITION ALLEMANDE DE KARL KAUTSKY

PAR

LAURA LAFARGUE

PARIS (v^e)

V. GIARD & E. BRIÈRE

LIBRAIRES-ÉDITEURS
16, RUE SOUFFLOT ET 12, RUE TOULLIER

1909

PRÉFACE

—

J'examine le système de l'économie bourgeoise dans l'ordre suivant : *Capital, Propriété, Travail salarié ; État, Commerce extérieur, Marché mondial*. Sous les trois premières rubriques, j'étudie les conditions
d'existence économiques des trois grandes
classes en lesquelles se divise la société bourgeoise moderne ; la liaison des trois autres
rubriques saute aux yeux. La première section du premier livre, qui traite du capital,
se compose des chapitres suivants : 1. La
marchandise ; 2. La monnaie ou la circulation
simple ; 3. Le capital en général. Les deux
premiers chapitres forment le contenu du
présent volume. J'ai sous les yeux l'ensemble
des matériaux sous forme de monographies

écrites à de longs intervalles pour mon propre éclaircissement, non pour l'impression, et dont l'élaboration suivie, selon le plan indiqué, dépendra des circonstances.

Je supprime une introduction générale que j'avais ébauchée parce que, toute réflexion faite, il me paraît qu'anticiper sur des résultats qu'il reste encore à démontrer pourrait déconcerter, et que le lecteur qui voudra bien me suivre devra se décider à s'élever du particulier au général. Quelques indications, par contre, sur le cours de mes propres études politiques-économiques pourraient bien être ici à leur place.

Mon étude professionnelle était la jurisprudence, laquelle cependant je ne poursuivis qu'accessoirement à la philosophie et à l'histoire, comme une discipline subordonnée. Dans l'année 1842-43, en ma qualité de rédacteur à la *Rheinische Zeitung*, je me trouvai, pour la première fois, dans l'obligation embarrassante de dire mon mot sur les soi-disant intérêts matériels. Les débats du Landtag rhénan sur les délits forestiers et le morcellement de la propriété foncière, la polémique officielle que M. von Schaper, alors premier président de la province rhénane, engagea avec la *Rheinische Zeitung* sur les conditions d'existence des paysans de la Moselle, les discussions enfin sur le libre échange et la protection, me fournirent les premiers motifs pour m'occuper des questions économiques. D'autre part, à cette époque, où la bonne volonté d' « aller de l'avant » l'emportait souvent sur les connaissances réelles, il s'était fait entendre dans la *Rheinische Zeitung* un écho affaibli, pour ainsi dire philosophique, du socialisme et du communisme français. Je me prononçai contre ce bousillage, mais en même temps j'avouai carrément, dans une controverse avec la *Allgemeine Augsburger Zeitung*, que les études que j'avais faites jusqu'alors ne me permettaient pas de risquer un jugement quelconque sur la nature des tendances françaises. L'illusion des gérants de la *Rheinische Zeitung* qui croyaient pouvoir faire réformer l'arrêt de mort prononcé contre leur journal en lui imprimant une allure plus modérée, m'offrit l'occasion, que je saisis avec empressement, de quitter la scène publique et de me retirer dans mon cabinet d'étude.

Le premier travail que j'entrepris pour résoudre les doutes qui m'assaillaient fut une revision critique de la *Rechtsphilosophie* de Hegel, travail dont l'introduction parut dans les *Deutsch-Französische Jahrbücher*, publiés à Paris en 1844. Mes recherches aboutirent à ce résultat : que les rapports juridiques, ainsi que les formes de l'Etat, ne peuvent s'expliquer ni par eux-mêmes, ni par la soi-disant évolution générale de l'esprit humain ; qu'ils prennent leurs racines plutôt dans les conditions d'existence matérielles que Hegel, à l'exemple des Anglais et des Français du XVIIIe siècle, comprenait sous le nom de « société civile » ; mais que l'anatomie de la société est à chercher dans l'économie politique. J'avais commencé l'étude de celle-ci à Paris et je la continuai à Bruxelles où je m'étais établi à la suite d'un arrêté d'expulsion décerné contre moi par M. Guizot. Le résultat général auquel j'arrivai et lequel, une fois obtenu, me servit de fil conducteur dans mes études, peut brièvement se formuler ainsi. Dans la production sociale de leur existence, les hommes entrent en des rapports déterminés, nécessaires, indépendants de leur volonté ; ces rapports de production correspondent à un degré de développement donné de leurs forces productives matérielles. L'ensemble de ces rapports de production constitue la structure économique de la société, la base réelle, sur quoi s'élève une superstructure juridique et politique et à laquelle correspondent des formes de conscience sociales déterminées. Le mode de production de la vie matérielle conditionne le procès de vie social, politique et intellectuel en général. Ce n'est pas la conscience des hommes qui détermine la réalité ; c'est au contraire la réalité sociale qui détermine leur conscience. A un certain stade de leur développement les forces productives de la société entrent en contradiction avec les rapports de production existants, ou, ce qui n'en est que l'expression juridique, avec les rapports de propriété à l'intérieur desquels elles s'étaient mues jusqu'alors. De formes évolutives des forces productives qu'ils étaient, ces rapports deviennent des entraves de ces forces. Alors s'ouvre une ère de révolution sociale. Le changement qui s'est produit dans la base économique bouleverse plus ou moins lentement ou rapidement touté la colossale superstructure. Lorsqu'on considère de tels bouleversements, il importe de distinguer toujours entre le bouleversement matériel des conditions de production économiques — qu'on doit constater fidèlement à l'aide des sciences physiques et naturelles — et les formes juridiques, politiques, religieuses, artistiques ou philosophiques, bref, les formes idéologiques sous lesquelles les hommes deviennent conscients de ce conflit et le mènent à bout. De même qu'on ne juge pas un individu sur l'idée qu'il se fait de lui, de même on ne peut juger une telle époque de bouleversement sur sa conscience de soi ; il faut, au contraire, expliquer cette conscience par les contradictions de la vie matérielle, par le conflit qui existe entre les forces productives sociales et les rapports de production. Une société ne disparaît jamais avant que soient développées toutes les forces productives qu'elle est assez large pour contenir, et jamais de nouveaux et supérieurs rapports de production ne se substituent à elle avant que les conditions d'existence matérielles de ces rapports aient été couvées dans le sein même de la vieille société. C'est pourquoi l'humanité ne se pose jamais que les problèmes qu'elle peut résoudre, car, à regarder de plus près, il se trouvera toujours que le problème lui-même ne se présente que lorsque les conditions matérielles pour le résoudre existent ou du moins sont en voie de devenir. Esquissés à grands traits, les modes de production asiatiques, antiques, féodaux et bourgeois modernes peuvent être désignés comme autant d'époques progressives de la formation sociale économique. Les rapports de production bourgeois sont la dernière forme antagonique du procès de production social, non dans le sens d'un antagonisme individuel, mais d'un antagonisme qui naît des conditions d'existence sociales des individus ; les forces productives qui se développent au sein de la société bourgeoise créent en même temps les conditions matérielles pour résoudre cet antagonisme. Avec cette formation sociale s'achève donc la préhistoire de la société humaine.

Friedrich Engels, avec qui (depuis la publication dans les *Deutsch-Französische Jahrbücher* de sa géniale esquisse d'une critique des catégories économiques) j'entretenais une correspondance constante, où nous échangions nos idées, Friedrich Engels était arrivé par une autre voie — comparez sa *Lage der arbeitenden Klasse in England* — au même résultat que moi-même. Et quand, au printemps de 1845, il vint, lui aussi, se domicilier à Bruxelles, nous résolûmes de travailler en commun à dégager le contraste de notre manière de voir avec l'idéologie de la philosophie allemande, en fait, de nous mettre en règle avec notre conscience philosophique d'autrefois. Le manuscrit, deux forts volumes in-octavo, était depuis longtemps entre les mains de l'éditeur en Westphalie quand on nous avertit qu'un changement de circonstances mettait obstacle à l'impression. Nous abandonnâmes d'autant plus volontiers le manuscrit à la critique rongeuse des souris que nous avions atteint notre but principal, voir clair en nous-mêmes.

Des travaux épars que nous avons soumis au public à cette époque et dans lesquels nous avons exposé nos vues sur des questions diverses, je ne mentionnerai que le *Manifest der Kommunistischen Partei*, rédigé par Engels et moi en collaboration, et le *Discours sur le libre échange* publié par moi. Les points décisifs de notre manière de voir ont été pour la première fois exposés scientifiquement, encore que sous forme d'une polémique, dans mon écrit, paru en 1847, et dirigé contre Proudhon : *Misère de la Philosophie,* etc. L'impression d'une dissertation sur la *Lohnarbeit,* écrite en allemand et composée des conférences que j'avais faites au groupe des ouvriers allemands de Bruxelles, fut interrompue par la révolution de février et par mon expulsion qui en résulta.

La publication de la *Neue Rheinische Zeitung* en 1848-49 et les événements ultérieurs interrompirent mes études économiques que je ne pus reprendre qu'en 1850 à Londres. La prodigieuse quantité de matériaux pour l'histoire de l'Economie politique amoncelée au British Museum ; le poste si favorable qu'offre Londres pour l'observation de la société bourgeoise, et enfin, le nouveau stade de développement où celle-ci paraissait entrer par la découverte de l'or californien et australien, me décidèrent à recommencer par le commencement et à soumettre à un examen critique

les nouveaux matériaux. Ces études condui-
sirent d'elles-mêmes à des recherches qui
semblaient m'éloigner de mon but et auxquelles néanmoins je dus m'arrêter plus ou
moins longtemps. Mais ce qui surtout abrégea
le temps dont je disposais, ce fut l'impérieuse
nécessité de faire un travail rémunérateur.
Ma collaboration, commencée il y a huit ans,
à la *New York Tribune*, le premier journal
anglo-américain, entraîna, comme je ne
m'occupe qu'exceptionnellement de journa-
lisme proprement dit, un éparpillement extraordinaire de mes études. Cependant des articles sur les événements économiques mar-
quants qui se produisaient en Angleterre et sur
le continent, formaient une partie si considérable de mes contributions que je fus contraint
de me familiariser avec des détails pratiques
qui ne sont pas du domaine de la science
propre de l'économie politique.

Par cette esquisse du cours de mes études
sur le terrain de l'économie politique j'ai
voulu montrer seulement que mes opinions,
de quelque manière d'ailleurs qu'on les juge
et pour si peu qu'elles concordent avec les
préjugés intéressés des classes régnantes, sont

le fruit de longues et consciencieuses études. Mais au seuil de la science comme à l'entrée de l'enfer, une obligation s'impose :

> Qui si convien lasciare ogni sospetto
> Ogni viltà convien che qui sia morta.

KARL MARX.

Londres, janvier 1859.

CRITIQUE
DE L'ÉCONOMIE POLITIQUE

SECTION PREMIÈRE
Le capital en général.

—

CHAPITRE PREMIER

LA MARCHANDISE

Au premier abord la richesse de la société bourgeoise apparaît comme une immense accumulation de marchandises, la marchandise isolée comme la forme élémentaire de cette richesse. Mais chaque marchandise se manifeste sous le double aspect de valeur d'usage et de valeur d'échange (1).

(1) Aristot., *D. Rep.*, l. I, c. ix (édit. 1 Bekkeri Oxonii 1837). « ἑκάστου γὰρ κτήματος διττὴ ἡ χρῆσίς ἐστιν... ἡ μὲν οἰκεία ἡ δ' οὐκ οἰκεία τοῦ πράγματος, οἷον ὑποδήματος ἥ τε ὑπόδεσις καὶ ἡ μεταβλητική. Ἀμφότεραι γὰρ ὑποδήματος χρήσεις· καὶ γὰρ ὁ ἀλλαττόμενος τῷ δεομένῳ ὑποδήματος ἀντὶ νομίσματος ἢ τροφῆς χρῆται τῷ ὑποδήματι ἢ ὑπόδημα ἀλλ' οὐ τὴν οἰκείαν χρῆσιν· οὐ γὰρ ἀλλαγῆς ἕνεκεν γέγονεν. Τὸν αὐτὸν δὲ τρόπον ἔχει καὶ περὶ τῶν ἄλλων κτημάτων. »

(Toute propriété a deux usages, qui tous deux lui appartiennent essentiellement, sans toutefois lui appartenir de la même façon : l'un est spécial à la chose, l'autre ne l'est pas. Une chaussure peut à la fois servir à chausser le pied

La marchandise, dans la langue des économistes anglais, est premièrement « une chose quelconque, nécessaire, utile ou agréable à la vie », objet de besoins humains, moyen d'existence dans la plus large acception du mot. La forme sous laquelle la marchandise est une valeur d'usage se confond avec son existence matérielle, tangible. Le froment, par exemple, est une valeur d'usage spéciale, qui se distingue des valeurs d'usage, coton, verre, papier, etc. La valeur d'usage n'a de valeur que pour l'usage, et ne se réalise que dans le procès de consommation. On peut utiliser la même valeur d'usage de différentes façons. La somme, toutefois, de ses emplois possibles est donnée par son caractère d'objet aux propriétés définies. De plus, elle n'est pas seulement déterminée qualitativement mais *quantitativement*. Des valeurs d'usage différentes ont des mesures différentes, suivant leurs particularités naturelles : par exemple, un boisseau de froment, une rame de papier, un mètre de toile, etc.

Quelle que soit la forme sociale de la richesse, les valeurs d'usage en constituent toujours le con-

ou à faire un échange. On peut du moins en tirer ce double usage. Celui qui, contre de l'argent ou contre des aliments, échange une chaussure dont un autre a besoin, emploie bien cette chaussure en tant que chaussure, mais non pas cependant avec son utilité propre ; car elle n'avait point été faite pour l'échange. J'en dirai autant de toutes les autres propriétés. *Politique d'Aristote* traduite en français par J. Barthélemy Saint-Hilaire, l. I, ch. III.

tenu qui demeure indifférent tout d'abord à cette forme. A goûter le blé on ne reconnaît pas qui l'a cultivé : serf russe, paysan parcellaire français, ou capitaliste anglais. Bien que la valeur d'usage soit objet de besoins sociaux et qu'elle se relie par conséquent à la société, elle n'exprime cependant pas un rapport de production social. Cette marchandise en tant que valeur d'usage est, par exemple, un diamant. A voir le diamant, on ne s'aperçoit pas qu'il est une marchandise. Lorsqu'il sert de valeur d'usage, esthétique ou mécanique, sur la gorge de la lorette ou dans la main du tailleur de verre, il est diamant et non marchandise. Il paraît nécessaire que la marchandise soit une valeur d'usage, mais chose indifférente que la valeur d'usage soit une marchandise. La valeur d'usage dans cette indifférence à la détermination économique formelle, c'est-à-dire la valeur d'usage comme telle, est en dehors de la sphère d'investigation de l'économie politique (1). Elle y entre seulement quand elle est elle-même détermination de forme économique. Directement elle est la base matérielle par où se manifeste un rapport déterminé, la *valeur d'échange*.

La valeur d'échange apparaît de prime abord

______

(1) C'ést pourquoi des compilateurs allemands traitent *con amore* de la valeur d'usage fixée sous le nom de « Bien ». Cf. par exemple L. Stein, *System der Staatswissenschaften*, vol. I, chapitre des *Bicns*. Des choses sensées se rencontrent dans les *Anweisungen zur Waarenkunde*.

comme un *rapport quantitatif* dans lequel les valeurs d'usage sont échangeables entre elles. Dans un tel rapport elles forment une grandeur d'échange identique. Ainsi un volume de Properce et 8 onces de tabac à priser peuvent avoir la même valeur d'échange malgré le disparate des valeurs d'usage du tabac et de l'élégie. En tant que valeur d'échange, une valeur d'usage vaut juste autant qu'une autre, pourvu qu'elle se présente en proportion convenable. La valeur d'échange d'un palais peut s'exprimer en un nombre déterminé de boîtes de cirage. Les fabricants de cirage de Londres ont inversement exprimé en palais la valeur d'échange de leurs boîtes de cirage multipliées. Indifférentes donc à leur mode d'existence naturel, sans égard à la nature spécifique du besoin pour lequel elles sont des valeurs d'usage, les marchandises, dans des quantités déterminées, se superposent, se suppléent dans l'échange, sont réputées équivalentes et représentent ainsi, en dépit de leur apparence bariolée, la même unité.

Les valeurs d'usage sont immédiatement des moyens d'existence. Inversement, ces moyens d'existence sont eux-mêmes des produits de la vie sociale, résultat de la force vitale dépensée par l'homme, du *travail actualisé*. Comme matérialisation du travail social, toutes les marchandises sont des cristallisations de la même unité. Il nous faut maintenant considérer le caractère déterminé de cette unité, c'est-à-dire du travail, qui se manifeste dans la valeur d'échange.

Supposons que 1 once d'or, 1 tonne de fer, 1 quarter de froment et 20 mètres de soie représentent des valeurs d'échange de grandeur égale. Grâce à cette équivalence où la différence qualitative de leur valeur d'usage est éliminée, elles représentent un volume égal d'un travail identique. Il faut que le travail qui se réalise en elles d'une manière égale soit lui-même du travail uniforme, indifférencié, simple, auquel il est aussi indifférent de se manifester dans l'or, le fer, le froment et la soie, qu'il est indifférent à l'oxygène de se trouver dans la rouille du fer, dans l'atmosphère, dans le jus du raisin ou dans le sang de l'homme. Mais creuser le sol pour en tirer de l'or, extraire du fer de la mine, cultiver le blé ou tisser la soie, sont des genres de travail qui se distinguent qualitativement les uns des autres. En effet, ce qui paraît être matériellement une différence des valeurs d'usage, apparaît, dans le procès de production, comme une différence de l'activité qui crée les valeurs d'usage. Indifférent à la substance particulière des valeurs d'usage, le travail, créateur de la valeur d'échange, est indifférent à la forme particulière du travail lui-même. Les différentes valeurs d'usage sont, en outre, les produits de l'activité des différents individus, donc le résultat de travaux qui diffèrent individuellement. Comme valeurs d'échange cependant, elles représentent du travail homogène, indifférencié, c'est-à-dire du travail dans lequel est oblitérée l'individualité des travailleurs. Le travail qui crée la valeur d'échange est donc du *travail-général-abstrait*.

Si 1 once d'or, 1 tonne de fer, 1 quarter de froment et 20 mètres de soie sont des valeurs d'une grandeur égale ou des équivalents, 1 once d'or, 1/2 tonne de fer, 3 boisseaux de froment et 5 mètres de soie sont des valeurs de grandeur tout à fait différente, et cette différence quantitative est la seule différence dont elles soient susceptibles, en tant que valeurs d'échange. Comme valeurs d'échange de grandeur différente, elles représentent un plus ou un moins, des quantités plus ou moins grandes, de ce travail simple, uniforme, général-abstrait, qui constitue la substance de la valeur échangeable. La question est de savoir comment mesurer ces quantités ? Ou plutôt il s'agit de savoir quel est le mode d'existence quantitatif de ce travail lui-même, puisque les différences de grandeur des marchandises, en tant que valeurs d'échange, ne sont que les différences de grandeur du travail réalisé en elles. De même que le temps est l'expression quantitative du mouvement, le *temps de travail* est l'expression quantitative du travail. Différence de sa propre durée, voilà la seule différence dont le travail soit susceptible, sa qualité étant donnée. Comme temps de travail, il a son étalon dans les mesures naturelles du temps : heure, jour, semaine, etc. Le temps de travail est la substance vitale du travail, indifférent à sa forme, son contenu, son indi-

vidualité; il en est l'expression vivante quantitative, en même temps que sa mesure immanente.
Le temps de travail réalisé dans les valeurs d'usage
des marchandises est aussi bien la substance qui
fait d'elles des valeurs d'échange et partant des marchandises, que la mesure de leur valeur déterminée. Les quantités corrélatives des différentes
valeurs d'usage, dans lesquelles se réalise le même
temps de travail, sont des équivalents, autrement
dit, toutes les valeurs d'usage sont des équivalents dans les proportions où elles contiennent le
même temps de travail concrété, mis en œuvre. En
tant que valeurs d'échange, toutes les marchandises ne sont que des mesures déterminées de
temps de travail coagulé.

Pour l'intelligence du fait que la valeur d'échange
est déterminée par le temps du travail, il importe
d'établir les points principaux suivants : la réduction du travail au travail simple, vide de qualité,
pour ainsi dire ; le mode spécifique par où le travail créateur de valeur d'échange et, par conséquent, producteur de marchandises, est du *travail
social* ; enfin, la différence entre le travail en tant
qu'il produit des valeurs d'usage, et le travail en
tant qu'il produit des valeurs d'échange.

Pour mesurer les valeurs d'échange des marchandises par le temps de travail incorporé à
elles, il faut que les différents travaux soient eux-
mêmes réduits au travail indifférencié, uniforme,
simple, bref, au travail qui est identique par

la qualité, et ne se distingue que par la quantité.

Cette réduction a l'apparence d'une abstraction, mais c'est une abstraction qui se fait journellement dans le procès de production social. La résolution de toutes les marchandises en temps de travail n'est pas une abstraction plus grande, en même temps qu'elle n'en est pas une moins réelle, que la résolution de tous les corps organiques en air. En fait, le travail qui est ainsi mesuré par le temps n'apparaît pas comme le travail de différents individus, les différents individus qui travaillent apparaissent plutôt comme de simples organes du travail. Ou encore, pourrait-on dire : le travail, tel qu'il se manifeste dans les valeurs d'échange, est du *travail humain général*. Cette abstraction du travail humain général *existe* dans le travail moyen que chaque individu moyen d'une société donnée peut accomplir, une dépense productive déterminée de muscles, de nerfs, de cerveau humains, etc. C'est du travail *simple* (1), à l'accomplissement duquel chaque individu moyen peut être dressé, et que sous une forme ou sous une autre, il faut qu'il accomplisse. Le caractère de ce travail moyen diffère lui-même dans les différents pays et à des époques de culture différentes, mais paraît être donné dans une société déterminée.

(1) Les économistes anglais disent « unskilled labour » (travail non qualifié).

Le travail simple constitue la masse de beaucoup la plus considérable de l'ensemble du travail de la société bourgeoise, ainsi qu'on peut s'en convaincre en consultant une statistique quelconque. Que A produise du fer pendant 6 heures, et de la toile pendant 6 heures, et que B de même produise du fer pendant 6 heures et de la toile pendant 6 heures, ou que A produise du fer pendant 12 heures, et que B produise de la toile pendant 12 heures, il n'y a là évidemment qu'un emploi différent du même temps de travail. Mais que sera-ce du travail compliqué qui s'élève au-dessus du niveau moyen, en tant que travail d'une intensité plus grande, d'un poids spécifique supérieur ? Ce genre de travail se résout en travail simple composé, en travail simple d'une puissance plus élevée. Ainsi, un jour de travail compliqué équivaut à trois jours de travail simple. Les lois qui règlent cette réduction n'appartiennent pas à cette partie de notre étude. Mais il est clair que cette réduction s'opère, car, en tant que valeur d'échange, le produit du travail le plus compliqué est, dans une proportion déterminée, l'équivalent du produit du travail moyen simple ; il est donc mis en équation avec un quantum déterminé de ce travail simple.

La détermination de la valeur d'échange par le temps de travail suppose encore que dans une marchandise donnée, soit une tonne de fer, il est réalisée une *quantité égale* de travail, sans qu'il importe que ce soit le travail de **A** ou de **B**, c'est-à-dire que les différents individus dépensent un travail égal pour produire la même valeur d'usage, déterminée qualitativement et quantitativement. En d'autres termes, il est supposé que le temps de travail contenu dans une marchandise est le temps de travail *nécessaire* à sa production, ou le temps de travail exigé pour produire un nouvel exemplaire de la même marchandise dans des conditions de production générales données.

Il résulte de l'analyse de la valeur, que pour créer de la valeur d'échange, il faut que le travail soit *déterminé socialement*, qu'il soit du *travail social*, social non tout court, mais d'une manière particulière. C'est un mode spécifique de la socialité. D'abord la simplicité indifférenciée du travail est l'*égalité* des travaux individuels qui se rapportent les uns aux autres comme au travail égal, et cela par la réduction effective de tous les travaux au travail homogène. Le travail de chaque individu, pour autant qu'il se manifeste en valeurs d'échange, possède ce caractère social d'égalité et il ne se manifeste dans la valeur d'échange qu'autant qu'il se rapporte au travail de tous les autres individus comme du travail égal.

De plus, dans la valeur d'échange, le temps de travail de l'individu isolé apparaît directement comme du *temps de travail général*, et ce *caractère général* du travail isolé revêt un *caractère social*. Le temps de travail représenté dans la va—

leur d'échange est le temps de travail de l'individu, mais de l'individu non distingué de l'autre individu, de tous les autres individus, en tant qu'ils accomplissent un travail égal, si bien que le temps de travail dépensé par l'un à produire une marchandise déterminée est le temps de travail *nécessaire* que tout autre emploierait à produire la même marchandise. C'est le temps de travail de l'individu, mais il n'est *son* temps de travail que parce qu'il est le temps de travail commun à tous et que, par conséquent, il est indifférent que ce soit le temps de travail de tel ou tel individu. Comme temps de travail général il se réalise dans un produit général, un *équivalent général*, un quantum donné de travail matérialisé, lequel est indifférent à la forme déterminée de valeur d'usage sous laquelle il est directement le produit d'un individu et peut être converti à volonté en toute autre forme de valeur d'usage sous laquelle il est le produit d'un autre individu. Il n'est *grandeur sociale* que parce qu'il est une telle *grandeur générale*. Pour que le résultat du travail individuel soit une valeur d'échange il faut qu'il soit un *équivalent général* : il faut que le temps de travail de l'individu représente du temps de travail général ou que le temps de travail général représente celui de l'individu. L'effet est le même que si les différents individus avaient réuni leur temps de travail et représenté des quantités différentes du temps de travail à leur commune disposition par des valeurs d'échange diverses. Le temps de travail de l'individu est ainsi, en fait, le temps de travail que doit dépenser la société pour produire une valeur d'usage déterminée, c'est-à-dire pour satisfaire un besoin déterminé. Mais ici il ne s'agit que de la forme spécifique sous laquelle le travail acquiert un caractère social. Un temps de travail donné du fileur se réalise, par exemple, en 100 livres de fil de lin. Supposez que 100 mètres de toile, le produit du tisserand, représentent un quantum égal de temps de travail. En tant que ces deux produits représentent un même quantum de temps de travail général et sont, par conséquent, des équivalents de *toute* valeur d'usage contenant une égale quantité de temps de travail, ils sont des équivalents l'un de l'autre. Par cela seul que le temps de travail du fileur et le temps de travail du tisserand représentent du temps de travail général et que leurs produits conséquemment représentent des équivalents généraux, le travail du tisserand et celui du fileur réalisent ici le travail de l'un pour le travail de l'autre, c'est-à-dire réalisent la forme d'apparition sociale de leur travail pour tous deux. Dans l'industrie patriarcale-rurale, au contraire, où le fileur et le tisseur demeuraient sous le même toit, où la partie féminine de la famille filait, la partie masculine tissait pour les besoins de la famille, fil et toile étaient des produits *sociaux*, filer et tisser étaient des travaux *sociaux* dans l'enceinte de la famille. Mais

leur caractère social ne consistait pas dans le fait
que le fil, équivalent général, s'échangeait contre
la toile, équivalent général, ou que tous deux
s'échangeaient l'un contre l'autre en tant qu'expressions équivalentes du même temps de travail
général. C'était l'organisation familiale, avec sa division du travail, qui marquait le produit du travail
de son empreinte sociale particulière. Ou bien, prenons les corvées et les redevances en nature du Moyen
Age. Ce qui constitue ici le lien social, ce sont les
travaux déterminés des individus dans leur forme
naturelle, c'est la particularité et non la généralité
du travail. Ou prenons, enfin, le travail en commun sous sa forme primitive, tel que nous le ren-
controns au seuil de l'histoire de tous les peuples
civilisés (1). Ici le caractère social du travail ne
dérive manifestement pas de ce que le travail de
l'individu revêt la forme abstraite de la généralité

(1) C'est un préjugé ridicule répandu dans ces derniers
temps que la forme primitive de la propriété commune
est une forme spécifiquement slave, voire exclusivement
russe. C'est une forme que l'on rencontre chez les Romains, les Germains, les Celtes et dont aujourd'hui encore on peut trouver une carte modèle avec différents
échantillons, quoique par fragments et en débris, chez les
Indiens. Une étude approfondie des formes de la propriété
indivise dans l'Asie et surtout dans l'Inde montrerait
comment des différentes formes de la propriété commune
primitive il est sorti des formes diverses de dissolution.
Ainsi, par exemple, les différents types originaux de la
propriété privée à Rome et chez les Germains peuvent
être dérivés des différentes formes de la propriété commune indienne.

Marx   2

ou de ce que son produit revêt la forme d'un équi-valent général. C'est la communauté, que sous-entend la production, qui empêche le travail de l'individu d'être du travail privé et son produit d'être un produit privé, qui plutôt fait apparaître le travail individuel comme la fonction d'un membre de l'organisme social. Il est sous-entendu que le travail qui se réalise dans la valeur d'échange est le travail de l'individu isolé. Pour devenir du travail social il lui faut revêtir la forme de son opposé immédiat, la forme de la généralité abs-traite.

Ce qui enfin caractérise le travail qui crée de la valeur d'échange, c'est que les relations sociales des personnes apparaissent pour ainsi dire ren-versées, comme le rapport social des choses. Parce qu'une valeur d'usage se rapporte à l'autre comme une valeur d'échange, le travail d'une personne se rapporte au travail d'une autre comme au travail égal et général. Si donc il est correct de dire que la valeur d'échange est un rapport entre les personnes (1), il convient d'ajouter : un rapport caché sous une enveloppe matérielle. De même qu'une livre de fer et une livre d'or, malgré la différence de leurs qualités physiques

____

(1) « La richezza è una raggione tra due persone » (La richesse est un rapport entre deux personnes). GALIANI, *Della moneta*, p. 221, t. III du recueil de CUSTODI, *Scrittori classici Italiani di Economia politica*. Parte moderna. Milano, 1803.

et chimiques, représentent le *même* quantum
de pesanteur, deux valeurs d'usage contenant
le même temps de travail représentent la *même*
valeur d'échange. La valeur d'échange paraît
ainsi être une détermination des valeurs d'usage
dans la société, détermination qui leur revient
en leur qualité d'objets et grâce à laquelle elles se
suppléent dans le procès de l'échange dans des
rapports quantitatifs déterminés et forment des
équivalents, de même que les substances chimiques
simples se combinent dans des rapports quantitatifs déterminés et forment des équivalents chimiques. Seule l'habitude de la vie journalière peut
faire paraître chose banale et allant de soi le fait
qu'un rapport de production révète la forme d'un
objet, de façon que les relations des personnes
dans leur travail se manifestent comme un rapport
où les choses entrent en relations entre elles et avec
les personnes. Dans la marchandise cette mystification est encore fort simple. Plus ou moins va-
guement tout le monde soupçonne que le rapport
des marchandises, en tant que valeurs d'échange,
est plutôt un rapport des personnes à leur activité productive réciproque. Dans les rapports de
production plus élevés cette apparence de simplicité disparaît. Toutes les illusions du système
monétaire viennent de ce qu'on ne voit pas que
l'argent représente un rapport de production social et qu'il le fait sous la forme d'un objet naturel
aux propriétés déterminées. Chez les économistes

qui se rient si dédaigneusement des illusions du système monétaire, la même illusion se décèle dès qu'ils ont affaire à des catégories économiques supérieures, par exemple, le capital. Elle éclate dans l'aveu d'un naïf étonnement quand tantôt leur apparaît comme un rapport social ce que déjà ils croyaient tenir comme un objet palpable et que tantôt les lutine sous forme d'un objet ce qu'à peine ils avaient fixé comme un rapport social.

La valeur d'échange des marchandises n'étant en fait que le rapport des travaux individuels, réputés égaux et généraux, les uns aux autres, rien autre que l'expression objective d'une forme sociale spécifique du travail, c'est de la tautologie de dire que le travail est la source *unique* de la valeur, et partant de la richesse en tant que celle-ci consiste en valeurs d'échange. C'est la même tautologie de dire que la matière comme telle n'a point de valeur d'échange (1), puisqu'elle ne contient point de travail et que la valeur d'échange comme telle, ne contient point de matière. Or, quand *William Petty* appelle « le travail, le père,

----

(1) « In its natural state... matter is always destitute of value » (Dans son état naturel la matière est toujours dénuée de valeur). Mac Culloch, *A discourse on the Rise, Progress etc., of Political Economy*, 2e édition. Edinburgh, 1825, p. 48. On voit combien même un Mac Culloch s'élève au-dessus du fétichisme de « penseurs » allemands qui déclarent que la matière et une demi-douzaine d'autres saugrenuités sont les éléments de la valeur. Cf. par exemple L. Stein, *l. c.*, t. I, p. 110.

et la terre, la mère de la richesse », ou que l'évêque *Berkeley* demande (1) : « Si les quatre éléments et le travail de l'homme qu'ils renferment ne sont pas la véritable source de la richesse »; ou encore quand l'Américain, *Thomas Cooper*, expose populairement : « Otez à une miche de pain le travail qu'on y a mis, le travail du boulanger, du meunier, du fermier, etc., et que reste-t-il ? Quelques graines d'herbes sauvages impropres à tout usage humain (2) », il ne s'agit pas, dans toutes ces conceptions, du travail abstrait, en tant que source de la valeur d'échange, mais du travail concret, en tant que source de richesses matérielles, bref, du travail producteur de valeurs d'usage. La valeur d'usage de la marchandise étant supposée, l'utilité particulière, le but déterminé du travail qu'elle a absorbé est supposé, mais là s'arrête, du point de vue de la marchandise, toute prise en considération du travail comme du travail utile. Ce qui nous intéresse dans le pain, en tant que valeur d'usage, ce sont ses propriétés alimentaires et point du tout les travaux du fermier, du meunier, du boulanger, etc. Si une invention quelconque faisait disparaître 19/20 de ces travaux, la miche de pain rendrait le même service qu'aupa-

(1) BERKELEY, *The Querist*, London, 1750. « Whether the four elements, and man's labour therein, be not the true source of wealth ? »

(2) Th. COOPER, *Lectures on the Elements of Political Economy*, London, 1831, Columbia, 1820, p. 99.

ravant. Si elle tombait toute cuite du ciel, elle ne perdrait pas pour cela un atome de sa valeur d'usage. Tandis que le travail qui crée la valeur d'échange se réalise dans l'égalité des marchandises comme équivalents généraux, le travail qui est l'activité productive appropriée à un but, se réalise dans l'infinie variété de ses valeurs d'usage. Tandis que le travail, créateur de la valeur d'échange, est du travail *général-abstrait* et *égal*, le travail créateur de la valeur d'usage est du travail concret et spécial qui, en ce qui concerne la forme et la matière, se décompose en des façons de travail infiniment diverses.

En tant qu'il produit des valeurs d'usage, il est faux de dire que le travail est la source *unique* de la richesse par lui produite, c'est-à-dire de la richesse matérielle. Puisqu'il est l'activité qui adapte la matière à tel ou tel but, il est sous-entendu qu'il lui faut de la matière. La proportion entre le travail et la matière est très différente dans les différentes valeurs d'usage, mais toujours la valeur d'usage contient un substratum naturel. Activité utile, qui vise l'appropriation des produits de la nature sous une forme ou sous une autre, le travail est la condition naturelle de l'existence humaine, la condition, indépendante de toutes les formes sociales, de l'échange de la matière entre l'homme et la nature. Le travail, par contre, qui crée la valeur d'échange est une forme de travail spécifiquement sociale. Le travail matériel du tailleur, par exemple, en tant qu'activité productive particulière, produit bien l'habit mais non la valeur d'échange de l'habit. Il produit cette valeur non parce qu'il est du travail de tailleur, mais parce qu'il est du travail général-abstrait, et celui-ci se lie à un ensemble social que le tailleur n'a pas bâti. C'est ainsi que dans l'industrie domestique de l'antiquité, les femmes produisaient l'habit sans produire la valeur d'échange de l'habit. Le législateur Moïse savait tout aussi bien qu'Adam Smith (1), l'officier de la douane, que le travail est une source de richesse matérielle.

Considérons maintenant quelques propositions qui résultent de la réduction de la valeur d'échange au temps de travail.

Comme valeur d'usage, la marchandise a une action causale. Le froment, par exemple, agit parce qu'il est un aliment. Une machine supplée le travail dans des rapports déterminés. Cette action de la marchandise, par quoi seule elle est une valeur d'usage, un objet de consommation, on peut l'appeler son service, service qu'elle rend comme valeur d'usage.

---

(1) F. List qui n'a jamais pu comprendre la différence entre le travail qui aide à créer une utilité, une valeur d'usage, et le travail qui est une forme sociale déterminée de la richesse et crée la valeur d'échange — il est vrai que son intelligence pratique et intéressée n'est pas faite pour comprendre — n'aperçoit dans les économistes anglais modernes que des plagiaires de Moïse l'égyptien.

Mais en qualité de valeur d'échange la marchandise n'est jamais envisagée qu'au point de vue du résultat. Il ne s'agit pas du service qu'elle rend mais du service (1) qui lui a été rendu par cela qu'elle a été produite. Aussi la valeur d'échange d'une machine n'est pas déterminée par le quantum de temps de travail qu'elle supplée, mais par le quantum de temps de travail qui en elle est mis en œuvre et qui, par conséquent, est requis pour produire une nouvelle machine de la même espèce.

Si donc le quantum de travail exigé pour la production de marchandises restait constant, leur valeur d'échange serait invariable. Mais la facilité et la difficulté de la production varient sans cesse. Si sa force productive augmente, le travail produit la même valeur d'usage en moins de temps. Si la force productive du travail diminue, il faut plus de temps pour produire la même valeur d'usage. La grandeur du temps de travail contenue dans une marchandise, donc sa valeur d'échange, est par conséquent variable ; elle augmente ou diminue en rapport inverse à l'augmentation ou à la diminution de la force productive du travail. La force productive du travail, qu'une industrie manufacturière applique à un degré déterminé

----

(1) On conçoit quel « service » la catégorie « service » a dû rendre à des économistes de l'espèce de J.-B. Say et F. Bastiat dont l'intelligence raisonneuse, comme l'a justement remarqué Malthus, fait abstraction partout de la forme déterminée spécifique des rapports économiques.

d'avance, se trouve dans l'agriculture et dans l'industrie extractive conditionnée par des circonstances naturelles hors de tout contrôle. Le *même* travail donnera un rendement plus ou moins grand de différents métaux selon l'abondance ou la rareté relative de ces métaux dans l'écorce terrestre. Le *même* travail peut, si la saison est bonne, se réaliser en 2 boisseaux de froment ; si elle est mauvaise, dans 1 boisseau de froment seulement. Les conditions naturelles de rareté ou d'abondance paraissent ici déterminer la valeur d'échange des marchandises parce qu'elles déterminent la force productive, liée à des conditions naturelles, d'un travail concret particulier.

Des valeurs d'usage différentes contiennent en volumes inégaux le même temps de travail ou la même valeur d'échange. Plus est petit le volume de sa valeur d'usage, comparé à d'autres valeurs d'usage, sous lequel une marchandise contient un quantum déterminé de temps de travail, plus est grande sa valeur d'échange spécifique. Si nous trouvons qu'à des époques de culture différentes et éloignées les unes des autres, certaines valeurs d'usage forment entre elles une série de valeurs d'échange spécifiques qui conservent les unes vis-à-vis des autres, sinon exactement le même rapport numérique, du moins le rapport général de supériorité et d'infériorité, comme par exemple l'or, l'argent, le cuivre, le fer ; ou le froment, le seigle, l'orge, l'avoine ; il faut en conclure seulement que le développement progressif des forces productives sociales influe d'une manière uniforme, ou approximativement uniforme, sur le temps de travail qu'exige la production de ces différentes marchandises.

La valeur d'échange d'une marchandise ne se manifeste pas dans sa propre valeur d'usage. Cependant, comme matérialisation du temps de travail social, général, la valeur d'usage d'une marchandise est mise en des rapports de proportion avec les valeurs d'usage d'autres marchandises. La valeur d'échange d'une marchandise se manifeste ainsi dans la valeur d'usage des autres marchandises. Un équivalent est, en fait, la valeur d'échange d'une marchandise exprimée dans la valeur d'usage d'une autre marchandise. Si je dis, 1 mètre de toile vaut 2 livres de café, la valeur d'échange de la toile est exprimée dans la valeur d'usage du café et cela dans un quantum déterminé de cette valeur d'usage. Cette proportion donnée, je puis exprimer la valeur de chaque quantum de toile en café. Il est évident que la valeur d'échange d'une marchandise, par exemple de la toile, n'est pas épuisée par la proportion dans laquelle une marchandise particulière, par exemple le café, forme son équivalent. Le quantum de temps de travail général représenté dans un mètre de toile est réalisé simultanément en des volumes les plus divers des valeurs d'usage de toutes les autres marchandises. Dans la proportion où la valeur d'usage de toute autre marchandise représente un temps de travail d'égale grandeur, elle constitue un équivalent du mètre de toile. La valeur d'échange de *cette marchandise isolée* ne s'exprime donc d'une manière exhaustive que dans les équations innombrables dans lesquelles les valeurs d'usage de toutes les autres marchandises constituent son équivalent. Ce n'est que dans la somme de ces équations ou dans la totalité des différentes proportions dans lesquelles une marchandise est échangeable contre toute autre marchandise qu'elle s'exprime d'une manière exhaustive comme *équivalent général.* La série des équations :

$$1 \text{ mètre de toile} = 1/2 \text{ livre de thé}$$
$$1 \text{ mètre de toile} = 2 \text{ livres de café}$$
$$1 \text{ mètre de toile} = 8 \text{ livres de pain}$$
$$1 \text{ mètre de toile} = 6 \text{ mètres de coton}$$

peut être représentée ainsi :

1 mètre de toile = 1/8 livre de thé + 1/2 livre de café + 2 livres de pain + 1 mètre 1/2 de coton.

Si donc nous avions devant nous la somme entière des équations dans lesquelles est épuisée l'expression de la valeur d'un mètre de toile, nous pourrions représenter sa valeur d'échange sous la forme d'une série. En fait cette série est interminable, puisque le cercle des marchandises n'est jamais définitivement clos, mais va s'étendant toujours. Or, si une marchandise mesure ainsi sa va-

leur d'échange dans les valeurs d'usage de toutes
les autres marchandises, les valeurs d'échange de
toutes les autres marchandises se mesurent inversement dans la valeur d'usage de cette marchandise isolée qui se mesure en elles (1). Si la valeur
d'échange de 1 mètre de toile s'exprime en 1/2 livre
de thé, en 2 livres de café, en 6 mètres de coton
et en 8 livres de pain, il s'ensuit que café, thé,
coton, pain etc., sont égaux entre eux dans la
proportion où ils sont égaux à un troisième objet,
à la toile ; la toile leur sert donc de commune mesure de leurs valeurs d'échange. Chaque marchandise comme temps de travail général concrété,
c'est-à-dire comme quantum de temps de travail
général, exprime sa valeur d'échange tour à tour
dans des quantités déterminées des valeurs d'usage
de toutes les autres marchandises et les valeurs
d'échange des autres marchandises se mesurent
inversement dans la valeur d'usage de cette marchandise exclusive. Mais à titre de valeur d'échange
chaque marchandise est aussi bien la marchandise
exclusive qui sert de mesure commune des valeurs
d'échange de toutes les autres marchandises, que,
d'autre part, elle n'est qu'une des nombreuses

(1) « Egli è proprio ancora delle misure d'aver sifatta
relazione colle cose misurate, che in certo modo la misu-
rata divien misura della misurante » (C'est le propre des
mesures d'être en un tel rapport avec les objets mesurés
que la chose mesurée devient en quelque sorte la mesure
de la chose mesurante. » Montanari, *Della Moneta*, p. 41.
Recueil de Custodi, vol. III, *Parte Antica*.

marchandises dans l'entière série desquelles toute autre marchandise représente directement sa valeur d'échange.

La *grandeur de valeur* d'une marchandise n'est pas affectée par le fait qu'il existe à côté d'elle peu ou beaucoup de marchandises d'un autre genre. Mais la grandeur de la série des équations dans lesquelles se réalise sa valeur d'échange dépend de la variété plus ou moins grande des autres marchandises. La série des équations dans lesquelles se représente, par exemple, la valeur du café, exprime la sphère de son échangeabilité, les limites dans lesquelles il fait office de valeur d'échange. A la valeur d'échange d'une marchandise, comme matérialisation du temps de travail social général, correspond l'expression de son équivalence dans des valeurs d'usage infiniment variées.

Nous avons vu que la valeur d'échange d'une marchandise varie avec la quantité du temps de travail incorporé à elle. La valeur d'échange réalisée, c'est-à-dire exprimée dans les valeurs d'usage d'autres marchandises, doit également dépendre des proportions dans lesquelles varie le temps de travail employé à la production de toutes les autres marchandises. Si le temps de travail nécessaire à la production d'un boisseau de froment restait le même alors que le temps de travail exigé pour la production de toutes les autres marchandises doublait, la valeur d'échange du boisseau de froment, exprimée dans ses équivalents, aurait baissé de moitié. Le résultat serait pratiquement le même que si le temps nécessaire pour la production du boisseau de froment eût baissé de moitié et que le temps de travail requis pour la production des autres marchandises n'eût pas varié. La valeur des marchandises est déterminée par la proportion dans laquelle elles peuvent être produites dans le même temps de travail. Pour voir de quelles variations est susceptible cette proportion, prenons deux marchandises, A et B. 1º Supposons que le temps de travail exigé pour la production de B reste le même. Dans ce cas la valeur d'échange de A, exprimée en B, tombe ou monte directement suivant que diminue ou augmente le temps de travail demandé pour la production de A. 2º Supposons que le temps de travail exigé pour la production de A reste le même. La valeur d'échange de A exprimée en B tombe ou monte en rapport inverse à la hausse ou à la baisse du temps de travail exigé pour la production de B. 3º Que le temps de travail nécessaire à la production de A et de B diminue ou augmente en proportion égale. L'expression de l'équivalence de A en B reste alors la même. Si, par une circonstance quelconque, la force productive de tous les travaux diminuait dans une égale mesure, de manière que toutes les marchandises exigeassent en une même proportion plus de temps de travail pour leur production, la valeur de *toutes* les marchandises aurait augmenté ; l'expression réelle de leur valeur d'échange n'aurait pas varié et la richesse effective de la société aurait diminué, puisqu'il lui aurait fallu plus de temps de travail pour créer la même masse de valeurs d'usage. 4° Le temps de travail exigé pour la production de A et de B peut augmenter ou diminuer pour tous deux mais de manière inégale ; le temps de travail exigé par A peut augmenter tandis que celui demandé par B diminue ou inversement. Tous ces cas peuvent se réduire simplement à ceci : que le temps de travail exigé pour la production d'une marchandise ne varie pas tandis que celui qui est nécessaire pour produire les autres augmente ou diminue.

La valeur d'échange de chaque marchandise s'exprime dans la valeur d'usage de toute autre marchandise, soit intégralement, soit par fractions de cette valeur d'usage. En tant que valeur d'échange chaque marchandise est aussi divisible que le temps de travail lui-même qu'elle concrète. L'équivalence des marchandises est aussi indépendante de la divisibilité physique de leurs valeurs d'usage que la somme des valeurs d'échange des marchandises est indifférente au changement de forme que subissent les valeurs d'usage de ces marchandises dans leur refonte en *une* marchandise nouvelle.

Jusqu'ici nous avons considéré la marchandise sous le double point de vue de valeur d'usage et de valeur d'échange, chaque fois unilatérale-

ment. Or, comme marchandise, elle est immédiatement *unité* de valeur d'usage et de valeur
d'échange ; en même temps elle n'est marchandise
que par rapport aux autres marchandises. Le
rapport *réel* des marchandises les unes aux autres
est leur *procès d'échange*. Ce dernier est un procès
social où interviennent des individus indépendants
les uns des autres, mais ils interviennent seulement
en leur qualité de possesseurs de marchandises ; ils
n'existent les uns pour les autres que parce que
leurs marchandises existent et ainsi ils n'apparaissent effectivement que comme les agents
conscients du procès d'échange.

La marchandise *est* valeur d'usage, froment, toile,
diamant, machine, etc. ; en même temps, comme
marchandise, elle *n'est point* valeur d'usage. Si elle
était valeur d'usage pour son possesseur, c'est-à-
dire, immédiatement moyen de satisfaction de ses
propres besoins, elle ne serait pas marchandise. Pour
son possesseur elle est plutôt *non-valeur d'usage*,
c'est-à-dire simple support matériel de la *valeur
d'échange*, ou simple *moyen d'échange* ; étant le support actif de la valeur d'échange, la valeur d'usage
devient moyen d'échange (1). Pour son possesseur
elle n'est plus valeur d'usage que parce qu'elle est
valeur d'échange. Comme valeur d'usage il lui faut
donc d'abord *devenir*, en premier lieu, pour au-

(1) C'est sous cette forme déterminée qu'Aristote (cf. le
passage cité au début du chapitre) conçoit la valeur
d'échange.

trui. N'étant point valeur d'usage pour son propre possesseur, elle est valeur d'usage pour les possesseurs d'autres marchandises. Si non, son travail a été inutile et le produit de son travail n'est pas une marchandise. D'autre part, il faut qu'elle devienne valeur d'usage *pour lui-même,* car ses moyens de subsistance existent hors d'elle, dans les valeurs d'usage de marchandises étrangères. Pour *devenir* comme valeur d'usage, il faut que la marchandise se trouve en face du besoin particulier qu'elle peut satisfaire. Les valeurs d'usage des marchandises *deviennent* donc comme valeurs d'usage par cela qu'elles changent universellement de places, passant de la main où elles sont moyen d'échange dans la main où elles sont objet d'utilité. C'est seulement par cette aliénation universelle des marchandises que le travail qu'elles contiennent devient du travail utile. Dans ce procès où les marchandises se rapportent les unes aux autres en qualité de valeurs d'usage, elles n'acquièrent point une nouvelle fixité de forme économique. La forme déterminée qui les caractérisait en tant que marchandises disparaît plutôt. Le pain, en passant de la main du boulanger dans la main du consommateur, ne change pas son mode d'existence comme pain. C'est l'inverse ; c'est le consommateur, le premier, qui se rapporte au pain comme à une valeur d'usage, comme à cet aliment déterminé, tandis que dans la main du boulanger il était le support d'un rapport économique, un objet sensible — suprasensible. L'unique transformation que subissent les marchandises dans leur devenir comme valeurs d'usage est donc l'oblitération de leur existence formelle où elles étaient des non-valeurs d'usage pour leurs possesseurs, des valeurs d'usage pour les non-possesseurs. Pour devenir des valeurs d'usage il faut que les marchandises soient universellement aliénées, qu'elles entrent dans le procès d'échange ; mais leur manière d'être pour l'échange est leur forme de valeur. Pour se réaliser comme valeurs d'usage, il faut donc qu'elles se réalisent comme valeurs d'échange.

Si du point de vue de la valeur d'usage la marchandise isolée paraissait un objet indépendant, en tant que valeur d'échange, au contraire, elle était dès l'abord considérée par rapport à toutes les autres marchandises. Toutefois, ce rapport n'était que théorique, il n'existait que dans la pensée. Il ne se réalise que dans les procès d'échange. D'un autre côté, la marchandise *est* bien valeur d'échange pour autant qu'un quantum déterminé de temps de travail est incorporé à elle et qu'elle est du *temps de travail matérialisé*. Mais telle qu'elle est immédiatement, elle n'est que du temps de travail individuel matérialisé, ayant un contenu particulier ; elle n'est pas du temps de travail *général*. D'abord, elle ne peut être matérialisation du temps de travail général qu'autant qu'elle représente du temps de travail appliqué à un but utile déterminé, qu'elle représente une valeur d'usage. C'était là la condition matérielle sous laquelle, seul, le temps de travail contenu dans les marchandises était réputé social, général. Si la marchandise ne peut devenir comme valeur d'usage qu'en se réalisant comme valeur d'échange, elle ne peut, d'autre part, se réaliser comme valeur d'échange qu'autant qu'elle ne cesse point, dans son aliénation, d'être valeur d'usage. Une marchandise ne peut être aliénée à titre de valeur d'usage qu'au bénéfice de celui pour qui elle est une utilité, c'est-à-dire l'objet d'un besoin particulier. D'autre part, elle n'est aliénée que pour une autre marchandise, ou, si nous nous plaçons du côté du possesseur de l'autre marchandise, lui, non plus, ne peut aliéner, c'est-à-dire réaliser, sa marchandise, qu'en la mettant en contact avec le besoin particulier dont elle est l'objet. Dans l'aliénation universelle des marchandises en qualité de valeurs d'usage, elles sont rapportées les unes aux autres en vertu de leur différence matérielle, en tant qu'objets particuliers qui, par leurs propriétés spécifiques, satisfont des besoins particuliers. Mais en tant que simples valeurs d'usage, ce sont des objets sans intérêt les uns pour les autres et sans rapport entre eux ; les valeurs d'usage ne peuvent être échangées que par rapport à des besoins particuliers. Elles ne sont échangeables que parce que équivalentes et elles ne sont équivalentes que parce qu'elles représentent des quantités égales de temps de travail matérialisé, si bien que toute considération des qualités naturelles que possèdent les valeurs d'usage, et partant du rapport des marchandises à des besoins particuliers, est éliminée. A titre de valeur d'échange une marchandise se manifeste plutôt en ce qu'elle remplace comme équivalent un quantum déterminé de toute autre marchandise, sans qu'il importe qu'elle soit ou ne soit pas une valeur d'usage pour le possesseur de l'autre marchandise. Mais elle ne devient marchandise pour celui-ci que parce qu'elle est pour lui valeur d'usage et elle ne devient valeur d'échange pour son propre possesseur que parce qu'elle est marchandise pour l'autre. Le même rapport doit donc être le rapport de marchandises qui sont des grandeurs d'essence égale et ne diffèrent que quantitativement ; il doit être leur mise en équation comme matière de temps de travail général et en même temps leur rapport comme objets qualitativement différents, comme valeurs d'usage particulières pour des besoins particuliers, bref, un rapport qui les distingue comme des valeurs d'usage réelles. Or, cette mise en équation et cette différenciation s'excluent réciproquement et l'on aboutit ainsi non seulement à un cercle vicieux de problèmes où la solution de l'un présuppose la solution de l'autre, mais à tout un ensemble de postulats contradictoires, vu que la réalisation d'une condition est directement liée à la réalisation de son contraire.

Le procès d'échange des marchandises doit être tout ensemble le déploiement et la solution de ces contradictions, qui cependant ne peuvent se manifester dans le procès de cette façon simple. Nous avons vu seulement que les marchandises étaient rapportées les unes aux autres comme des valeurs d'usage, c'est-à-dire qu'elles apparaissaient comme valeurs d'usage à l'*intérieur* du procès d'échange. La valeur d'échange, par contre, telle que nous l'avons envisagée jusqu'ici n'était qu'une abstraction faite par nous, ou, si l'on veut, une abstraction faite par le possesseur individuel des marchandises ; sous forme de valeur d'usage il a les marchandises dans son grenier, sous forme de valeur d'échange il les a sur la conscience. Or, dans les limites du procès d'échange, les marchandises doivent être elles-mêmes les unes pour les autres non seulement des valeurs d'usage, mais aussi des valeurs d'échange et ce mode d'existence doit revêtir la forme de leur rapport réciproque propre. La difficulté qui, au premier pas, nous arrêtait était qu'en qualité de valeur d'échange, de travail matérialisé, il fallait que la marchandise fût préalablement aliénée comme valeur d'usage, qu'elle eût trouvé acquéreur, tandis que, au contraire, son aliénation sous forme de valeur d'usage suppose son existence sous forme de valeur d'échange. Mais supposons que cette difficulté soit résolue ; que la marchandise ait dépouillé sa valeur d'usage particulière et par l'aliénation de celle-ci ait rempli la condition matérielle d'être du travail utile social au lieu d'être du travail particulier fait pour soi-même. En qualité de valeur d'échange il faut alors que dans le procès d'échange elle devienne équivalent général, temps de travail général matérialisé pour les autres marchandises et qu'elle acquière ainsi, non pas l'action limitée d'une valeur d'usage particulière mais la faculté de se représenter immédiatement dans toutes les valeurs d'usage considérées comme ses équivalents. Or, chaque marchandise est *la* marchandise qui en aliénant sa valeur d'usage particulière doit apparaître comme la matérialisation directe du temps de travail général. D'autre part, dans le procès d'échange, seules des marchandises particulières se confrontent, des travaux d'individus privés incorporés à des valeurs d'usage particulières. Le temps de travail général lui-même est une abstraction qui, comme telle, n'existe pas pour la marchandise.

Considérons la somme des équations dans lesquelles la valeur d'échange d'une marchandise trouve son expression réelle, par exemple :

$$1 \text{ mètre de toile} = 2 \text{ livres de café,}$$
$$1 \text{ mètre de toile} = 1/2 \text{ livre de thé,}$$
$$1 \text{ mètre de toile} = 8 \text{ livres de pain, etc.}$$

Ces équations énoncent seulement, que du temps de travail social, général, de même grandeur se concrète en 1 mètre de toile, 2 livres de café, 1/2 livre de thé, etc. Mais, en fait, les travaux individuels représentés dans ces valeurs d'usage particulières ne deviennent du travail général et, sous cette forme, du travail social, que parce qu'ils

s'échangent réellement entre eux, proportionnellement à la durée du temps de travail qu'ils contiennent. Le temps de travail social n'existe pour
ainsi dire qu'à l'état latent dans ces marchandises,
et ne se manifeste que dans leur procès d'échange.
Le point de départ n'est pas du travail individuel
considéré comme du travail commun, mais, au
contraire, on part de travaux particuliers d'individus privés, travaux qui ne revêtent le caractère
de travail social général dans le procès d'échange
qu'en se dépouillant de leur caractère primitif. Le
travail social général n'est donc pas une présupposition toute faite, mais un résultat qui devient. Et de
là dérive cette nouvelle difficulté que les marchandises, d'une part, doivent entrer dans le procès
d'échange en tant que temps de travail général
réalisé et que, d'autre part, la réalisation du
temps de travail des individus comme temps de
travail général n'est elle-même que le produit du
procès d'échange.

Chaque marchandise doit par l'aliénation de sa
valeur d'usage, donc de son mode d'existence primitif, acquérir son mode d'existence adéquat de
valeur d'échange. Il faut que dans le procès
d'échange la marchandise double son existence.
D'autre part, son deuxième mode d'existence, sous
forme de valeur d'échange, ne peut être qu'une
autre marchandise, puisque dans le procès d'échange
il n'y a que des marchandises qui se confrontent.
Comment représenter immédiatement une mar-

chandise particulière comme du *temps de travail général matérialisé*, ou, ce qui revient au même, comment imprimer immédiatement au temps de travail individuel, matérialisé dans une marchandise particulière, le caractère de la généralité ? L'expression concrète de la valeur d'échange d'une marchandise, c'est-à-dire de toute marchandise, en tant qu'équivalent général, se représente dans une interminable série d'équations telles que :

$$
\begin{aligned}
1 \text{ mètre de toile} &= 2 \text{ livres de café,}\\
1 \text{ mètre de toile} &= 1/2 \text{ livre de thé,}\\
1 \text{ mètre de toile} &= 8 \text{ livres de pain,}\\
1 \text{ mètre de toile} &= 6 \text{ mètres de coton,}\\
1 \text{ mètre de toile} &= \text{etc.}
\end{aligned}
$$

Cette représentation était théorique pour autant que la marchandise était *pensée* seulement comme un quantum déterminé de temps de travail général réalisé. Le fonctionnement d'une marchandise particulière comme équivalent général devient d'une simple abstraction un résultat *social* du procès de l'échange lui-même par le simple renversement de la série des équations donnée ci-dessus. Ainsi, par exemple :

$$
\begin{aligned}
2 \text{ livres de café} &= 1 \text{ mètre de toile,}\\
1/2 \text{ livre de thé} &= 1 \text{ mètre de toile,}\\
8 \text{ livres de pain} &= 1 \text{ mètre de toile,}\\
6 \text{ mètres de coton} &= 1 \text{ mètre de toile.}
\end{aligned}
$$

Tandis que le café, le thé, le pain, le coton,

bref, toutes les marchandises expriment dans la toile le temps de travail qu'elles contiennent, la valeur d'échange de la toile se déroule inversement dans toutes les autres marchandises comme ses équivalents, et le temps de travail matérialisé en elle-même devient immédiatement le temps de travail général qui se représente également dans des volumes différents de toutes les autres marchandises. Ici la toile devient *équivalent général* par l'*action universelle* qu'exercent sur elle toutes les marchandises. Valeur d'échange, chaque marchandise devenait mesure des valeurs de toutes les marchandises. Ici, inversement, de ce que toutes les autres marchandises mesurent leur valeur d'échange dans une marchandise particulière, la marchandise exclue devient la forme d'apparition adéquate de la valeur d'échange, sa forme d'apparition comme équivalent général. Par contre, la série infinie, ou les équations sans nombre qui représentaient la valeur d'échange de chaque marchandise, se réduit à une seule équation de deux termes seulement. 2 livres de café = 1 mètre de toile est maintenant l'expression exhaustive de la valeur d'échange du café, puisque, dans cette expression, il apparaît immédiatement comme l'équivalent d'un quantum déterminé de toute autre marchandise. Dans l'enceinte du procès d'échange, les marchandises existent donc maintenant les unes pour les autres, ou se manifestent les unes aux autres comme des valeurs d'échange sous la forme de toile. Le fait que toutes les marchandises, en tant que valeurs d'échange, sont rapportées les unes aux autres comme des quantités différentes de temps de travail général réalisé, prend maintenant cette apparence : que, en tant que valeurs d'échange, elles ne représentent que des quantités différentes du *même* objet, de la toile. De son côté, le temps de travail général revêt la forme d'une chose particulière, d'une marchandise à côté et en dehors de toutes les autres marchandises. En même temps, l'équation dans laquelle la marchandise apparaît à la marchandise comme valeur d'échange, par exemple, 2 livres de café = 1 mètre de toile, est une égalisation qu'il reste à réaliser. C'est seulement par son aliénation à titre de valeur d'usage, laquelle ne s'effectue qu'autant qu'elle se confirme dans le procès d'échange comme objet d'un besoin, que la marchandise se transforme réellement de sa forme café en sa forme toile, qu'elle prend la forme d'équivalent général, et devient réellement valeur d'échange pour toutes les marchandises. Inversement, parce que toutes les marchandises, grâce à leur aliénation en qualité de valeurs d'usage, se transforment en toile, la toile devient la forme métamorphosée de toutes les autres marchandises, et ce n'est que parce que toutes les marchandises se sont métamorphosées en elle, qu'elle est la *réalisation* immédiate du *temps de travail général*, c'est-à-dire produit de l'aliénation générale, élimination de travaux individuels. Si les marchandises doublent ainsi leur

existence, pour être les unes pour les autres des
valeurs d'échange, la marchandise exclue, en qualité d'équivalent universel, double sa valeur
d'usage. Outre sa valeur d'usage particulière, en
tant que marchandise particulière, elle acquiert
une valeur d'usage générale. Sa valeur d'usage
est elle-même une forme déterminée, c'est-à-dire
qu'elle résulte du rôle spécifique qu'elle joue dans
le procès d'échange, par suite de l'action universelle qu'exercent sur elle les autres marchandises. La valeur d'usage de chaque marchandise,
parce que objet d'un besoin particulier, a une
valeur différente dans des mains différentes ; une
valeur autre dans la main de celui qui l'aliène que
dans la main de celui qui l'acquiert. La marchandise à titre d'équivalent général est maintenant
l'objet d'un besoin général engendré par le procès
d'échange lui-même, et possède pour chacun la
même utilité d'être porteur de la valeur d'échange,
moyen d'échange universel. Ainsi est résolue dans
une seule marchandise la contradiction que renferme la marchandise comme telle : d'être, sous
forme de valeur d'usage particulière, en même
temps équivalent général et, par conséquent, valeur
d'usage pour chacun, valeur d'usage générale.
Tandis que maintenant, toutes les autres marchandises représentent leur valeur d'échange comme
une équation idéale, qu'il reste à réaliser, avec la
marchandise exclusive, la valeur d'usage de cette
marchandise exclusive, bien que réelle, apparaît

dans le procès même comme purement formelle,
et qui ne se réalisera que par sa transformation en
valeur d'usage réelle. A l'origine, la marchandise
s'annonçait comme une marchandise en général, du
temps de travail général matérialisé dans une valeur
d'usage particulière. Dans le procès d'échange
toutes les marchandises se rapportent à la marchandise exclusive comme à la marchandise en
général, *la* marchandise, du temps de travail général concrété dans une valeur d'usage particulière.
Marchandises *particulières*, elles se comportent
antithétiquement envers une marchandise particulière considérée comme la marchandise *générale*.
En se rapportant réciproquement à leurs travaux
comme au travail social général, les échangistes paraissent se rapporter à leurs marchandises comme
à des valeurs d'échange ; le rapport des marchandises les unes aux autres comme à des valeurs
d'échange revêt, dans le procès d'échange, la forme
d'un rapport général à une marchandise particulière
comme l'expression adéquate de leur valeur ; ce
qui inversement paraît être le rapport spécifique de
cette marchandise particulière à toutes les autres
marchandises, et partant le caractère déterminé et
pour ainsi dire naturellement social d'une chose.
La marchandise particulière qui représente ainsi
la forme adéquate de la valeur de toutes les marchandises, ou la valeur d'échange des marchandises apparaissant comme une marchandise particulière, exclusive, est — *l'argent*. L'argent est une

cristallisation de la valeur d'échange des marchandises, produite par elles dans le procès d'échange lui-même. Tandis que les marchandises dans l'enceinte du procès de l'échange deviennent donc des *valeurs d'usage* les unes pour les autres, en se dépouillant de toute fixité de forme et en se rapportant les unes aux autres sous leur forme matérielle immédiate, il leur faut, pour apparaître les unes aux autres comme des *valeurs d'échange*, acquérir une nouvelle forme déterminée, évoluer à la constitution de l'argent. L'argent n'est pas plus un symbole que la valeur d'usage sous la forme d'une marchandise n'est un symbole. Qu'un rapport de production social apparaisse comme un objet à côté et en dehors des individus et que les relations déterminées où entrent ces individus, dans le procès de production de leur vie sociale, apparaissent comme des propriétés spécifiques d'un objet, c'est cette mise à l'envers, c'est cette mystification prosaïque et réelle et non imaginaire, qui caractérise toutes les formes sociales du travail créateur de valeur d'échange. Seulement dans l'argent elle frappe davantage que dans la marchandise.

Les propriétés physiques nécessaires de la marchandise particulière, dans laquelle la forme monnaie doit se cristalliser, pour autant qu'elles sont déterminées directement par la nature de la valeur d'échange, sont la divisibilité, l'homogénéité, l'uniformité de tous les spécimens de cette marchandise. Comme matière du temps de travail général, elle doit être matière homogène et capable de représenter des différences purement quantitatives. L'autre propriété nécessaire est la durabilité de sa valeur d'usage, qui doit subsister durant le procès d'échange. Les métaux précieux possèdent ces qualités à un degré supérieur. La monnaie n'étant pas le produit de la réflexion ou de la convention, mais se constituant instinctivement dans le procès d'échange, des marchandises très différentes et plus ou moins impropres ont tour à tour rempli la fonction de monnaie. La nécessité où l'on est, à un certain degré de développement du procès de l'échange, de distribuer polairement aux marchandises les rôles de valeurs d'échange et de valeurs d'usage, de manière qu'une marchandise est moyen d'échange, alors qu'une autre est aliénée à titre de valeur d'usage, entraîne cette conséquence que partout les marchandises qui possèdent l'utilité la plus générale jouent accidentellement d'abord le rôle de l'argent. Si elles ne satisfont pas des besoins immédiats, le fait d'être la partie constituante matériellement la plus importante de la richesse, leur assure un caractère plus général que n'en possèdent les autres valeurs d'usage.

Le troc direct, la forme primitive du procès d'échange, représente plutôt la transformation initiale des valeurs d'usage en marchandises, que celle des marchandises en monnaie. La valeur d'échange ne revêt pas une forme indépendante, mais est directement liée encore à la valeur d'usage. Ceci se manifeste de deux façons. La production elle-même est organisée tout entière en vue de la valeur d'usage et non de la valeur d'échange ; ce n'est que lorsqu'elles dépassent la mesure dans laquelle elles sont requises pour la consommation, que les valeurs d'usage cessent ici d'être des valeurs d'usage, et deviennent moyens d'échange, marchandises. D'autre part, elles ne deviennent des marchandises que dans les limites de la valeur d'usage immédiate, bien que distribuées aux deux pôles, de sorte que les marchandises à échanger par les possesseurs de marchandises doivent être pour tous deux valeurs d'usage, chaque marchandise valeur d'usage pour celui qui ne la possède pas. En effet, le procès d'échange des marchandises ne paraît pas originellement au sein des communautés primitives (1), mais là où celles-ci prennent fin, à leurs frontières, aux rares points où elles viennent en contact avec d'autres communautés. Là commence le commerce par troc, et de là il se répand à l'intérieur de la communauté sur laquelle il agit comme un dissolvant. Les valeurs d'usage particulières, qui, dans le troc entre des communautés différentes, deviennent des marchandises,

(1) Aristote remarque la même chose de la famille privée considérée comme la communauté primitive. Mais la forme primitive de la famille est la famille de la tribu, de l'analyse historique de laquelle la famille privée se développe seulement.

tels que les esclaves, le bétail, les métaux, constituent donc le plus souvent la première monnaie
à l'intérieur de la communauté. Nous avons vu
que la valeur d'échange d'une marchandise se manifeste d'une manière d'autant plus complète que
la série des équivalents est plus longue, ou que la
sphère d'échange de la marchandise est *plus
grande*. L'extension graduelle du troc, le développement des échanges et la multiplication des marchandises échangées, font évoluer la marchandise
à la valeur d'échange, incitent à la constitution de
l'argent, et par là exercent une action destructive
sur le troc direct. Les économistes ont coutume de
faire dériver l'argent des difficultés extérieures
auxquelles se heurte le troc développé, mais ils
oublient que ces difficultés naissent du développement de la valeur d'échange, naissent donc du
travail social en tant que travail général. Par
exemple : les marchandises sous forme de valeurs
d'usage ne sont pas divisibles à volonté, ce qu'elles
doivent être sous forme de valeurs d'échange. Ou
bien la marchandise de A peut être valeur d'usage
pour B, tandis que la marchandise de B n'est pas
valeur d'usage pour A. Ou encore les possesseurs de
marchandises peuvent avoir besoin des marchandises indivisibles qu'ils ont à échanger réciproquement, dans des proportions de valeur inégales. En
d'autres termes, sous prétexte de considérer le
troc simple, les économistes envisagent certains
côtés de la contradiction enclose dans la mar-

chandise comme unité immédiate de valeur d'usage et de valeur d'échange. D'un autre côté, ils s'en tiennent logiquement au troc comme à la forme adéquate du procès d'échange des marchandises et qui ne présenterait que certains inconvénients techniques pour écarter lesquels l'argent serait un expédient finement imaginé. Partant de ce point de vue tout à fait superficiel, un spirituel économiste anglais a pu affirmer avec raison, que l'argent n'est qu'un instrument matériel, tel qu'un navire ou une machine à vapeur, mais qu'il ne représente pas un rapport de production social et, en conséquence, n'est pas une catégorie économique. Ce ne serait donc que par abus qu'on traiterait de l'argent dans l'économie politique, laquelle en effet n'a rien de commun avec la technologie (1).

Dans le monde marchand une division du travail

(1) « Money is, in fact, only the instrument for carrying on buying and selling (but, if you please, what do you understand by buying and selling ?) and the consideration of it no more forms a part of the science of political economy than the consideration of ships, or steam engines, or of any other instrument employed to facilitate the production and distribution of wealth. » (L'argent n'est, de fait, que l'instrument pour effectuer l'achat et la vente (mais qu'entendez-vous, s'il vous plaît, par acheter et vendre ?) et l'étude de l'argent ne fait pas plus partie de la science de l'économie politique que l'étude des navires ou des machines à vapeur, ou de n'importe quel autre instrument qui sert à faciliter la production et la distribution de la richesse). TH. HODGSKIN, *Popular Political Economy*, etc., London, 1827, p. 178-179.

développée est impliquée, ou plutôt se manifeste directement dans la multiplicité des valeurs d'usage qui se confrontent sous forme de marchandises spéciales, et qui réalisent autant de genres de travail divers. La division du travail, en tant que totalité de tous les modes d'occupation productifs spéciaux est l'aspect général du travail social du côté matériel, envisagé comme du travail créateur de valeurs d'usage. Or, comme tel, du point de vue des marchandises, et dans les limites du procès d'échange, il n'existe que dans son résultat, dans la spécialisation des marchandises elles-mêmes.

L'échange des marchandises est le procès dans lequel l'échange social de la matière, c'est-à-dire l'échange des produits particuliers des individus privés, crée en même temps des rapports de production sociaux déterminés où entrent les individus dans cette circulation de la matière. Les rapports évolutifs des marchandises les unes aux autres se cristallisent en déterminations distinctes de l'équivalent général, et ainsi le procès d'échange est en même temps le procès de formation de l'argent. L'ensemble de ce procès qui se manifeste comme le mouvement de différents procès, est la *circulation*.

A. Historique de l'analyse de la marchandise.

L'analyse de la marchandise en travail sous une forme double, de la valeur d'usage en travail concret ou activité productive appliquée à un but, de la valeur d'échange en temps de travail social égal; voilà le résultat critique définitif des recherches, poursuivies pendant plus d'un siècle et demi, de l'économie politique classique qui commence en Angleterre avec William Petty, en France avec Boisguillebert (1) et qui finit avec Ricardo en Angleterre, avec Sismondi en France.

Petty résout la valeur d'usage en travail, sans se dissimuler que la nature conditionne sa force créatrice. Le travail réel, il le conçoit d'emblée dans son ensemble social comme la *division du travail* (2). Chez lui cette conception de la source de

(1) Une étude comparative des ouvrages et des caractères de Petty et de Boisguillebert, outre le jour qu'elle jetterait sur l'opposition sociale de l'Angleterre et de la France à la fin du xviiᵉ siècle et au commencement du xviiiᵉ serait l'exposition génétique du contraste national entre l'économie politique anglaise et l'économie politique française. Le même contraste se répète définitivement entre Ricardo et Sismondi.

(2) Petty a considéré la division du travail comme force productive aussi, et il l'a fait sur un plan plus grandiose qu'ADAM SMITH. Cf. *An essay concerning the multiplication of mankind*, etc , 3ᵉ édition, 1686, p. 35-36. Il montre les avantages de la division du travail pour la production non seulement par l'exemple de la fabrication d'une montre, comme Adam Smith l'a fait plus tard par celui de la fabrication d'une aiguille; il considère aussi une ville et un pays tout entier au point de vue des grandes fabriques. Le *Spectator* du 16 novembre 1711 se réfère à cette « illustration of the admirable Sir William Petty ». C'est donc à tort que Mac Culloch présume que le *Spectator* confond Petty avec un écrivain plus jeune de 40 ans. Cf. MAC

la richesse matérielle ne demeure pas plus ou moins stérile, ainsi que chez son compatriote Hobbes, mais elle le conduit à l'*Arithmétique Politique*, la première forme sous laquelle l'économie politique se dégage comme science indépendante.

CULLOCH, *The Literature of Political economy, a classified catalogue*, London, 1845, p. 105. Petty sait qu'il est le fondateur d'une science nouvelle. De sa méthode il dit, qu'elle n'est pas « la routinière ». Au lieu de coudre ensemble une série de mots comparatifs et superlatifs et d'arguments spéculatifs, il a entrepris de parler *in terms of number, weight and measure* (dans les termes de nombre, de poids et de mesure), de se servir uniquement d'arguments déduits de l'expérience matérielle et de ne considérer que les causes qui *have visible foundations in nature* (ont des fondements visibles dans la nature). Il laisse à d'autres la considération des causes qui dépendent des *mutable minds, opinions, appetites and passions of particular men* (des esprits changeants, des opinions, appétits et passions d'hommes particuliers) (*Political Arithmetic*, etc., London, 1699. Préface). Sa hardiesse géniale se montre dans sa proposition de transporter tous les habitants et les biens meubles de l'Irlande et de l'Ecosse dans le reste de la Grande-Bretagne. On épargnerait ainsi du temps de travail et « le roi et ses sujets s'en trouveraient plus riches et plus forts » (*Pol. Arith.*, ch. iv). Et encore dans le chapitre de son *Arithmétique Politique* où il démontre, à une époque à laquelle la Hollande jouait un rôle prépondérant comme nation commerciale et à laquelle la France paraissait en voie de devenir la première puissance commerciale, que l'Angleterre était appelée à conquérir le marché mondial : *That the King of England's subjects have stock competent and convenient to drive the trade of the whole commercial world* (*l. c.*, ch. x) (Que les sujets du roi d'Angleterre ont un stock suffisant et propre à faire aller le commerce du monde entier), *That the impediments of England's greatness are contingent and removeable* (Que les obstacles à la gran-

Toutefois il prend la valeur d'échange pour ce qu'elle *paraît* être dans le procès d'échange des marchandises, pour de la monnaie, et la monnaie elle-même pour une marchandise existante, de l'or et de l'argent. Imbu des notions du système moné-

deur de l'Angleterre sont contingents et surmontables). Un humour original coule de source dans tous ses écrits. Ainsi, il montre que les choses se passaient sans sorcellerie quand la Hollande, qui était alors le pays modèle pour les économistes anglais, comme l'Angleterre l'est présentement pour les économistes continentaux, conquit le marché du monde « without such angelical wits and judgments as some attribute to the Hollanders » (*l. c.*, p. 175-176) (sans cet esprit et ce jugement angéliques que d'aucuns attribuent aux Hollandais). Il défend la liberté de conscience qui est la condition du commerce, « parce que les pauvres sont laborieux et regardent le travail et l'industrie comme un devoir envers Dieu, aussi longtemps qu'on leur permet seulement de croire que s'ils possèdent moins de richesse, ils ont plus d'esprit et d'intelligence dans les choses divines, ce qu'ils considèrent comme appartenant en propre aux pauvres ». Le commerce « n'est donc pas lié à un genre de religion quelconque, il l'a toujours été plutôt à la partie hétérodoxe de l'ensemble ». Il préconise des contributions publiques en faveur des filous, parce que mieux vaut pour le public se taxer soi-même au profit des filous que de se laisser imposer des taxes par eux. Par contre, il repousse les impôts qui font passer la richesse des gens industrieux à ceux qui « ne font que manger, boire, chanter, jouer, danser et *faire de la métaphysique.* » Les écrits de Petty sont presque des raretés en librairie et n'existent qu'épars dans de vieilles et mauvaises éditions, chose d'autant plus bizarre que William Petty n'est pas seulement le père de l'économie politique anglaise, mais encore l'ancêtre de Henry Petty, alias *Marquis of Lansdowne*, le Nestor des Whigs anglais. Il est vrai que la famille Lansdowne ne

taire, il déclare que le genre particulier de travail concret qui procure l'or et l'argent est du travail qui crée de la valeur d'échange. Il estime, en effet, que le travail bourgeois n'a pas à produire de la valeur d'usage immédiate, mais une marchandise, une valeur d'usage capable par son aliénation de se manifester dans le procès d'échange sous forme d'or et d'argent, donc de monnaie, donc de valeur d'échange, donc de travail général matérialisé. Son exemple, d'ailleurs, est une preuve frappante que l'on peut à la fois reconnaître le travail comme la source de la richesse matérielle et méconnaître la forme sociale particulière sous laquelle le travail est source de la valeur d'échange.

Boisguillebert de son côté résout, si non de manière consciente, du moins en fait, la valeur d'échange d'une marchandise en temps de travail, en ce qu'il détermine « la juste valeur » par la pro-

---

saurait publier une édition complète des œuvres de **Petty** sans les faire précéder d'une biographie, et ici c'est le cas de dire, comme de la plupart des *origines* des grandes familles whigs : *the less said of them the better* (le silence est d'or). Le chirurgien de l'armée, penseur audacieux mais homme foncièrement frivole, aussi disposé à piller en Irlande sous l'égide de Cromwell qu'à ramper pour obtenir de Charles II le titre de baron, indispensable pour le pillage, est un portrait d'ancêtre qui ne convient guère à une exposition publique. Au surplus, Petty, dans la plupart des écrits qu'il publia de son vivant, essaie de démontrer que l'Angleterre avait atteint son apogée sous Charles II, opinion hétérodoxe pour des exploiteurs héréditaires de la *Glorious revolution*.

portion exacte dans laquelle le temps de travail des
individus est réparti dans les différentes branches
de l'industrie et qu'il représente la libre concurrence
comme le procès social qui crée cette juste proportion. En même temps, et en contraste avec Petty,
il combat avec fanatisme l'argent, qui, par son intervention, trouble l'équilibre naturel ou l'harmonie
de l'échange des marchandises et, Moloch fantastique, demande en sacrifice toute la richesse naturelle. Or, si d'un côté cette polémique contre l'argent se rattache à des circonstances historiques
déterminées, puisque Boisguillebert fait la guerre
à la passion de l'or aveuglément destructrice de la
cour d'un Louis XIV (1), de ses fermiers généraux
et de sa noblesse, alors que Petty exalte dans la
passion de l'or l'impulsion énergique qui pousse
un peuple à développer l'industrie et à conquérir le
marché universel, il se manifeste néanmoins ici le
profond antagonisme de principes qui se retrouve
comme un contraste permanent entre l'économie
vraiment anglaise et l'économie vraiment française (2). Boisguillebert, en effet, n'a en vue que le

(1) En opposition à « l'art noir de la finance » de l'époque
Boisguillebert dit : « La science financière n'est que la
connaissance approfondie des intérêts de l'agriculture et
du commerce », *Le détail de la France*, 1697. Edition
Eugène DAIRE, *Économistes financiers du* XVIIIe *siècle*, Paris,
1843, vol. I, p. 241.
(2) Non pas dans l'économie *romane*, car les Italiens,
dans les deux écoles Napolitaine et Milanaise, renouvellent
l'opposition de l'économie anglaise et française, tandis

contenu matériel de la richesse, la valeur d'usage, la jouissance (1) ; la forme bourgeoise du travail, — la production des valeurs d'usage à titre de marchandises et le procès d'échange des marchandises, — est pour lui la forme sociale naturelle où le travail individuel atteint ce but. Lorsque le caractère spécifique de la richesse bourgeoise se révèle à lui dans l'argent, il croit alors à l'ingérence d'éléments usurpateurs étrangers et il s'emporte contre le travail bourgeois sous une de ses formes tout en l'exaltant en utopiste sous une autre (2). Boisguillebert nous fournit la preuve que l'on peut considérer le temps de travail comme mesure de la valeur des marchandises et néanmoins confondre le travail réalisé dans la valeur d'échange des marchandises et mesuré par le temps, avec l'activité naturelle immédiate des individus.

La première analyse consciente et d'une clarté

que les Espagnols de l'époque antérieure ou bien sont de simples mercantilistes et des mercantilistes modifiés comme Ustariz ou bien comme Jovellanos (cf. ses *Obras*, Barcelona, 1839-1840) tiennent avec Adam Smith le « juste milieu ».

(1) « La véritable richesse... jouissance entière, non seulement des besoins de la vie, mais même de tous les superflus et de tout ce qui peut faire plaisir à la sensualité ». BOISGUILLEBERT, *Dissertation sur la nature de la richesse*, etc., *l. c.*, p. 403. Si Petty était un aventurier frivole, rapace et sans caractère, Boisguillebert, quoiqu'il fût un des intendants de Louis XIV, défendit les classes opprimées avec autant d'intelligence que de courage.

(2) Le socialisme français sous la forme proudhonnienne souffre du même mal national héréditaire.

quasiment banale de la valeur d'échange, se rencontre chez un homme du nouveau monde où les rapports de production bourgeois, importés en même temps que leurs agents, poussaient rapidement dans un terrain qui compensait par une surabondance d'humus son manque de tradition historique. Cet homme est *Benjamin Franklin*, lequel dans son premier travail de jeunesse, écrit en 1719 et imprimé en 1821, formulait la loi fondamentale de l'économie politique moderne (1). Il affirme la nécessité de chercher une autre mesure des valeurs que les métaux précieux. Cette mesure serait le travail. « Par le travail on peut mesurer la valeur de l'argent aussi bien que celle de toute autre chose. Supposons, par exemple, qu'un homme soit occupé à produire du blé, pendant qu'un autre extrait et raffine de l'argent. A la fin de l'année ou de toute autre période de temps déterminée, le produit total de blé et celui d'argent sont les prix naturels l'un de l'autre et si le produit de l'un est 20 boisseaux et celui de l'autre 20 onces, une once d'argent vaut le travail employé à la production d'un boisseau de blé. Mais que, par la découverte de mines plus proches, plus accessibles et d'un rendement supérieur, un homme puisse produire maintenant 40 onces d'argent aussi facilement que 20 onces auparavant et que le même travail qu'autrefois soit

_____

(1) FRANKLIN B., *The works of*, etc., éd. J. Sparks, vol. II, Boston, 1836 : *A modest inquiry into the nature and necessity of a paper currency.*

nécessaire pour produire 20 boisseaux de blé, alors 2 onces d'argent ne vaudront pas plus que le même travail employé à la production d'un boisseau de blé, et le boisseau qui autrefois valait 1 once en vaudra 2 maintenant, *cæteris paribus*. Ainsi la richesse d'un pays doit être estimée par la quantité de travail que ses habitants peuvent acheter » (1). A la manière des économistes, Franklin considère le travail unilatéralement, comme mesure des valeurs. La transformation des produits réels en valeurs d'échange s'entend de soi et il s'agit donc seulement de trouver une mesure pour la grandeur de la valeur. « Le commerce, dit-il, n'étant en général pas autre chose que l'échange du travail contre du travail, la valeur des choses est évaluée le plus justement par le travail » (2). Si l'on remplace ici le mot travail par le mot travail réel, on découvre aussitôt qu'il y a confusion de travail sous une forme avec le travail sous une autre forme. Parce que le commerce, par exemple, consiste en l'échange de travail de cordonnier, de travail de mineur, de travail de tisseur, de travail de peintre, etc., est-ce que la valeur des bottes est le plus justement évaluée en travail de peintre ? Franklin pensait, au contraire, que la

(1) *L. c.*, p. 265. « Thus the riches of a country are to be valued by the quantity of labour its inhabitants are able to purchase ».

(2) « Trade in general being nothing else but the exchange of labour for labour, the value of all things is, as I said before, most justly measured by labour » *l. c-*, p. 267.

valeur de bottes, de produits miniers, de filés, de tableaux, etc., est déterminée par du travail abstrait qui ne possède point de qualité spéciale et par conséquent est mesurable par la simple quantité (1). Mais il ne développe pas le travail contenu dans la valeur d'échange comme le travail général-abstrait, comme le travail social provenant de l'aliénation universelle de travaux individuels, et voit donc, à tort et nécessairement, dans la monnaie la forme d'existence immédiate de ce travail aliéné. C'est pourquoi la monnaie et le travail créateur de la valeur d'échange n'ont pas pour lui de connexité interne, la monnaie est plutôt un instrument introduit du dehors dans l'échange pour la commodité technique (2). L'analyse de la valeur faite par Franklin demeura sans influence immédiate sur la marche générale de la science parce qu'il ne traitait que des questions spéciales de l'économie politique pour des motifs pratiques déterminés.

L'antithèse du travail utile réel et du travail créateur de valeur d'échange a exercé l'esprit de l'Europe pendant le xviiie siècle sous la forme du problème : savoir quel genre particulier du travail réel est la source de la richesse sociale ? Il était donc sous-entendu que tout travail qui se réalise en des valeurs d'usage ou qui fournit des produits, ne crée

—————

(1) « Remarks and facts relative to the American paper money », 1764.

(2) Cf. « Papers on American politics. Remarks and facts relative to the American paper money », 1764, *l. c.*

pas par cela seul immédiatement de la richesse. Pour les physiocrates cependant, comme pour leurs adversaires, la question brûlante n'est pas de savoir quel travail crée la *valeur*, mais quel travail crée la *plus-value*. Ils traitent donc le problème sous une forme compliquée avant de l'avoir résolu sous sa forme élémentaire. Aussi bien la marche historique de toutes les sciences ne conduit que par des chemins de travers, par des tours et détours à leurs véritables points de départ. A la différence des autres architectes, la science ne bâtit pas seulement des châteaux en l'air, mais elle construit un certain nombre d'étages habitables de l'édifice avant d'en avoir posé la pierre fondamentale. Sans nous attarder plus longtemps chez les physiocrates et laissant de côté toute une série d'économistes italiens qui, en des rencontres plus ou moins heureuses, ont pressenti l'analyse exacte de la marchandise (1), arrêtons nos regards sur le premier Breton qui ait traité du système entier de l'économie bourgeoise, sur *Sir James Steuart* (2). Chez lui les catégories

(1) Cf. GALIANI, *Della moneta*, vol. III. *Scrittori classici Italiani di Economia politica* (édité par Custodi). « La fatica, dit-il, è l'unica che da valore alla cosa », p. 74 (Seule la fatigue donne de la valeur aux choses). Désigner le travail par le mot *fatica* (fatigue) caractérise le méridional.

(2) L'ouvrage de STEUART, *An Inquiry into the Principles of Political economy being an essay on the science of domestic policy in free nations* a paru pour la première fois à Londres en deux volumes in-4° en 1767, dix ans avant le *Wealth of Nations* d'ADAM SMITH. Je cite d'après l'édition de Dublin de 1770.

abstraites de l'économie politique sont encore en voie de séparation de leur contenu matériel et par conséquent apparaissent flottantes et diffluentes, et il en va de même de celles de la valeur d'échange. En un endroit il détermine la valeur réelle par le temps de travail (what a workman can perform in a day) (ce qu'un ouvrier peut accomplir en une journée) mais à côté figurent confusément le salaire et la matière première (1). En un autre endroit il se débat d'une manière plus pénible encore contre le contenu matériel de son sujet. La matière naturelle contenue dans une marchandise, l'argent, par exemple, dans une corbeille d'argent, il l'appelle sa *valeur intrinsèque* (intrinsic worth), tandis qu'il appelle le temps de travail qu'elle contient, sa valeur utile (useful value).

« La première, dit-il, est quelque chose de réel en soi, la valeur d'usage, par contre, doit être évaluée d'après le travail qu'elle a coûté pour la produire. Le travail appliqué à la modification de la matière représente une portion du temps d'un homme, etc. » (2). Ce qui distingue Steuart de ses prédécesseurs et de ses successeurs, c'est qu'il différencie rigoureusement le travail spécifiquement social qui se manifeste dans la valeur d'échange et le travail réel qui a pour but des valeurs d'usage. Le travail, dit-il, qui par son aliénation crée un équi-

(1) STEUART, *l. c.*, t. I, p. 181-183.
(2) STEUART, *l. c.*, t. I, p. 361-362. « Represents a portion of a man's time ».

valent général (universal equivalent) je l'appelle
industrie. Il ne distingue pas seulement le travail
sous forme d'industrie du travail concret, mais encore des autres formes sociales du travail. Pour
lui l'industrie est la forme bourgeoise du travail
par opposition à ses formes antiques et médiévales.
C'est notamment l'opposition entre le travail bourgeois et le travail féodal qui l'intéresse ; ce dernier
il l'avait observé dans son déclin, tant en Ecosse
même que dans ses voyages étendus sur le continent. Naturellement Steuart savait fort bien qu'aux
époques pré-bourgeoises aussi le produit avait re-
vêtu la forme marchandise et la marchandise la
forme monnaie, mais il démontre dans le détail
que la marchandise comme forme fondamentale
élémentaire de la richesse, et que l'aliénation
comme forme dominante de l'appropriation, n'appartiennent qu'à la période de production bourgeoise et que le caractère du travail qui crée la valeur d'échange est donc spécifiquement bourgeois (1).

____

(1) Il considère la forme patriarcale de l'agriculture qui
s'applique directement à la production des valeurs d'usage
pour le possesseur du sol comme un « abus », non pas à
Sparte et à Rome, ni même à Athènes, mais dans les
pays industriels du XVIIIe siècle. « This abusive agriculture is not trade but a direct means of subsisting » (Cette
agriculture abusive n'est point du commerce mais un
moyen direct de subsistance). De même que l'agriculture
bourgeoise nettoie le pays de bouches superflues, la manufacture bourgeoise nettoie la fabrique de mains superflues.

Après que les formes particulières du travail concret, telles que l'agriculture, la manufacture, la navigation, le commerce, etc., eussent été tour à tour déclarées les véritables sources de la richesse, Adam Smith proclama le travail en général, et encore sous son aspect social total de la *division du travail*, l'unique source de la richesse matérielle ou des valeurs d'usage. Tandis qu'il néglige complètement ici l'élément naturel, celui-ci le poursuit dans la sphère de la richesse purement sociale, de la valeur d'échange. Sans doute, Adam Smith détermine la valeur de la marchandise par le temps de travail qu'elle contient, mais pour ensuite reléguer la réalité de cette détermination de la valeur dans les temps préadamites. En d'autres termes, ce qui lui paraît vrai au point de vue de la simple marchandise, devient pour lui obscur dès qu'elle est remplacée par les formes supérieures et plus compliquées du capital, du travail salarié, de la rente foncière. Il exprime cela en disant : la valeur des marchandises était mesurée par le temps de travail contenu en elles dans le *paradise lost* (paradis perdu) de la bourgeoisie où les hommes ne se confrontaient pas encore comme capitalistes, ouvriers salariés, propriétaires fonciers, fermiers, usuriers, etc., mais seulement comme simples producteurs de marchandises et échangistes de marchandises. Il confond sans cesse la détermination de la valeur des marchandises par le temps de travail qu'elles contiennent avec la détermination de leurs valeurs pár la valeur du travail ; il hésite dans l'élaboration du détail et prend l'équation objective que le procès social établit violemment entre les travaux inégaux pour l'égalité de droit subjective des travaux individuels (1). Il cherche au moyen de la division du travail à opérer le passage du travail réel au travail qui crée la valeur d'échange, c'est-à-dire au travail bourgeois dans sa forme fondamentale. Or, s'il est vrai que l'échange

(1) Adam Smith dit : « Equal quantities of labour, at all times and places, may be said to be of equal value to the labourer. In his ordinary state of health, strength and spirits, in the ordinary degree of his skill and dexterity, he must always lay down the same portion of his ease, his liberty and his happiness. The price which he pays must always be the same, whatever be the quantity of goods which he receives in return for it. Of these, indeed, it may sometimes purchase a greater and sometimes a smaller quantity ; but it is their value which varies, not that of the labour which purchases them... Labour alone, therefore, never varying in its own value... is their (commodities) real price. » (On peut dire que des quantités égales de travail ont en tout temps et en tous lieux une valeur égale pour le travailleur. Dans son état normal de force, d'activité et d'entrain et avec le degré moyen d'habileté qu'il peut posséder, il faut toujours qu'il donne la même portion de son repos, de sa liberté et de son bonheur. Quelle que soit la quantité de marchandises qu'il obtient en récompense de son travail, le prix qu'il paie sera toujours le même. Ce prix peut, en effet, acheter une quantité tantôt plus grande, tantôt plus petite de ces marchandises, mais c'est leur valeur qui varie et non celle du travail qui les achète. Le travail seul ne variant donc jamais dans sa propre valeur... est le prix réel des marchandises).

privé suppose la division du travail, il est faux de dire que la division du travail suppose l'échange privé. Chez les Péruviens, par exemple, le travail était extraordinairement divisé, bien qu'il ne s'y effectuât point d'échange privé, point d'échange de produits sous forme de marchandises.

A l'opposé d'Adam Smith, David Ricardo dégage nettement la détermination de la valeur de la marchandise par le temps de travail et montre que cette loi régit jusqu'aux rapports de production bourgeois qui en apparence y contredisent le plus. Les recherches de Ricardo se bornent exclusivement à la *grandeur de la valeur*, et en ce qui concerne celle-ci, il pressent tout au moins que la réalisation de la loi dépend de conditions historiques déterminées. Ainsi il dit que la détermination de la grandeur de la valeur par le temps de travail ne vaut que pour les marchandises qui « peuvent être augmentées à volonté par l'industrie et dont la production est régie par une concurrence illimitée (1) ». Ce qui de fait signifie seulement, que la loi de la valeur suppose pour son complet développement la société de la grande production industrielle et de la libre concurrence, c'est-à-dire la société bourgeoise moderne. Au reste, Ricardo considère la forme bourgeoise du travail comme la forme naturelle et éternelle du

(1) RICARDO, *On the principles of political economy and taxation*, 3e édition, London, 1821, p. 3.

travail social. Chez lui, le pêcheur primitif et le chasseur primitif échangent aussitôt poissons et gibier en possesseurs de marchandises, proportionnellement au temps de travail réalisé dans ces valeurs d'échange. A cette occasion il commet un anachronisme en ce que, pour évaluer leurs instruments de travail, le pêcheur et le chasseur primitifs consultent les tableaux d'annuités ayant cours en 1817 à la Bourse de Londres. Les « Parallélogrammes de M. Owen » paraissent être l'unique forme de la société qu'il ait connue en dehors de la forme bourgeoise. Quoiqu'enveloppé dans cet horizon bourgeois, Ricardo dissèque l'économie bourgeoise — laquelle est tout autre dans ses profondeurs qu'elle n'apparaît à la surface — avec une acuité théorique telle que Lord Brougham a pu dire de lui : « M. Ricardo seemed as if he had dropped from another planet » (M. Ricardo paraissait être tombé d'une autre planète). Sismondi, dans une polémique directe avec Ricardo, appuie sur le caractère spécifiquement social du travail créateur de la valeur d'échange (1), en même temps qu'il remarque que le « caractère de notre progrès économique » est de réduire la grandeur de la valeur au temps de travail *nécessaire*, « au rapport entre le besoin de toute la société

(1) SISMONDI, *Etudes sur l'Economie politique*, t. II, Bruxelles, 1837. « C'est l'opposition entre la valeur usuelle et la valeur échangeable à laquelle le commerce a réduit toute chose », p. 161.

et la quantité de travail qui suffit pour satisfaire ce besoin » (1). Sismondi n'est plus embarrassé par la notion de Boisguillebert, que le travail créateur de valeur d'échange est falsifié par l'argent, mais, comme Boisguillebert dénonçait l'argent, il dénonce le grand capital industriel. Si, avec Ricardo, l'économie politique tire ans crainte ses dernières conséquences et s'achève ainsi, Sismondi parachève cet achèvement en ce qu'il représente les doutes qu'elle a d'elle-même.

Comme Ricardo, en donnant à l'économie politique sa forme achevée, a le plus nettement formulé et développé la détermination de la valeur d'échange par le temps de travail, c'est naturellement sur lui que se concentre la polémique des économistes. Si l'on dépouille cette polémique de sa forme souvent inepte (2) elle se résume dans les points suivants :

1° Le travail lui-même a une valeur d'échange et des travaux différents ont des valeurs d'échange différentes. Faire de la valeur d'échange la mesure de la valeur d'échange est un cercle vicieux, puisque la valeur d'échange qui sert à mesurer, aura besoin à son tour d'une mesure. Cette objection se résout dans le problème : donné le temps de tra-

____

(1) Sismondi, *l. c.*, p. 163-166.
(2) Elle est la plus inepte peut-être dans les annotations de J.-B. Say à la traduction française par Constancio de Ricardo, et la plus pédantesquement prétentieuse dans la *Theory of Exchange*, London, 1858, de M. Mac Leod.

vail comme mesure immanente de la valeur d'échange, sur cette base développer le salaire ouvrier. La doctrine du travail salarié fournit la réponse.

2° Si la valeur d'échange d'un produit est égale au temps de travail qu'il contient, la valeur d'échange d'un jour de travail est égale à son produit. Ou le salaire du travail doit être égal au produit du travail (1). Or, c'est le contraire qui est le cas. Ergo. Cette objection se résout dans le problème : comment la production, sur la base de la valeur d'échange créée par le seul temps de travail, conduit-elle au résultat que la valeur d'échange du travail est moindre que la valeur

(1) Cette objection faite à Ricardo par les économistes bourgeois fut plus tard renouvelée par des socialistes. La correction théorique de la formule étant supposée, on reprocha à la pratique de contredire la théorie et l'on convia la société bourgeoise à tirer pratiquement la prétendue conséquence de son principe théorique. C'est de cette manière du moins que les socialistes anglais tournèrent la formule de la valeur d'échange contre l'économie politique. Il était réservé à M. Proudhon, non seulement de proclamer le principe fondamental de l'ancienne société le principe de la société nouvelle, mais encore de se donner pour l'inventeur de la formule dans laquelle Ricardo a résumé le résultat total de l'économie anglaise classique. Il a été démontré que même l'interprétation utopiste de la formule ricardienne était tombée dans l'oubli lorsque M. Proudhon la « découvrit » de l'autre côté de la Manche. Cf. mon livre, *Misère de la Philosophie*, etc. Paris, 1847, le paragraphe sur la valeur constituée.

d'échange de son produit. Nous résoudrons ce problème dans l'étude du capital.

3° Les prix de marché des marchandises tombent
au-dessous ou s'élèvent au-dessus de leur valeur
d'échange suivant le rapport changeant de l'offre et
de la demande. *C'est pourquoi* la valeur d'échange
des marchandises est déterminée par le rapport de
l'offre et de la demande et non par le temps de
travail contenu en elles. Cette singulière conclusion ne fait que soulever la question : comment,
sur la base de la valeur d'échange, un prix de
marché différent d'elle se développe-t-il, ou, plus
exactement: comment la loi de la valeur d'échange
ne se réalise-t-elle que dans son propre contraire.
Ce problème est résolu dans la théorie de la concurrence.

4° La dernière contradiction et la plus frappante
en apparence lorsqu'elle n'est pas, comme à l'ordinaire, exposée sous forme d'exemples bizarres,
est celle-ci : si la valeur d'échange n'est rien autre
chose que le temps de travail contenu dans une
marchandise, comment des marchandises qui ne
contiennent point de travail peuvent-elles posséder de la valeur d'échange ou, en d'autres termes,
d'où vient la valeur d'échange de simples forces
de la nature ? Ce problème est résolu dans la
théorie de la rente foncière.

CHAPITRE II

LA MONNAIE OU LA CIRCULATION SIMPLE

Dans un débat parlementaire sur les *Bank-Acts* de sir Robert Peel, introduits en 1844 et 1845, Gladstone faisait remarquer que l'amour lui-même n'a pas tourné la tête à plus de personnes que ne l'a fait la spéculation sur l'essence de l'argent. Il parlait de Bretons aux Bretons. Les Hollandais, au contraire, gens qui, au mépris des doutes de Petty, ont de tout temps possédé un esprit « divin » pour les spéculations d'argent, n'ont jamais perdu l'esprit dans la spéculation sur l'argent.

On a surmonté la difficulté capitale de l'analyse de la monnaie dès qu'on a compris qu'elle tire son origine de la marchandise elle-même. Cela posé, il ne s'agit plus que de concevoir nettement ses formes déterminées particulières, ce que rend quelque peu difficile le fait que tous les rapports bourgeois dorés ou argentés apparaissent comme des rapports monétaires et que la forme monnaie, par conséquent, semble posséder un contenu infiniment diversifié qui lui est étranger.

Dans l'étude suivante il convient de retenir qu'il ne s'agit que des formes de la monnaie qui naissent immédiatement de l'échange des marchandises et non des formes qui appartiennent à un stade plus élevé du procès de production, comme par exemple la monnaie de crédit. Dans un but de simplification l'or est partout supposé la marchandise monnaie.

I. — *Mesure des valeurs.*

Le premier procès de la circulation est pour ainsi dire un procès théorique préparatoire pour la circulation réelle. Les marchandises qui existent comme valeurs d'usage se créent tout d'abord la forme sous laquelle elles *apparaissent* idéalement les unes aux autres comme valeur d'échange, comme des quanta déterminés de temps de travail *général* matérialisé.

Le premier acte nécessaire de ce procès consiste, nous l'avons vu, en ce que les marchandises excluent une marchandise spécifique, mettons l'*or*, comme matière immédiate du temps de travail général, ou équivalent général. Revenons un instant à la forme sous laquelle les marchandises transforment l'or en monnaie.

$$
\begin{array}{lcl}
1 \text{ tonne de fer} & = & 2 \text{ onces d'or,} \\
1 \text{ quarter de blé} & = & 1 \text{ once d'or,} \\
1 \text{ quintal de café} & = & 1/4 \text{ once d'or,} \\
1 \text{ quintal de potasse} & = & 1/2 \text{ once d'or,} \\
1 \text{ tonne de bois} & = & 1\ 1/2 \text{ onces d'or,} \\
y \text{ marchandise} & = & x \text{ once d'or.}
\end{array}
$$

Dans cette série d'équations le fer, le blé, le café, la potasse, etc., se manifestent les uns aux autres comme matière de travail uniforme, c'est-à-dire comme du travail matérialisé en or, dans lequel toute particularité des travaux réels représentés dans leurs différentes valeurs d'usage est complètement éliminée. En tant que valeur, ils sont identiques, matière du *même* travail ou la même matière de travail, or. En tant que matière uniforme du même travail, ils ne montrent qu'*une* différence, une différence quantitative ; ce sont des valeurs de grandeurs différentes parce que leurs valeurs d'usage contiennent un temps de travail *inégal*. En tant que marchandises isolées, ils se rapportent les uns aux autres comme matérialisation du temps de travail général, en se rapportant au temps de travail général lui-même comme à une marchandise exclue, l'or. Le même rapport évolutif par où ils représentent les uns pour les autres des valeurs d'échange, représente le temps de travail contenu dans l'or comme du temps de travail général dont un quantum donné s'exprime en des quantités différentes de fer, de blé, de café, etc., bref, s'exprime dans les valeurs d'usage de toutes

les marchandises ou se déroule immédiatement
dans l'interminable série des équivalents des marchandises. Comme toutes les marchandises expriment leurs valeurs d'échange en or, l'or exprime immédiatement sa valeur d'échange dans
toutes les marchandises. En se donnant à elles-
mêmes les unes pour les autres la forme de la valeur d'échange, les marchandises donnent à l'or la
forme d'équivalent général ou de monnaie.

C'est parce que *toutes* les marchandises mesurent leurs valeurs d'échange en or, suivant le
rapport de proportion dans lequel une quantité déterminée d'or et une quantité déterminée de marchandises contiennent la même durée de temps de
travail, que l'or devient *mesure des valeurs*, et ce
n'est qu'en vertu de cette fonction de mesure des
valeurs dans laquelle sa propre valeur se mesure
directement dans le cercle entier des équivalents
des marchandises, qu'il devient équivalent général
ou monnaie. D'autre part, la valeur d'échange de
toutes les marchandises s'exprime maintenant en
or. Il faut distinguer dans cette expression un moment qualitatif et un moment quantitatif. La valeur d'échange de la marchandise existe comme
matière du même temps de travail homogène ; la
grandeur de valeur de la marchandise est représentée complètement, car dans le rapport de proportion où les marchandises sont mises en équation avec l'or, elles sont mises en équation les
unes avec les autres. D'un côté apparaît le carac-

tère *général* du temps de travail qu'elles contiennent, d'un autre côté apparaît la quantité de ce temps de travail dans leur équivalent d'or. La valeur d'échange des marchandises, exprimée ainsi à la fois comme équivalence générale et comme degré de cette équivalence dans une marchandise spécifique ou dans une seule équation des marchandises avec une marchandise spécifique, c'est le *prix*. Le prix est la forme métamorphosée sous laquelle la valeur d'échange des marchandises *apparaît* dans l'enceinte du procès de circulation.

Par le même procès donc par lequel les marchandises représentent leurs valeurs comme prix or, elles représentent l'or comme mesure des valeurs et partant comme monnaie. Si elles mesuraient universellement leurs valeurs en argent, en blé ou en cuivre et les représentaient, par conséquent, comme prix or, prix blé ou prix cuivre, argent, blé et cuivre deviendraient mesure des valeurs et par là équivalent général. Pour qu'elles apparaissent dans la circulation sous forme de prix, les marchandises de la circulation sont supposées des valeurs d'échange. L'or ne devient mesure des valeurs que parce que toutes les marchandises estiment en lui leur valeur d'échange. Or, l'universalité de ce rapport évolutif, d'où seul l'or tire son caractère de mesure, présuppose que chaque marchandise isolée se mesure en or, proportionnellement au temps de travail contenu dans l'un et l'autre, donc que la véritable mesure entre marchandise et or est le travail lui-même ; ou que marchandise et or sont mis en équation comme valeurs d'échange par le troc direct. Nous ne pouvons dans la sphère de la circulation simple exposer comment cette mise en équation s'opère pratiquement. Mais il est évident que dans les pays qui produisent de l'or et de l'argent, un temps de travail déterminé s'incorpore directement dans un quantum d'or et d'argent déterminé, tandis que dans les pays qui ne produisent ni or ni argent on obtient le même résultat par un détour, par un échange direct ou indirect des marchandises du pays, c'est-à-dire d'une portion déterminée de travail national moyen contre un quantum déterminé du temps de travail concrété en or et en argent, des pays miniers. Pour pouvoir servir de mesure des valeurs, l'or doit être virtuellement une valeur *variable*, puisque c'est seulement comme du temps de travail corporifié que l'or peut devenir l'équivalent d'autres marchandises et que le même temps de travail se réalise, suivant la variation des forces productives du travail réel, en volumes inégaux des mêmes valeurs d'usage. Quand on évalue toutes les marchandises en or, de même que quand on représente la valeur d'échange de chaque marchandise dans la valeur d'usage d'une autre, il est supposé que l'or à un moment donné représente un quantum donné de temps de travail. Quant au changement de la valeur de l'or, il est régi par la loi des valeurs d'échange développée plus haut. Si la valeur des marchandises reste constante, une hausse générale de leur prix n'est possible que s'il y a baisse de la valeur de l'or. Si la valeur de l'or reste constante, une hausse générale des prix n'est possible que s'il y a hausse des valeurs d'échange de toutes les marchandises. C'est l'inverse dans le cas d'une baisse générale des prix des marchandises. Que la valeur d'une once d'or baisse ou hausse parce que le temps de travail nécessaire pour sa production aura varié, elle baisse ou hausse *uniformément* pour toutes les marchandises et, par conséquent, elle représente vis-à-vis de toutes, après comme avant, un temps de travail d'une grandeur donnée. Les mêmes valeurs d'échange s'estiment maintenant en quanta d'or plus grands ou plus petits qu'auparavant, mais elles s'estiment par rapport à leurs grandeurs de valeur et conservent donc le même rapport de valeur les unes aux autres. Le rapport de 2 : 4 : 8 est le même que 1 : 2 : 4 ou 4 : 8 : 16. La différente quantité d'or dans laquelle les valeurs d'échange s'estiment suivant la variation de la valeur de l'or n'empêche pas plus l'or de servir de mesure de valeur que la valeur quinze fois moindre de l'argent par rapport à l'or ne l'empêche de supplanter l'or dans cette fonction. Le temps de travail étant la mesure entre l'or et la marchandise, et l'or ne devenant mesure des valeurs qu'autant que toutes les marchandises se mesurent en lui, c'est une simple apparence du procès de la circu-

lation qui fait croire que c'est la monnaie qui rend
la marchandise commensurable (1). C'est plutôt la
commensurabilité des marchandises comme temps
de travail matérialisé, qui de l'or fait de la monnaie.

L'aspect concret que revêtent les marchandises
dans le procès de l'échange est celui de leurs va-

(1) Aristote voit, il est vrai, que la valeur d'échange des
marchandises est impliquée dans leur prix ; « ὅτι... ἡ
ἀλλαγὴ ἦν πρὶν τὸ νόμισμα εἶναι, δῆγον· διαφέρει γὰρ οὐδὲν
ἢ εἰ κλῖναι πέντε ἀντὶ οἰκίας, ἢ ὅσου αἱ πέντε κλῖναι. » (Il est
clair que l'échange a existé avant l'argent, car il est indifférent que l'on donne cinq lits pour la maison ou autant d'argent que les lits valent). D'autre part, comme
les marchandises n'acquièrent que dans le prix la forme
de valeur d'échange les unes pour les autres, il les rend
commensurables au moyen de l'argent. « Διὸ δεῖ πάντα
τετιμῆσθαι· οὕτω γὰρ ἀεὶ ἔσται ἀλλαγὴ, εἰ δὲ τοῦτο, κοινωνία.
ὸ δὴ νόμισμα ὥσπερ μέτρον σύμμετρα ποιῆσαν ἰσάζει, οὔτε
γὰρ ἂν μὴ οὔσης ἀλλαγῆς κοινωνια ἦν, οὐτ' ἀλλαγὴ ἰσότητος
μὴ οὔσης, οὔτ' ἰσότης, μὴ οὔσης συμμετρίασ. » (C'est pourquoi tout doit être apprécié. Alors l'échange peut toujours avoir lieu et avec elle la communauté peut exister.
L'argent, comme une mesure, rend tout commensurable
et égal. Sans l'échange il n'y aurait pas de communauté
et sans l'égalité il n'y aurait point d'échange et sans la
commensurabilité il n'y aurait point d'égalité). Il ne se
cache pas que ces objets différents mesurés par l'argent
sont des grandeurs tout à fait incommensurables. Ce
qu'il cherche, c'est l'unité des marchandises comme
valeurs d'échange, laquelle, en sa qualité de grec antique,
il ne pouvait trouver. Il se tire d'embarras en faisant ce
qui est en soi incommensurable, commensurable par l'argent dans la mesure que l'exige le besoin pratique. « Τῇ
μὲν οὖν ἀληθείᾳ ἀδύνατον τὰ τοσοῦτον διαφέροντα σύμμετρα
γέ ιεσθαι, πρὸς δὲ τὴν χρείαν ἐνδέχεται ἱκανῶς· » (Arist.,*Ethic.
Nicom.*, l. V, c. viii, édit. Bekkeri. Oxonii 1837).

leurs d'usage. Equivalent général réel, elles ne le deviendront que par leur aliénation. La détermination de leur prix est leur transformation purement idéale en l'équivalent général, une équation avec l'or qu'il reste à réaliser. Mais comme dans leurs prix les marchandises ne sont transformées en or qu'idéalement, comme elles ne sont transformées qu'en or imaginaire et que leur manière d'être sous forme de monnaie n'est pas encore réellement séparée de leur manière d'être véritable, l'or n'est transformé encore qu'en monnaie idéale, n'est encore que mesure des valeurs, et des quanta déterminés d'or ne servent encore que de dénominations pour des quanta déterminés de temps de travail. La forme déterminée sous laquelle l'or se cristallise en monnaie dépend chaque fois du mode déterminé d'après lequel les marchandises manifestent les unes aux autres leur propre valeur d'échange.

Les marchandises se confrontent maintenant sous un aspect double ; elles sont réelles en tant que valeurs d'usage, idéales en tant que valeurs d'échange. La double forme du travail qu'elles contiennent se manifeste en ce que le travail concret particulier, qui est leur valeur d'usage, existe réellement, tandis que le temps de travail général-abstrait acquiert dans le prix des marchandises une existence imaginaire où elles sont matière uniforme de la même substance de valeur et différentes seulement par la quantité.

La différence de la valeur d'échange et du prix apparaît d'un côté comme purement nominale ; le travail, dit Adam Smith, est le prix réel, la monnaie est le prix nominal des marchandises. Au lieu d'évaluer 1 quarter de blé en 30 journées de travail, on l'évalue maintenant en 1 once d'or, si 1 once d'or est le produit de 30 jours de travail. D'un autre côté, cette différence est si loin d'être une simple différence de nom qu'en elle, au contraire, sont concentrés tous les orages qui menacent la marchandise dans le procès de circulation réel. 30 jours de travail sont incorporés au quarter de blé ; il n'est donc pas besoin qu'il soit représenté en temps de travail. Mais l'or est une marchandise qui se distingue du blé et ce n'est que dans la circulation qu'il se peut constater si le quarter de blé devient réellement une once d'or, ainsi que cela est anticipé dans son prix. Cela dépend de ce que sa valeur d'usage se confirme ou non, de ce qu'il se vérifie ou non que le quantum de temps de travail qu'il contient est le quantum qu'emploie nécessairement la société pour produire un quarter de blé. La marchandise comme telle *est* valeur d'échange, elle *a* un prix. Dans cette différence entre valeur d'échange et prix il apparaît que le travail spécial, individuel, que contient la marchandise doit d'abord se manifester dans le procès de l'aliénation comme son contraire, comme du travail général-abstrait, impersonnel, — et qui n'est du travail social que sous cette forme, c'est-à-dire comme monnaie.

Qu'il soit susceptible ou non de se manifester ainsi paraît chose fortuite. Quoique dans le prix la valeur d'échange de la marchandise n'acquière qu'idéalement une existence différente d'elle, et que le caractère double du travail qu'elle contient ne soit plus qu'un mode d'expression différent; que, d'autre part, la matière du temps de travail général, l'or, ne se dresse plus en face de la marchandise réelle qu'à titre de mesure de valeur figurée, cependant dans l'existence de la valeur d'échange comme prix, ou de l'or comme mesure de valeur, est contenue la nécessité de l'aliénation de la marchandise contre de l'or sonnant, la possibilité de sa non-aliénation, bref, toute la contradiction qui résulte de ce que le produit est marchandise ou de ce que le travail spécial de l'individu privé doit, pour produire un effet social, se manifester dans son contraire immédiat, le travail général-abstrait. C'est pourquoi les utopistes qui veulent avoir la marchandise mais non la monnaie, la production qui repose sur l'échange privé sans les conditions nécessaires de cette production, sont conséquents lorsqu'ils « anéantissent » la monnaie non seulement sous sa forme palpable, mais déjà sous la forme éthérée et chimérique de mesure de valeurs. Dans l'invisible mesure des valeurs est embusqué l'argent solide.

Le procès par lequel l'or est devenu mesure des valeurs et la valeur d'échange est devenue prix étant supposé, toutes les marchandises ne sont plus dans leurs prix que des quanta d'or figurés de grandeurs différentes. Parce qu'elles sont de tels quanta de la même chose, de l'or, elles s'égalent, se comparent et se mesurent entre elles, et ainsi se développe d'une manière technique la nécessité de les rapporter à un quantum déterminé d'or considéré comme *unité de mesure*. Cette unité de mesure devient étalon par cela qu'elle se divise en parties aliquotes et que celles-ci de leur côté se divisent de nouveau en parties aliquotes (1). Mais des quanta d'or comme tels se mesurent par le poids. L'étalon se trouve donc fourni déjà dans les mesures de poids générales des métaux, lesquelles dans toute circulation métallique servent aussi originellement d'étalon des prix. Par le fait que les marchandises ne se rapportent plus les unes aux autres comme des valeurs d'échange devant se

(1) Le fait singulier que l'unité de mesure de la monnaie anglaise, l'once d'or, n'est pas subdivisée en parties aliquotes, s'explique de la manière suivante : « Our coinage was originally adapted to the employment of silver only — hence an ounce of silver can always be divided into a certain adequate number of pieces of coin ; but, as gold was introduced at a later period into a coinage adapted only to silver, an ounce of gold cannot be coined into an adequate number of pieces » MACLAREN, *History of the currency*, p. 16, London, 1858 (A l'origine notre monnaie était adaptée exclusivement à l'argent — c'est pourquoi une once d'argent peut toujours être divisée en un nombre de pièces aliquotes ; mais l'or ayant été introduit à une période postérieure dans un système de monnayage exclusivement adapté à l'argent, une once d'or ne saurait être monnayée en un nombre de pièces aliquotes).

mesurer par le temps de travail, mais comme des grandeurs de même dénomination mesurées en or, l'or se transforme de *mesure des valeurs* en *étalon des prix*. La comparaison entre eux des prix des marchandises comme des quanta d'or différents se cristallise ainsi dans les figures empreintes dans un quantum d'or imaginé et qui le représentent comme étalon de parties aliquotes. L'or, en tant que mesure des valeurs et en tant que étalon des prix, a une forme déterminée tout à fait différente et la confusion de l'une avec l'autre a fait éclore les théories les plus extravagantes. L'or est mesure des valeurs parce qu'il est du temps de travail matérialisé ; il est étalon des prix parce qu'il est un poids déterminé de métal. L'or devient mesure des valeurs parce qu'il est rapporté comme valeur d'échange aux marchandises comme valeurs d'échange ; dans l'étalon des prix un quantum d'or déterminé sert d'unité à d'autres quanta d'or. L'or est mesure de la valeur parce que sa valeur est variable, il est étalon des prix parce qu'il est fixé comme unité de poids invariable. Dans ce cas comme dans tous ceux où l'on détermine la mesure de grandeurs de même dénomination, la fixité et la précision des rapports de mesure sont décisives. La nécessité de fixer un quantum d'or comme unité de mesure et de fixer des parties aliquotes comme subdivisions de cette unité a fait penser qu'un quantum d'or déterminé, dont la valeur est naturellement variable, était mis en un rapport de valeur fixe avec les valeurs d'échange des marchandises. On oubliait que les valeurs d'échange des marchandises sont transformées en quanta d'or avant que l'or se développe comme étalon des prix. Quelles que soient les variations de la valeur de l'or, des quanta différents d'or représentent toujours entre eux le même rapport de valeur : si la valeur de l'or tombait de 1.000 0/0, 12 onces d'or auraient après comme avant une valeur 12 fois plus grande qu'une once d'or, et dans les prix il ne s'agit que du rapport entre eux de différents quanta d'or. Comme, d'autre part, une once d'or ne change pas de poids parce que sa valeur hausse ou baisse, le poids de ses parties aliquotes ne change pas davantage et c'est ainsi que l'or comme étalon fixe des prix rend toujours le même service, quelle que soit la variation de sa valeur (1).

(1) « Money may continually vary in value, and yet be as good a measure of value as if it remained perfectly stationary. Suppose, for instance, it is reduced in value... Before the reduction, a guinea would purchase three bushels of wheat or 6 days' labour; subsequently, it would purchase only 2 bushels of wheat, or 4 days' labour. In both cases, the relations of wheat and labour to money being given, their mutual relations can be inferred; in other words, we can ascertain that a bushel of wheat is worth 2 days' labour. This, which is all that measuring value implies, is as readily done after the reduction as before. The excellence of a thing as a measure of value is altogether independent of its own variableness in value » (L'argent peut continuellement changer de valeur et néanmoins servir de mesure de valeur aussi bien que s'il restait parfaitement stationnaire. Supposez, par

Ainsi que le comporta un procès historique que nous expliquerons plus loin par la nature de la circulation métallique, le même nom de poids fut conservé pour un poids variant et diminuant toujours des métaux précieux dans leur fonction d'étalon des prix. Ainsi le pound sterling anglais désigne un tiers de moins que son poids original ; le pound avant l'Union ne désignait plus que 1/36, la livre française 1/74, le maravedi espagnol moins que 1/1.000, le reis portugais une proportion bien plus petite encore. C'est ainsi que les noms monétaires des poids des métaux se séparèrent historiquement de leurs noms de poids généraux (1). La détermi-

exemple, que sa valeur ait baissé. Avant l'abaissement, une guinea aurait acheté 3 boisseaux de froment ou 6 jours de travail, ensuite, elle aurait acheté seulement 2 boisseaux de froment ou 4 jours de travail. Dans les deux cas, les rapports du froment et du travail à l'argent étant donnés, on peut en inférer leurs rapports réciproques ; en d'autres termes, nous pouvons constater qu'un boisseau de froment vaut 2 jours de travail. C'est tout ce que mesurer la valeur implique et ceci peut être fait aussi bien après qu'avant l'abaissement. L'excellence d'une chose comme mesure de valeur est tout à fait indépendante de la variabilité de sa propre valeur), p. 11, Bailey, *Money and its vicissitudes*, London, 1837.

(1) « Le monete le quali oggi sono ideali sono le piu antiche d'ogni nazione, e tutti furono un tempo reali ; e perchè erano reali con essi si contava » (Les monnaies qui sont aujourd'hui idéales sont les plus anciennes de chaque nation, et toutes étaient à une certaine époque réelles (cette dernière assertion n'est pas exacte dans une mesure aussi large) et parce qu'elles étaient réelles, elles se comptaient). Galiani, *Della moneta, l. c.*, p. 153.

nation de l'unité de mesure, de ses parties aliquotes et des noms de celles-ci, étant d'une part purement conventionnelle et devant, d'autre part, posséder dans la circulation le caractère d'universalité et de nécessité, il fallait que cette détermination devînt *légale*. L'opération purement formelle échut donc en partage aux gouvernements (1). Le métal déter-

(1) Le romantique A. Müller dit : « Dans notre idée, tout souverain indépendant a le droit de nommer la monnaie de métal, de lui attribuer une valeur nominale, un rang, un état et un titre (p. 276, Vol. II, A. H. MÜLLER, *Die Elemente der Staatskunst*, Berlin, 1809). Pour ce qui est du titre M. le conseiller aulique a raison : il oublie seulement la *substance*. Le passage suivant montre combien confuses étaient ses « idées ». « Chacun comprend combien importante est la détermination juste du prix monétaire, surtout dans un pays comme l'Angleterre où le gouvernement avec une libéralité grandiose fabrique la monnaie gratuitement (M. Müller paraît croire que le gouvernement anglais défraie les dépenses du monnayage de sa propre poche), où il ne prélève pas de droit de seigneurage, etc., et, par suite, s'il mettait le prix monétaire de l'or beaucoup au-dessus du prix de marché, si, au lieu de payer maintenant 1 once d'or avec 3 £ 17 s. 10 1/2 d., il fixait le prix monétaire d'une once d'or à 3 £ 19 s., toute la monnaie affluerait à l'Hôtel des Monnaies et l'argent sorti de là serait échangé sur le marché contre de l'or moins cher et celui-ci retournerait de nouveau à la Monnaie et le système monétaire tomberait dans le désordre » (p. 280-281, *l. c.*). Pour maintenir l'ordre dans la Monnaie anglaise, M. Müller tombe dans le « désordre ». Alors que shillings et pence ne sont que des noms de parties déterminées d'une once d'or, représentées par des marques d'argent et de cuivre, il s'imagine que l'once d'or est estimée en or, argent et cuivre et gratifie ainsi les Anglais d'un triple *Standard of*

miné qui servait de matière à la monnaie était socialement donné. Dans différents pays l'étalon légal des prix est naturellement différent. En Angleterre, par exemple, l'once comme poids de métal est divisée en pennyweights, grains et carats troy, mais l'once d'or comme unité de mesure de la monnaie est divisée en 3 7/8 sovereigns, le sovereign en 20 shillings, le shilling en 12 pence, en sorte que 100 livres d'or à 22 carats (1.200 onces) = 4.672 sovereigns et 10 shillings. Sur le marché mondial cependant où les frontières disparaissent ces caractères nationaux des mesures de la monnaie disparaissent de nouveau et cèdent aux mesures de poids générales des métaux.

Le prix d'une marchandise ou le quantum d'or dans lequel elle est idéalement métamorphosée, s'exprime maintenant dans les noms monétaires de l'étalon d'or. Au lieu de dire le quarter de blé est égal à une once d'or, on dirait, en Angleterre, il est égal à 3 £ 17 s. 10 1/2 d. Tous les prix s'expriment ainsi dans les mêmes dénominations. La

value (étalon de valeur). L'emploi de l'argent comme mesure de la monnaie à côté de l'or ne fut formellement aboli qu'en 1816 par 56, George III, c. 68. Légalement il 'avait été déjà en 1734 par 14, George II, c. 42 et pratiquement bien avant cette époque. Deux circonstances ont plus particulièrement qualifié M. Müller pour avoir une conception soi-disant *supérieure* de l'économie politique. D'une part, son ignorance étendue des faits économiques, d'autre part, son attitude de simple dilettante enthousiaste à l'égard de la philosophie.

forme spéciale que donne aux marchandises leur valeur d'échange est transformée en *noms monétaires* dans lesquels elles s'entredisent ce qu'elles valent. La monnaie de son côté devient *monnaie de compte* (1).

La transformation de la marchandise en monnaie de compte dans le cerveau, dans la langue, sur le papier, s'opère chaque fois qu'un genre quelconque de richesse est fixé sous le point de vue de la valeur d'échange (2). Cette transformation exige la matière de l'or, mais seulement comme matière figurée. Pour estimer la valeur de 1.000 ballots de coton dans un nombre déterminé d'onces d'or et pour exprimer ensuite ce nombre d'onces dans les noms de compte de l'once, en £. s. d., il n'est point besoin d'un atome d'or réel. Avant le Bank-Act (1845) de Sir Robert Peel, il ne circulait pas en Ecosse une once d'or, quoique l'once d'or, et encore exprimée comme étalon de compte anglais en 3 £ 17 s. 10 1/2 d., servît de mesure légale des prix. C'est ainsi que l'argent sert de mesure des prix

(1) Ἀνάχαρσις, πυνθανομένου τινὸς, πρὸς τί οἱ Ἕλληνες χρῶνται τῷ ἀργυρίῳ, εἶπε πρὸς τὸ ἀριθμεῖν » (*Athen. Deipn.* l. IV, 49, v. 2. ed. Schweighäuser, 1802). (Comme on demandait à Anacharsis de quel usage était l'argent chez les Grecs, il répondit : ils s'en servent pour compter).

(2) G. Garnier, un des premiers traducteurs français d'Adam Smith a eu la singulière idée d'établir une proportion entre l'usage de la monnaie de compte et l'usage de la monnaie réelle. La proportion est 10 à 1. G. GARNIER, *Histoire de la monnaie depuis la plus haute antiquité*, etc., t. I, p. 78.

dans l'échange des marchandises entre la Sibérie et la Chine, quoique le commerce ne soit en fait que le commerce par troc. Pour la monnaie, en tant que monnaie de compte, il est indifférent, par conséquent, que son unité de mesure ou les fractions de celle-ci soient ou non monnayées. En Angleterre, au temps de Guillaume le Conquérant, 1 £, alors une livre d'argent pur et le shilling 1/20 d'une livre, n'existait que comme monnaie de compte, tandis que le penny, 1/240 d'une livre d'argent, était la plus forte monnaie d'argent. Dans l'Angleterre de nos jours, au contraire, il n'y a ni shillings ni pence, quoiqu'ils soient les noms des comptes légaux de parties déterminées d'une once d'or. La monnaie en tant que monnaie de compte peut en général n'exister qu'idéalement, tandis que la monnaie qui existe réellement est monnayée d'après un tout autre étalon. Ainsi dans beaucoup de colonies anglaises de l'Amérique du Nord la monnaie circulante consistait jusque bien avant dans le xviiie siècle en espèces espagnoles et portugaises tandis que la monnaie de compte était partout la même qu'en Angleterre (1).

(1) L'acte de Maryland de 1723 qui faisait du tabac la monnaie légale mais réduisait sa valeur à la monnaie d'or anglaise, c'est-à-dire 1 penny par livre de tabac, fait penser aux *leges barbarorum* où inversement des sommes de monnaie déterminées étaient égalées aux bœufs, aux vaches, etc. Dans ce cas ce n'est pas l'or et l'argent, mais

Parce que l'or, comme étalon des prix, se présente sous les mêmes noms de compte que les prix des marchandises, et qu'une once d'or, aussi bien qu'une tonne de fer, est exprimée en 4 £ 17 s. 10 1/2 d., on a donné à ces expressions le nom de *prix de monnaie*. C'est ce qui a fait naître l'étonnante notion que la valeur de l'or pouvait être exprimée en sa propre substance et qu'à la différence de toutes les autres marchandises il recevait de l'Etat un prix *fixe*. On confondait la fixation des noms de monnaie de compte pour des poids d'or déterminés avec la fixation de la valeur de ces poids (1). Quand il sert d'élément dans la détermination du prix et partant de monnaie de compte, l'or non seulement n'a pas de prix fixe, mais il n'a *aucun* prix. Pour qu'il eût un prix, pour qu'il s'exprimât dans une marchandise *spécifique* comme

le bœuf et la vache qui étaient la matière réelle de la monnaie de compte.

(1) Ainsi nous lisons dans les *Familiar words* de M. David Urquhart : « The value of gold is to be measured by itself ; how can any substance be the measure of its own worth in other things ? The worth of gold is to be established by its own weight, under a false denomination of that weight and an ounce is to be worth so many pounds and fractions of pounds. This is falsifying a measure, not establishing a standard. » (On veut que l'or soit mesuré par lui-même. Comment une substance quelconque peut-elle être la mesure de sa propre valeur en d'autres objets? La valeur de l'or sera établie par son propre poids, sous une fausse dénomination de ce poids — et une once vaudra tant de livres et de fractions de livres. C'est là falsifier une mesure, ce n'est pas établir un étalon).

Marx   6 l'équivalent *général*, il faudrait que cette autre marchandise jouât dans le procès de circulation le même rôle exclusif que l'or. Mais deux marchandises qui excluent toutes les autres marchandises s'excluent mutuellement. Partout donc où argent et or se maintiennent légalement à titre de monnaie, donc à titre de mesure de valeur, on a toujours essayé en vain de les traiter comme *une seule et même matière*. Supposer que la même quantité de travail se matérialise immuablement dans la même proportion d'or et d'argent, c'est supposer en fait que l'argent et l'or sont la même matière et qu'un quantum donné d'argent, du métal qui a une valeur moindre, est une fraction immuable d'un quantum donné d'or. Depuis le règne d'Edouard III jusqu'aux temps de Georges II, l'histoire de l'argent en Angleterre se déroule en une série continue de perturbations nées de la collision entre le rapport de la valeur légale de l'argent et de l'or et les oscillations de leur valeur réelle. Tantôt c'était l'or qui était estimé trop haut, tantôt c'était l'argent. Le métal estimé au-dessous de sa valeur était soustrait à la circulation, refondu et exporté. Le rapport de valeur des deux métaux était de nouveau légalement changé ; mais, comme l'ancienne, la valeur nominale entrait en conflit avec le rapport de valeur réel. A notre époque même, une baisse faible et passagère de l'or par rapport à l'argent provenant d'une demande d'argent dans l'Inde et dans la Chine, a produit en France le même phénomène sur la plus grande échelle, exportation de l'argent et son remplacement par l'or dans la circulation. Pendant les années 1855, 1856 et 1857, l'importation de l'or en France dépassa son exportation de 41.580.000 £, tandis que l'exportation de l'argent dépassa son importation de 14.740.000. En fait, dans les pays comme la France où les deux métaux sont des mesures de valeur légales et ont tous deux un cours forcé, de façon que chacun peut payer à volonté, soit avec l'un, soit avec l'autre, le métal en hausse porte un agio et mesure son prix, comme toute autre marchandise, dans le métal surfait, tandis que ce dernier est employé seul comme mesure de valeur. Toute l'expérience fournie par l'histoire sur ce terrain se réduit simplement à ce fait que là où deux marchandises remplissent légalement la fonction de mesure de valeur, il n'y en a jamais en réalité qu'une seule qui l'exerce (1).

(1) « Money is the measure of commerce and ought to be kept (as all other measures) as steady and invariable as may be. But this cannot be, if your money be made of two metals whose proportion... constantly varies in respect of one another. » (L'or est la mesure du commerce et devrait comme toute autre mesure être maintenu aussi stable et invariable que possible. Cela ne se peut pas si votre monnaie se compose de deux métaux dont le rapport de valeur varie toujours). JOHN LOCKE, *Some Considerations on the Lowering of Interest*, etc., 1691, p. 65, de ses *Works*, 7e éd., London, 1768, vol. III.

B. Théories de l'unité de mesure de la monnaie.

Le fait que les marchandises dans les prix ne sont transformées qu'idéalement en or, que l'or, par suite, n'est transformé qu'idéalement en monnaie, a donné lieu à la doctrine de l'*unité de mesure idéale de la monnaie*. Parce que dans la détermination du prix il n'y a que de l'or et de l'argent figurés, parce que l'or et l'argent ne fonctionnent que comme monnaie de compte, on a soutenu que les noms, livre, shilling, pence, thaler, franc, etc., au lieu de désigner des fractions de poids d'or ou d'argent ou du travail matérialisé d'une manière quelconque, désignaient plutôt des atomes de valeur idéaux. Quand donc la valeur d'une once d'argent monterait, c'est qu'elle contiendrait plus de ces atomes et devrait être monnayée en un nombre plus grand de shillings. Cette doctrine date de la fin du xviie siècle et on l'a fait valoir de nouveau pendant la dernière crise commerciale en Angleterre ; on l'a même développée au parlement dans deux rapports spéciaux formant l'appendice au rapport du comité de la Banque qui siégeait en 1858.

Lors de l'avènement de Guillaume III, le prix monétaire d'une once d'argent était de 5 s. 2 d. : on nommait penny 1/62 d'une once d'argent et shilling 12 de ces pence. Conformément à cet étalon, un poids d'argent de 6 onces, par exemple, était monnayé en 31 pièces portant le nom de shilling.

Mais le *prix de marché* de l'once d'argent dépassa son prix monétaire de 5 s. 2 d. et s'éleva à 6 s. 3 d., c'est-à-dire que, pour acheter une once d'argent brut, il fallait payer 6 s. 3 d. Comment le prix de marché d'une once d'argent pourrait-il s'élever au-dessus de son prix monétaire, si le prix monétaire n'était que le nom de compte des parties aliquotes d'une once d'argent. La solution de l'énigme était facile. Des 56.000.000 £ de monnaie d'argent circulant alors, 4 millions étaient usés, rognés, altérés. Une expérience qui fut faite, démontra que 5.700 £ en argent, qui auraient dû peser 220.000 onces, ne pesaient que 141.000 onces. La Monnaie continuait de frapper suivant le même étalon, mais les shillings légers qui circulaient réellement représentaient des parties aliquotes de l'once plus petites que celles qu'indiquait leur nom. Il fallait donc payer sur le marché une quantité supérieure de ces shillings, devenus plus légers, pour une once d'argent brut. Quand, par suite de la perturbation ainsi produite, on se fut décidé à faire une refonte générale, *Lowndes*, le *secretary to the treasury*, déclara que la valeur de l'once d'argent ayant augmenté, on devait dorénavant la monnayer en 6 s. 3 d. et non en 5 s. 2 d. comme par le passé. Il affirmait donc en fait que parce que la valeur de l'once avait augmenté, la valeur de ses parties aliquotes avait diminué. Mais sa fausse théorie ne servait qu'à prôner un but pratique juste. Les dettes de l'Etat avaient été contractées en shillings légers, devait-on les payer en shillings forts? Au lieu de dire, remboursez 4 onces d'argent là où nominalement vous en avez reçu 5, mais, en réalité, 4 onces seulement, il disait inversement : payez 5 onces d'argent nominalement, mais réduisez le contenu métallique à 4 onces et nommez shilling ce que jusqu'ici vous avez nommé 4/5 d'un shilling. Pratiquement Lowndes s'en tenait donc au contenu métallique, tandis qu'en théorie il s'attachait au nom de compte. Ses adversaires qui ne retenaient que le nom de compte et qui déclaraient qu'un shilling trop léger de 25 à 30 0/0 était identique à un shilling de poids fort, prétendaient, au contraire, ne s'en tenir qu'au contenu métallique.

John Locke qui défendait la nouvelle bourgeoisie sous toutes les formes, les industriels contre les classes ouvrières et les indigents, les usuriers commerçants contre les usuriers à l'ancienne mode, les aristocrates de la finance contre les débiteurs de l'Etat et qui, dans un ouvrage spécial, avait démontré que l'entendement bourgeois est l'entendement humain normal, releva aussi le gant jeté par Lowndes. John Locke l'emporta ; et l'argent emprunté à 10 ou 14 shillings la guinea fut remboursé en guineas de 20 shillings (1). Sir *James Steuart*

(1) Locke dit entre chose : « Call that a crown now, which before... was but a part of a crown... An equal quantity of Silver is always the same value with an equal quantity of Silver... For if the abating 1-20 of the quantity of Silver of any Coin does not lessen its value, the abating 19-20 of the quantity of the Silver of any Coin will not abate its

résume ironiquement toute la transaction dans ces termes : « Le gouvernement a gagné considérablement sur les impôts, les créanciers sur le capital et les intérêts, et la nation, la dupe principale, était fort aise parce que son *standard* (l'étalon de leur

value. And so a single Penny, being called a crown, will buy as much Spice, or Silk, or any other Commodity, as a Crownpiece which contains 20 times as much Silver... All that may be done is giving a less quantity of Silver the Stamp and Denomination of a greater... But 'tis Silver and not Names that pay Debts and purchase commodities. If to raise the value of money means nothing but to give any desired name to an aliquot part of a silver coin, e. g. to call an eigth part of an ounce of silver a penny, then money may really be rated as high as you please). » JOHN LOCKE, *Some Considerations on the Lowering of Interest*, etc., 1691, pp. 136-145, *passim*. (Nommez maintenant une couronne ce qui autrefois n'était que la partie d'une couronne... Une quantité égale d'argent a toujours la même valeur qu'une autre quantité égale d'argent. Si vous pouvez enlever 1/20 de poids d'argent à une monnaie sans diminuer sa valeur, vous pourrez enlever 19/20 de la quantité d'argent d'une monnaie sans diminuer sa valeur. Et ainsi un seul penny, ayant le nom d'une couronne, achèterait autant d'épices, de soie, ou de toute autre marchandise, qu'une couronne qui contiendrait 20 fois plus d'argent..... Tout ce que vous pouvez faire c'est donner à une quantité d'argent moindre l'empreinte et le nom d'une quantité plus grande..... Mais c'est l'argent, et non les noms, qui paie les dettes et achète les marchandises. Si élever la valeur de la monnaie ne signifie que donner des noms aux parties aliquotes d'une pièce d'argent, par exemple, nommer la huitième partie d'une once d'argent penny, alors vous pouvez en effet élever la monnaie au taux que vous voudrez.) Locke répondait en même temps à Lowndes, que la hausse du prix de marché au-dessus du prix monétaire ne provenait pas de la « hausse de propre valeur) n'avait pas été déprécié (1). Steuart pensait qu'avec le développement commercial futur, la nation se montrerait plus maligne. Il faisait erreur. Environ 120 ans après le même *quid pro quo* se renouvela.

Il était dans l'ordre que l'évêque Berkeley, le représentant d'un idéalisme mystique dans la philosophie anglaise, donnât une tournure théorique à la doctrine de l'unité de mesure idéale de l'argent, ce qu'avait négligé de faire le pratique *secretary to the treasury*. Il demande : Est-ce que les noms livre, *pound sterling*, *crown*, etc., ne doivent pas être considérés comme de simples *noms de* la valeur de l'argent, mais du poids moindre des monnaies d'argent. » 77 shillings rognés ne pèseraient pas un grain de plus que 62 shillings de poids fort. Enfin, il faisait valoir avec raison qu'abstraction faite de la perte de poids de la monnaie circulante, le prix de marché de l'argent brut en Angleterre pouvait s'élever quelque peu au-dessus du prix monétaire parce que l'exportation de l'argent brut était permise et celle de la monnaie d'argent était prohibée (Cf. *l. c.*, pp. 54-116, *passim*). Locke se gardait bien d'aborder la question brûlante des dettes publiques, de même qu'il évitait soigneusement de discuter le trop délicat point économique. Ce point était celui-ci : le cours du change aussi bien que le rapport de l'argent brut à l'argent monnayé démontraient que la monnaie circulante *était loin* d'être dépréciée en proportion de sa perte d'argent réelle. Nous reviendrons à cette question sous sa forme générale dans la section des Moyens de circulation. Nicolas Barbon, dans : *A discourse concerning coining the money lighter in answer to M. Locke's considerations*, etc., London, 1696, fit des tentatives inutiles pour attirer Locke sur un terrain épineux.

(1) STEUART, *l. c.*, t. II, p. 154.

rapport? (savoir, le rapport de la valeur abstraite comme telle). Est-ce que l'or, l'argent ou le papier sont autres choses que de simples billets ou marques pour le compter, l'enregistrer et le transmettre? (le rapport de la valeur). Le *pouvoir* de commander à l'industrie d'autrui (le travail social) n'est-ce pas la richesse? Et la monnaie est-elle en fait autre chose que la marque ou le signe de la transmission ou de l'enregistrement d'un tel pouvoir et faut-il ajouter une grande importance à la matière dont ces marques sont composées (1)? » Ici il y a confusion d'une part entre la mesure des valeurs et l'étalon des prix et, d'autre part, entre l'or et l'argent en tant que mesure et en tant que moyen de circulation. De ce que les métaux précieux peuvent dans l'acte de la circulation être remplacés par des marques, Berkeley conclut que ces marques, de leur côté, ne représentent *rien*, c'est-à-dire représentent l'abstrait concept de valeur.

La doctrine de l'unité de mesure idéale de l'argent est si pleinement développée par Sir James Steuart que ses successeurs — successeurs incons-

---

(1) *The Querist, l. c.* Dans les *Queries on Money* il y a d'ailleurs de l'esprit. Berkeley remarque avec raison que précisément le développement des colonies de l'Amérique du Nord « make it plain as daylight, that gold and silver are not so necessary for the wealth of a nation, as the vulgar of all ranks imagine » (fournit une preuve claire comme le jour que l'or et l'argent ne sont pas aussi nécessaires à la richesse d'une nation que se l'imaginent les gens vulgaires de tous les rangs).

cients, puisqu'ils ne le connaissent pas — ne trouvent ni un tour de phrase nouveau ni même un exemple nouveau. « La monnaie de compte, dit-il, n'est rien qu'un étalon arbitraire de parties égales, inventé pour mesurer la valeur relative d'objets à vendre. La monnaie de compte diffère totalement de l'argent monnayée (money coin) qui est le prix (1) et pourrait exister sans qu'il existât au monde une substance qui serait son équivalent proportionnel pour toutes les marchandises. La monnaie de compte rend le même service à l'égard de la valeur des objets que les degrés, minutes, secondes, etc., rendent à l'égard des angles ou des échelles pour cartes géographiques, etc. Dans toutes ces inventions la même dénomination est toujours prise comme unité. De même que l'utilité de toutes ces inventions est limitée à l'*indication de la proportion*, il en est ainsi de l'unité de l'argent. Elle ne peut donc pas avoir une proportion immuablement déterminée vis-à-vis d'une partie quelconque de la valeur, c'est-à-dire qu'elle ne peut pas être fixée en un quantum déterminé d'or, d'argent ou de n'importe quelle autre marchandise. L'unité une fois donnée, on peut s'élever par la multiplication jusqu'à la valeur la plus grande. Comme la valeur des marchandises dépend d'un concours général de circonstances agissant sur elles et sur les caprices

---

(1) *Prix* signifie ici équivalent réel comme chez les économistes anglais du xviiᵉ siècle.

des hommes, leur valeur devrait être considérée comme changeant seulement dans leur rapport réciproque. Tout ce qui trouble et embrouille la constatation du changement de proportion au moyen d'un étalon général déterminé et immuable doit porter préjudice au commerce. L'argent n'est qu'un *étalon idéal* de parties égales. A la question : quelle doit être l'unité de mesure de la valeur d'une partie, je réponds par cette autre question : quelle est la grandeur normale d'un degré, d'une minute, d'une seconde ? Ils n'en possèdent point, mais dès qu'une partie en est déterminée le reste tout entier, conformément à la nature d'une échelle, doit suivre proportionnellement. De ce genre de monnaie nous avons deux exemples. La banque d'Amsterdam nous offre un exemple de l'un et la côte d'Angola de l'autre (1). »

Steuart s'en tient simplement au rôle que joue la monnaie dans la circulation à titre d'*étalon des prix* et de *monnaie de compte*. En effet, si des marchandises différentes sont cotées dans le prix courant à 15 s., 20 s., 36 s. respectivement, ce n'est ni le contenu en argent ni le nom de shilling qui m'intéressent lorsqu'il s'agit de comparer la grandeur de leur valeur. Les rapports numériques 15, 20, 36 disent tout maintenant et le nombre 1 est devenu l'unique unité de mesure. Seule la proportion numérique abstraite elle-même est l'expression pure-

(1) STEUART, *l. c.*, t. II, p. 154, 299.

ment abstraite de la proportion. Pour être conséquent il eut donc fallu que Steuart abandonnât non seulement l'or et l'argent, mais encore leurs noms de baptême légaux. Ne comprenant pas la transformation de la mesure des valeurs en étalon des prix, il croit naturellement que le quantum d'or déterminé qui sert d'unité de mesure n'est pas rapporté comme mesure à d'autres quanta d'or, mais à des valeurs comme telles. Parce que les marchandises, grâce à la transformation de leurs valeurs d'échange en prix, paraissent des grandeurs de même nom, il nie la qualité de la mesure qui les réduit à la même dénomination, et parce que dans cette comparaison de différents quanta d'or, la grandeur du quantum d'or servant d'unité de mesure est de convention, il nie qu'elle doive être fixée en général. Au lieu d'appeler 1/360 partie d'un cercle, degré, il peut appeler 1/180 partie, degré ; l'angle droit serait mesuré alors par 48 degrés au lieu de l'être par 90 degrés ; les angles aigus et obtus d'une manière correspondante. La mesure de l'angle resterait néanmoins, après comme avant, premièrement, une figure mathématique déterminée qualitativement, le cercle ; deuxièmement, une section de cercle déterminée quantitativement. En ce qui concerne les exemples économiques de Steuart, il s'enferre avec l'un et ne prouve rien avec l'autre. La monnaie de banque d'Amsterdam n'était effectivement que le nom de compte des doublons espagnols qui, grâce à leur paresseux stationne-

ment dans les caveaux de la Banque, conservaien
grassement leur poids fort alors que la remuante
monnaie courante s'était amenuisée dans l'âpre
frottement avec le monde extérieur. Pour ce qui est
des idéalistes africains, il nous faut les abandonner à
leur sort, en attendant que des voyageurs critiques
nous donnent sur eux de plus amples renseigne-
ments (1). On pourrait qualifier de monnaie approximativement idéale, au sens de Steuart, l'assignat français : *Propriété nationale. Assignat de
100 francs.* Il est vrai que la valeur d'usage que
devait représenter l'assignat était ici spécifiée : à
savoir les terres confisquées ; mais on avait oublié
la détermination quantitative de l'unité de mesure,
et « franc », par conséquent, était un mot vide de
sens. Combien de terre était représentée par l'assignat d'un franc, cela dépendait du résultat des eu-
chères publiques. Dans la pratique pourtant, l'assignat d'un franc circulait comme signe de valeur de
la monnaie argent et c'est à cet étalon d'argent que
se mesurait sa dépréciation.

L'époque de la suspension des paiements en

(1) A l'occasion de la dernière crise commerciale, on
exaltait avec emphase dans certains milieux anglais la
monnaie idéale africaine, depuis qu'on avait transféré son
siège de la côte au cœur de la Barbarie. On attribuait le
fait que les Berbères sont exempts de crises commerciales à l'unité de mesure de leurs barres. N'eut-il pas été
plus simple de dire que le commerce et l'industrie sont
les conditions *sine qua non* des crises commerciales et
industrielles ?

espèces par la Banque d'Angleterre fut à peine plus féconde en bulletins de guerre qu'en théories de l'argent. La dépréciation des billets de banque et l'élévation du prix de marché de l'or au-dessus de son prix monétaire ranimèrent chez certains défenseurs de la banque la doctrine de la mesure monétaire idéale. Pour cette vue confuse *Lord Castlereagh* trouva l'expression confuse classique. Il donna de l'unité de mesure de la monnaie cette définition : *A sense of value in reference to currency as compared with commodities.* Quand les circonstances, quelques années après la paix de Paris, permirent la reprise des paiements en espèces, la même question que Lowndes avait provoquée sous Guillaume III fut posée de nouveau sous une forme à peine modifiée. Une dette publique énorme et une masse de dettes particulières, d'obligations fermes, etc., accumulées pendant plus de vingt ans, avaient été contractées en billets de banque dépréciés. Devait-on les payer en billets de banque dont 4672 £ 10 s. représentaient non pas nominalement mais réellement 100 livres d'or à 22 carats. *Thomas Attwood,* un banquier de Birmingham, entra en scène comme *Lowndes redivivus.* Nominalement les créanciers devaient recevoir autant de shillings qu'on en avait nominalement empruntés, mais si 1/78 d'once d'or, selon l'ancien titre de monnaie, s'appelait shilling, on devait maintenant baptiser du nom de shilling, mettons 1/90 d'once. Les adhérents d'Attwood sont connus comme les *litlle Shillingmen* de l'école de Birmingham. La querelle sur la mesure monétaire idéale, commencée en 1819, se continuait toujours entre Sir Robert Peel et Attwood dont la sagesse propre, pour autant qu'elle s'exerce sur la monnaie dans sa fonction de mesure, se résume et s'épuise dans la citation suivante : « Dans sa polémique avec la Chambre de Commerce de Birmingham, Sir Robert Peel demande : Que représentera votre billet d'une livre ? Qu'est-ce qu'une livre ? — Inversement, que devons-nous comprendre par l'unité de mesure actuelle de la valeur ? — Est-ce que 3 ₤ 17 s. 10 1/2 d. signifient une *once d'or* ou bien sa *valeur* ? Si c'est l'*once*, pourquoi ne pas appeler les choses par leur nom et au lieu de dire ₤. s. d. pourquoi ne pas dire ounce, penny weight et grain ? Alors nous revenons au système du troc direct... On bien signifient-elles la valeur ? Si une once = 3 ₤. 17 s. 10 1/2 d. pourquoi à des époques différentes valait-elle tantôt 5 ₤. 4 s., tantôt 3 ₤. 17 s. 9 d. ?... L'expression livre (₤) se réfère à la valeur, mais non à la valeur fixée dans une partie de poids d'or invariable. La livre est une *unité idéale*... le *travail* est la substance dans laquelle se résolvent les frais de production et il donne à l'or comme au fer leur valeur relative. Quel que soit donc le *nom de compte spécial* employé pour désigner le *travail quotidien* ou *hebdomadaire d'un homme*, ce nom exprime la valeur de la marchandise produite (1). »

(1) *The Currency question, the Gemini Letters*. London, 1844, p. 260-272, *passim*.

Dans ces derniers mots se dissipe la brumeuse conception de la mesure monétaire idéale, et ce que proprement elle contient de pensée se fait jour. Les noms de compte de l'or, £. s. etc. seraient les noms de quanta déterminés de temps de travail. Le temps de travail étant la substance et la mesure immanente des valeurs, ces noms, en fait, représenteraient la proportion de valeur elle-même. En d'autres termes, on affirme que le temps de travail est la véritable unité de mesure de la monnaie.

Nous sortons ainsi de l'école de Birmingham, mais remarquons en passant que la doctrine de la mesure idéale de la monnaie prit une importance nouvelle dans la polémique sur la convertibilité ou la non-convertibilité des billets de banque. Si c'est l'or ou l'argent qui donnent au papier sa dénomination, la convertibilité du billet, c'est-à-dire son échangeabilité contre l'or ou l'argent demeure une loi économique, quelle que soit la loi juridique. Le billet d'un thaler prussien, bien que légalement inconvertible, serait aussitôt déprécié si dans le trafic ordinaire il valait moins d'un thaler et par suite ne serait pas convertible pratiquement. Aussi les défenseurs conséquents du papier-monnaie inconvertible en Angleterre eurent-ils recours à la mesure monétaire idéale. Si les noms de compte de la monnaie £. s., etc., sont les noms d'une somme déterminée d'atomes de valeur desquels une marchandise, au cours de l'échange avec d'autres marchandises, absorbe ou dégage tantôt -

plus, tantôt moins, un billet de banque anglais de £ 5. par exemple, est tout aussi indépendant de son rapport à l'or que de celui au fer et au coton. Puisque son titre aurait cessé de l'égaler théoriquement à un quantum déterminé d'or ou de toute autre marchandise, la demande de sa convertibilité, c'est-à-dire de son équation pratique avec un quantum déterminé d'un article spécifié, serait exclue de par son concept même.

John Gray est le premier qui ait développé systématiquement la doctrine du temps de travail considéré comme unité de mesure immédiate de la monnaie (1). Il fait certifier par une banque centrale, à l'aide de ses succursales, le temps de travail dépensé dans la production des différentes marchandises. En échange de la marchandise, le producteur reçoit un certificat officiel de sa valeur, c'est-à-dire un reçu du temps de travail que contient sa marchandise (2) et ces billets de banque

_____

(1) JOHN GRAY, *The Social System. A Treatise on the Principle of Exchange*, Edinburgh, 1831. Cf. du même auteur : *Lectures on the nature and use of money*, Edinburgh, 1848. Après la révolution de février, Gray adressa au gouvernement provisoire un mémoire où il leur inculque que la France n'a pas besoin d'une « organisation du travail », mais d'une organisation de l'échange, dont le plan complétement élaboré se trouverait dans le système monétaire élucubré par lui. Le brave John ne soupçonnait pas que seize ans après la publication du *Social System* l'inventif Proudhon prendrait un brevet pour la même découverte.

(2) GRAY, *The Social System*, etc. « Money should be mere-

d'une semaine de travail, d'un jour de travail,
d'une heure de travail, etc., servent en même temps
de bon pour un équivalent de toutes les marchandises emmagasinées dans les docks de la Banque (1).
C'est là le principe fondamental appliqué avec soin
dans tous les détails et appuyé partout sur des
institutions anglaises établies. « Avec ce système,
dit Gray, il serait en tout temps aussi facile de
vendre pour de l'argent qu'il l'est présentement
d'acheter avec de l'argent ; la production serait la
source uniforme et intarissable de la demande (2).
Les métaux précieux perdraient leur « privilège »

ly a receipt, an evidence that the holder of it has either
contributed a certain value to the national stock of wealth,
or that he has acquired a right to the same value from
some one who has contributed to it » (L'argent ne devrait être qu'un reçu, une constatation que le détenteur
ou bien a apporté une certaine valeur au stock de la
richesse nationale ou bien qu'il a acquis un droit à la
même valeur de quelqu'un qui y a contribué).

(1) « An estimated value being previously put upon pro-
duce, let it be lodged in a bank, and drawn out again, whene-
ver it is required, merely stipulating, by common consent,
that he who lodges any kind of property in the proposed
National Bank, may take out of it an equal value of whatever
it may contain, instead of being obliged to draw out the
selfsame thing that he put in », *l. c.*, p. 68 (Quand un produit aura été estimé à une certaine valeur, qu'il soit logé
dans une banque et qu'il en soit retiré quand on en aura
besoin : il faudrait stipuler seulement, d'un commun
accord, que celui qui loge un objet quelconque dans la
Banque nationale proposée, pourra en retirer une valeur
égale de tout ce qu'elle pourra contenir, au lieu qu'il soit
obligé de retirer l'objet identique qu'il y aura déposé).

(2) *L. c.*, p. 16.

sur les autres marchandises et occuperaient la
place qui leur appartient au marché à côté du
beurre, des œufs, de la toile et du calicot, et leur
valeur ne nous intéresserait pas plus que celle des
diamants (1). Devons-nous conserver notre mesure
fictive des valeurs, l'or, ou bien recourir à la mesure des valeurs, le travail, et délivrer ainsi les
forces productives du pays (2) ?

Puisque le temps est la mesure immanente des
valeurs, pourquoi lui adjoindre une autre mesure
extérieure ? Pourquoi la valeur d'échange évolue-
t-elle au prix ? Pourquoi toutes les marchandises
estiment-elles leur valeur dans une marchandise
exclusive qui est ainsi transformée en la forme
adéquate de la valeur d'échange, en monnaie ?
C'était le problème qu'avait à résoudre Gray. Au
lieu de le résoudre, il se figure que les marchandises peuvent être mises en rapport directement
les unes avec les autres comme des produits du
travail social. Or, elles peuvent se rapporter seulement les unes aux autres en qualité de marchandises. Les marchandises sont les produits immédiats de travaux privés, isolés, indépendants, lesquels dans le procès de l'échange privé doivent se
confirmer comme du travail social général, autrement dit, le travail, sur la base de la production
de marchandises, ne devient travail social que par
l'aliénation universelle des travaux individuels.

(1) GRAY, *Lectures on money*, etc., p. 182.
(2) *L. c.*, p. 169.

Mais en posant que le temps de travail contenu
dans les marchandises est du temps de travail *immédiatement social,* Gray pose qu'il est du temps
de travail commun ou du temps de travail d'individus directement associés. Alors, en fait, une marchandise spécifique, telle que l'or et l'argent, ne
pourrait faire vis-à-vis aux autres marchandises
comme l'incarnation du travail général ; la valeur
d'échange ne deviendrait pas prix, mais aussi la
valeur d'usage ne deviendrait pas valeur d'échange,
le produit ne deviendrait pas marchandise et ainsi
serait supprimée la base même de la production
bourgeoise. Mais ce n'est nullement là la pensée
de Gray. *Les produits doivent être créés comme
marchandises mais ne doivent pas être échangés
comme marchandises.* C'est une banque nationale
que Gray charge de réaliser ce pieux désir. D'un
côté, la société sous la forme de la banque rend les
individus indépendants des conditions de l'échange
privé, et, d'un autre côté, elle les laisse continuer
de produire sur la base de l'échange privé. Cependant la logique interne pousse Gray à nier les unes
après les autres les conditions de la production
bourgeoise, quoiqu'il veuille seulement « réformer
la monnaie provenant de l'échange des marchandises ». Ainsi il transforme le capital en capital
national (1), la propriété foncière en propriété

____

(1) « The business of every country ought to be conduc-
ted on a national capital » (Les affaires de tout pays de-

nationale (1) et si l'on regarde sa banque de près,
on découvre que non seulement elle reçoit des
marchandises d'une main et délivre des certificats
de travail de l'autre, mais encore qu'elle règle la
production elle-même. Dans son dernier écrit :
Lectures on money, où Gray cherche anxieusement
à représenter sa monnaie de travail comme une
réforme purement bourgeoise, il s'embrouille
dans des contresens plus criants encore.

Toute marchandise est immédiatement de la
monnaie. C'est la théorie de Gray déduite de son
analyse incomplète, et partant fausse, de la marchandise. La construction « organique » de la
« monnaie de travail », de la « banque nationale »,
des « docks de marchandises » n'est qu'une fantasmagorie où le dogme, à l'aide d'une jonglerie,
est présenté comme une loi qui gouverne le
monde. Sans doute le dogme qui enseigne que la
marchandise est immédiatement monnaie et que le
travail particulier de l'individu privé qu'elle contient est immédiatement travail social, ne devient
pas une vérité parce qu'une banque y croit et
opère en conformité avec cette croyance. C'est la
banqueroute qui, dans ce cas, se chargerait du rôle
de la critique pratique. Ce qui chez Gray demeure

vraient être conduites au moyen d'un capital national)
JOHN GRAY, *The Social System*, etc., p. 171.

(1) « The land to be transformed into national property »
(La terre devra être transformée en propriété nationale).
(*l.c.*, p. 298).

caché et ce qui demeure un secret pour lui-même ; à savoir que la monnaie de travail est une phrase à l'allure économique qui dissimule le pieux désir de se débarrasser de l'argent, et avec l'argent de la valeur d'échange, et avec la valeur d'échange de la marchandise, et avec la marchandise de la forme bourgeoise de la production, c'est ce qui a été affirmé sans ambages par un certain nombre de socialistes anglais qui ont écrit avant et après Gray (1). Mais il était réservé à M. Proudhon et à son école, de prêcher sérieusement que la dégradation de l'*argent* et l'ascension au ciel de la *marchandise* est le noyau du socialisme et de résoudre ainsi le socialisme en une méconnaissance élémentaire de la connexion nécessaire entre la marchandise et la monnaie (2).

2. *Moyen de circulation.*

Après que la marchandise dans le procès qui détermine le prix a reçu la forme qui la rend apte à circuler et que l'or a acquis son caractère de monnaie, la circulation fera ressortir et résoudra

(1) Cf. par exemple W. Thomson, *An Inquiry into the distribution of wealth*, etc., London, 1827. Bray, *Labour's wrongs and labour's remedy*, Leeds, 1839.

(2) On peut considérer Alfred Darimon, *De la Réforme des banques*, comme le compendium de cette mélodramatique théorie de la monnaie. Paris, 1856.

tout ensemble les contradictions que renfermait le procès d'échange des marchandises. L'échange réel des marchandises, c'est-à-dire l'échange social de la matière, s'opère en une métamorphose où se déploie le caractère double de la marchandise comme valeur d'usage et comme valeur d'échange, mais où sa propre métamorphose se cristallise en même temps dans des formes déterminées de la monnaie. Décrire cette métamorphose, c'est décrire la circulation. De même que la marchandise n'est de la valeur d'échange développée que si l'on pose un monde de marchandises, avec une division du travail effectivement développée, de même la circulation suppose des actes d'échange universels et le cours ininterrompu de leur renouvellement. Il est posé ensuite que les marchandises entrent dans le procès de l'échange comme des marchan- dises aux *prix déterminés* ou qu'elles y *apparaissent* les unes aux autres comme des existences doubles, réelles en tant que valeurs d'usage, idéales — dans le prix — en tant que valeurs d'échange.

Dans les rues les plus animées de Londres les magasins touchent aux magasins et derrière leurs vitrines se trouvent étalées toutes les richesses de l'univers : châles indiens, revolvers américains, porcelaines chinoises, corsets parisiens, fourrures russes, épices des tropiques ; mais toutes ces choses mondaines portent au front de fatales étiquettes blanchâtres où sont gravés des chiffres arabes,

suivis des caractères laconiques £.s. d. Telle la
marchandise apparaît dans la circulation.

a. La métamorphose des marchandises.

Quand on le considère de plus près, le procès de
la circulation présente deux formes différentes de
cycles. Si nous appelons la marchandise M, l'argent A, nous pouvons exprimer ces deux formes
ainsi :

$$M - A - M$$
$$A - M - A.$$

Dans cette section, nous nous occuperons exclusivement de la première forme, de la forme immédiate de la circulation des marchandises.

Le cycle M-A-M se décompose en le mouvement
M-A, échange de la marchandise contre l'argent
ou *vendre* ; en le mouvement opposé A-M, échange
de l'argent contre la marchandise ou *acheter* ; et
en l'unité des deux mouvements M-A-M, échanger
la marchandise contre l'argent pour échanger l'argent contre la marchandise, ou *vendre* pour *acheter*.
Comme résultat final, dans lequel s'éteint le procès
lui-même, nous avons M-M, échange de marchandise contre marchandise, la circulation réelle de la
matière.

M-A-M, si l'on part de l'extrême de la première
marchandise, représente sa transformation en or
et sa retransformation d'or en marchandise, mou-

vement dans lequel la marchandise apparaît d'abord sous forme de valeur d'usage particulière ; puis elle dépouille cette forme et revêt celle de valeur d'échange ou d'équivalent général, sans liaison aucune avec sa manière d'être primitive ; elle dépouille encore sa dernière forme et demeure finalement une valeur d'usage réelle qui répond à des besoins particuliers. Dans cette dernière forme elle tombe de la circulation dans la consommation. L'ensemble de la circulation M-A-M est donc, en premier lieu, la série totale des métamorphoses que parcourt chaque marchandise pour devenir valeur d'usage immédiate pour son possesseur. La première métamorphose s'accomplit dans la première moitié de la circulation M-A, la seconde dans l'autre moitié A-M, et l'ensemble de la circulation forme le *curriculum vitæ* de la marchandise. Mais la circulation M-A-M n'est la métamorphose totale d'une marchandise isolée que parce qu'elle est en même temps la somme de métamorphoses unilatérales déterminées d'autres marchandises, car chaque métamorphose de la première marchandise est sa transformation en une autre marchandise, donc transformation de l'autre marchandise en elle, donc transformation bi-latérale s'accomplissant dans le même stade de la circulation. Il nous faut d'abord considérer isolément chacun des deux procès d'échange en lesquels se décompose la circulation M-A-M.

M-A, ou *vente* : M, la marchandise entre dans le

procès de circulation non seulement comme une valeur d'usage particulière, par exemple, une tonne de fer, mais aussi comme une valeur d'usage d'un prix déterminé, mettons de 3 £. 17 s. 10 1/2 d., ou d'une once d'or. Ce prix qui est, d'un côté, l'exposant du quantum de temps de travail contenu dans le fer, c'est-à-dire de sa grandeur de valeur, exprime en même temps le pieux désir qu'a le fer de devenir de l'or, c'est-à-dire de faire revêtir au temps de travail que lui-même contient la forme de temps de travail social général. Si cette transsubstantiation n'aboutit pas, la tonne de fer non seulement cesse d'être marchandise mais encore d'être produit, car elle n'est marchandise que parce qu'elle est non-valeur d'usage pour son détenteur, autrement dit, son travail n'est du travail réel qu'autant qu'il est du travail utile pour autrui et il n'est utile à lui-même qu'autant qu'il est du travail général-abstrait. La tâche du fer ou de son possesseur consiste donc à découvrir dans le monde des marchandises le point où le fer attire l'or. Cette difficulté, le *salto mortale* de la marchandise, est surmontée si la vente s'effectue réellement, ainsi qu'il est supposé ici dans l'analyse de la circulation simple. De ce que la tonne de fer par son aliénation, c'est-à-dire son passage de la main où elle est non-utilité dans la main où elle est utilité, se concrète comme valeur d'usage, elle réalise à la fois son prix, et, d'or imaginaire qu'elle était, elle devient de l'or réel. Une once d'or réel remplace maintenant le nom : once d'or ou 3 £ 17 s. 10.1/2 d., mais la tonne de fer a évacué la place. Par la vente M-A, non seulement la marchandise qui dans son prix avait été idéalement transformée en or, est transformée réellement en or, mais par le même procès, l'or qui, comme mesure des valeurs, n'était que de la monnaie idéale et de fait ne figurait que comme nom monétaire des marchandises elles-mêmes, est transformé en monnaie réelle (1). L'or était devenu idéalement équivalent général parce que toutes les marchandises mesuraient en lui leurs valeurs, maintenant, comme produit de l'aliénation universelle des marchandises — et la vente M-A est le procès de cette aliénation générale — il devient la marchandise absolument aliénable, monnaie réelle. Mais l'or ne devient monnaie réelle dans la vente que parce que les valeurs d'échange des marchandises étaient déjà idéalement de l'or dans les prix.

(1) Di due sorte è la moneta, ideale e reale ; e a dui diversi usi è adoperata, a valutare le cose e a comperarle. Per valutare è buona la moneta ideale, cosi come la reale e forse anche più... L'altro uso della moneta è di comperare quelle cose istesse, ch'ella apprezza... i prezzi e i contratti si valutano in moneta ideale e si esiguiscono in moneta reale » (La monnaie est de deux sortes, idéale et réelle et elle est employée à deux usages différents, à évaluer les objets et à les acheter. Pour évaluer les objets la monnaie idéale est aussi bonne et peut-être meilleure encore que la monnaie réelle... L'autre usage de la monnaie est d'acheter ces mêmes objets qu'elle apprécie..., les prix et les contrats s'évaluent en monnaie idéale et s'exécutent en monnaie réelle). GALIANI, *l. c.*; p. 112 sq.

Dans la vente M-A, aussi bien que dans l'achat A-M, deux marchandises se confrontent, unités de valeur d'échange et de valeur d'usage, mais dans la marchandise sa valeur d'échange n'existe qu'idéalement comme prix, tandis que dans l'or, bien qu'il soit lui-même valeur d'usage réelle, sa valeur d'usage n'existe que comme support de la valeur d'échange, donc seulement comme valeur d'usage formelle qui ne se rapporte à aucun besoin individuel réel. L'antithèse de valeur d'usage et de valeur d'échange est donc distribuée polairement au deux extrêmes de M-A, si bien que vis-à-vis de l'or la marchandise est valeur d'usage qui doit réaliser dans l'or sa valeur d'échange idéale, le prix ; et que vis-à-vis de la marchandise l'or est valeur d'échange qui doit matérialiser dans la marchandise sa valeur d'usage formelle. Seulement, par ce dédoublement de la marchandise en marchandise et en or, et par le rapport double encore et antithétique, où chaque extrême est idéalement ce que son opposé est réellement et réellement ce que son opposé est idéalement, seulement donc par la représentation des marchandises comme des opposés bi-polaires se résolvent les contradictions contenues dans leur procès d'échange.

Jusqu'ici nous avons considéré M-A comme vente, métamorphose de la marchandise en argent. Mais en nous plaçant du côté de l'autre extrême, le procès apparaît plutôt comme A-M, comme achat, métamorphose de l'argent en marchandise. La vente est nécessairement en même temps son contraire, l'achat ; c'est l'un ou l'autre suivant qu'on observe le procès d'un côté ou de l'autre. Dans la réalité le procès ne se distingue que parce que dans M-A, l'initiative part du côté de la marchandise ou du vendeur, dans A-M du côté de l'argent ou de l'acheteur. En représentant la première métamorphose de la marchandise, sa transformation en argent, comme résultat de son parcours du premier stade de la circulation M-A, nous sous-entendons qu'une autre marchandise s'est déjà transformée en argent et se trouve donc déjà au second stade de la circulation A-M. Nous nous engageons ainsi dans un cercle vicieux d'hypothèses. Ce cercle vicieux est la circulation elle-même. Si dans M-A, nous ne considérons pas A comme la métamorphose déjà d'une autre marchandise, nous sortons l'acte d'échange du procès de la circulation. Mais hors de celui-ci la forme M-A disparaît et il ne se trouve plus que deux marchandises différentes face à face, soit du fer et de l'or dont l'échange n'est pas un acte spécial de la circulation mais un acte du troc direct. A sa source de production, l'or est une marchandise comme toute autre marchandise. Sa valeur relative, celle du fer ou de toute autre marchandise, se manifeste ici dans les quantités dans lesquelles elles s'échangent réciproquement. Or, cette opération est prévue dans le procès de la circulation, sa valeur propre est donnée déjà dans les prix des marchandises. Rien n'est donc plus erroné que de se figurer qu'à l'*intérieur du procès de circulation*, l'or et la marchandise entrent dans le rapport du troc immédiat et qu'en conséquence leur valeur relative est établie par leur échange à titre de simples marchandises. S'il y a apparence que dans le procès de circulation, l'or s'échange comme simple marchandise contre des marchandises, cette apparence provient de ce que dans les prix une quantité déterminée des marchandises est déjà mise en équation avec un quantum d'or déterminé, c'est-à-dire est déjà rapportée à l'or comme monnaie, équivalent général, et *pour cette raison* immédiatement échangeable contre l'or. En tant que le prix d'une marchandise se *réalise* dans l'or, elle s'échange contre lui en qualité de marchandise, de matérialisation particulière du temps de travail ; mais en tant que c'est son *prix* qui se réalise dans l'or, elle s'échange contre lui comme monnaie et non comme marchandise, c'est-à-dire comme matérialisation générale du temps de travail. Dans l'un et l'autre rapport le quantum d'or contre lequel la marchandise s'échange dans le procès de circulation n'est pas déterminé par l'échange ; c'est l'échange qui est déterminé par le prix dès marchandises, c'est-à-dire par sa valeur d'échange estimée en or (1).

______

(1) Cela n'empêche pas naturellement le prix de marché des marchandises d'être au-dessus ou au-dessous de leur valeur. Mais cette considération est étrangère à la

Dans le procès de circulation l'or apparaît comme résultat de la vente M-A. Mais M-A, vente, étant en même temps A-M, achat, il se trouve que pendant que M, la marchandise d'où part le procès, accomplit sa première métamorphose, l'autre marchandise qui la confronte comme l'autre extrême A, accomplit sa seconde métamorphose et parcourt la seconde moitié de la circulation, pendant que la première marchandise se trouve encore dans la première moitié de son cours.

L'argent, le résultat du premier procès de circulation, de la vente, est le point de départ du second. A la place de la marchandise sous sa première forme est apparu son équivalent d'or. Ce résultat peut constituer d'abord un point d'arrêt, puisque la marchandise sous cette seconde forme a une existence propre, durable. La marchandise qui, dans la main de son possesseur, n'est pas une valeur d'usage, existe maintenant sous une forme toujours utilisable parce que toujours échangeable, et ce sont les circonstances qui décident du moment et du point sur la surface du monde marchand où elle rentrera dans la circulation. Son état de chrysalide d'or forme une phase indépendante dans sa vie où elle peut demeurer plus ou moins longtemps. Tandis que dans le troc, l'échange d'une valeur d'usage particulière est immédiatement lié

circulation simple et appartient à une autre sphère où nous étudierons le rapport de la valeur au prix de marché.

à l'échange d'une autre valeur d'usage particulière, le caractère général du travail, créateur de la valeur d'échange, apparaît dans la séparation et la disjonction indifférente de l'achat et de la vente.

A-M, l'ACHAT est le mouvement inverse de M-A, et en même temps la seconde métamorphose, la métamorphose finale de la marchandise. Sous la forme d'or ou d'équivalent général, la marchandise peut être représentée immédiatement dans les valeurs d'usage de toutes les autres marchandises qui, dans leurs prix, aspirent à tout l'or à la fois comme à leur au delà, en même temps qu'ils indiquent la note qu'il doit faire sonner pour que leurs corps, les valeurs d'usage, passent du côté de la monnaie, mais que leur âme, la valeur d'échange, aille se loger dans l'or même. Le produit général de l'aliénation des marchandises est la marchandise absolument aliénable. Il n'existe plus de barrière qualitative, il n'existe plus qu'une barrière quantitative, celle de sa propre quantité ou grandeur de valeur. « On a tout avec de l'argent comptant. » Tandis que dans le mouvement M-A, la marchandise, par l'aliénation comme valeur d'usage, réalise son propre prix et la valeur d'usage de l'argent étranger, elle réalise dans le mouvement A-M, par son aliénation comme valeur d'échange, sa propre valeur d'usage et le prix de l'autre marchandise. Tandis que par la réalisation de son prix la marchandise convertit l'or en monnaie réelle, par sa retransformation elle transforme l'or en sa propre forme purement fugitive de monnaie. La circulation des marchandises supposant la division du travail développée, donc la multiplicité des besoins du producteur isolé, en rapport inverse à la particularité de son produit, l'achat, A-M, s'exprimera tantôt dans une équation avec une marchandise équivalente et tantôt se dispersera dans une série de marchandises équivalentes, circonscrite maintenant par le cercle des besoins de l'acheteur et la grandeur de sa somme d'argent. La vente étant en même temps achat, l'achat est en même temps vente, A-M, est à la fois M-A, mais ici l'initiative appartient à l'or et à l'acheteur.

Si maintenant nous revenons à la circulation totale M-A-M, nous verrons qu'une marchandise y parcourt la série entière de ses métamorphoses. Mais en même temps qu'elle commence la première moitié de la circulation et qu'elle accomplit la première métamorphose, une seconde marchandise entre dans la seconde moitié de la circulation, accomplit sa seconde métamorphose, et sort de la circulation ; et inversement, la première marchandise entre dans la seconde moitié de la circulation, accomplit sa seconde métamorphose et sort de la circulation pendant qu'une troisième marchandise entre dans la circulation, parcourt la première moitié de son cours et accomplit la première métamorphose. La circulation totale M-A-M, qui est la métamorphose totale d'une marchandise, est donc tout ensemble le terme de la métamorphose totale d'une seconde, et le commencement de la métamorphose totale d'une troisième marchandise ; c'est une série sans commencement ni fin. Afin de distinguer les marchandises, et pour plus de clarté, désignons M, aux deux extrêmes, d'une manière différente, par exemple, M'-A-M''. En effet, le premier membre de M'-A suppose que A est le résultat d'un autre M-A, n'est donc lui-même que le dernier membre de M-A-M', tandis que le second membre de A-M'' est dans son résultat M''-A, donc s'annonce lui-même comme premier membre de M''-A-M''' et ainsi de suite. En outre, il apparaît que le dernier membre A-M, quoique M soit le résultat d'une seule vente, peut se représenter comme A-M' + A-M'' + A-M''' + etc., peut s'éparpiller en une masse d'achats, donc en une masse de ventes, donc en une masse de premiers membres de nouvelles métamorphoses totales de marchandises. Et puisque la métamorphose totale d'une marchandise isolée n'apparaît pas seulement comme un anneau d'une chaîne de métamorphoses sans commencement ni fin, mais d'un grand nombre de ces chaînes, le procès de circulation du monde des marchandises se manifeste — puisque chaque marchandise parcourt la circulation M-A-M — comme un pêle-mêle de chaînes infiniment enchevêtrées de ce mouvement toujours finissant et toujours recommençant sur une infinie diversité de points. Or, chaque vente ou achat particulier constitue en même temps un acte indifférent et isolé, dont l'acte complémentaire peut être séparé dans le temps et dans l'espace et n'a pas besoin de se rattacher immédiatement au premier pour lui faire suite. Puisque chaque procès de circulation particulier, M-A ou A-M, en tant que transformation d'une marchandise en valeur d'usage et d'une autre marchandise en argent, c'est-à-dire en tant que premier et deuxième stades de la circulation, forme dans deux directions un point d'arrêt indépendant ; que, d'autre part, toutes les marchandises commencent leur seconde métamorphose sous la forme qui leur est commune, de l'équivalent général, de l'or, et se placent au point de départ de la seconde moitié de la circulation ; dans la circulation réelle un A-M quelconque se range à côté d'un M-A quelconque, le second chapitre dans la carrière d'une marchandise touche au premier chapitre d'un autre. A, par exemple, vend du fer pour 2 £, accomplit donc A-M ou la première métamorphose de la marchandise fer, mais il remet l'achat à une époque ultérieure. Simultanément B, qui 15 jours plus tôt avait vendu 2 quarts de froment pour 6 £, achète avec ces mêmes 6 £ un complet chez Moses and son, et accomplit A-M ou la seconde métamorphose de la marchandise froment. Si ces deux actes A-M et M-A ne paraissent ici que les anneaux d'une chaîne, c'est parce que une marchandise exprimée en or ressemble à une autre et que dans l'or on ne reconnaît pas s'il est du fer métamorphosé ou du froment métamorphosé. Dans le procès de circulation réel, M-A-M apparaît comme un pêle-mêle d'une infinité de membres, fortuitement juxtaposés ou se succédant, de différentes métamorphoses totales. Le procès de circulation réel n'*apparaît* pas comme métamorphose totale de la marchandise, comme son mouvement dans des phases opposées, mais comme un simple agrégat de nombreux achats et de ventes s'effectuant simultanément ou successivement de manière accidentelle. La fixité de forme du procès est ainsi éliminée et d'autant plus complètement que chaque acte de circulation isolé, par exemple, la vente, est en même temps son contraire, l'achat, et inversement. D'un autre côté, le procès de circulation *est* le mouvement des métamorphoses du monde des marchandises et partant doit le refléter aussi dans son mouvement total. Nous examinerons dans la section suivante de quelle façon il le reflète. Qu'il suffise ici de remarquer que dans M-A-M les deux extrêmes M n'ont pas le même rapport formel avec A. Le premier M est une marchandise spéciale et se rapporte à l'argent comme à la marchandise universelle, tandis que l'argent est une marchandise universelle et se rapporte au second M comme à la marchandise individuelle. M-A-M peut donc se réduire par la logique abstraite au syllogisme *S-U-I* où la spécialité forme le terme majeur, l'universalité le terme moyen et l'individualité le terme mineur.

Les échangistes étaient entrés dans le procès de circulation en qualité de gardiens de marchandises.

Dans l'enceinte du procès ils se confrontent sous l'aspect antithétique d'acheteur et de vendeur, l'un, pain de sucre personnifié, l'autre or personnifié. Lorsque le sucre devient or, le vendeur devient acheteur. Ces caractères sociaux déterminés n'ont point leur source dans l'individualité humaine en général, mais dans les relations d'échangistes qui existent entre des hommes qui produisent leurs produits sous la forme déterminée de marchandises. Ce sont si peu des relations purement individuelles qui s'expriment dans le rapport de l'acheteur au vendeur que l'un et l'autre n'entrent dans cette relation que pour autant que leur travail individuel est nié, c'est-à-dire devient de l'argent, parce qu'il n'est le travail d'*aucun* individu. Il est tout aussi inepte, par conséquent, de concevoir ces caractères économiques bourgeois d'acheteurs et de vendeurs comme des formes sociales éternelles de l'individualité humaine, qu'il est absurde de les déplorer parce qu'ils anéantiraient l'individualité (1).

(1) L'extrait suivant des *Leçons sur l'industrie et les finances* de M. Isaac Pereire (Paris, 1832) montre combien, même la forme la plus superficielle de l'antagonisme qui se manifeste dans l'achat et la vente, blesse les belles âmes. Le fait que ce même Isaac, en sa qualité d'inventeur et de dictateur du Crédit mobilier, est renommé comme le loup de la Bourse de Paris, montre aussi le cas qu'il convient de faire de la critique sentimentale de l'Economie. M. Pereire, alors un apôtre de Saint-Simon, dit : « C'est parce que tous les individus sont isolés, séparés les uns des autres, soit dans leurs travaux, soit pour la consommation, qu'il y a échange entre eux

Ce sont des manifestations nécessaires de l'individualité à un certain stade social de la production. De plus, dans l'opposition d'acheteurs et de vendeurs, la nature antagonique de la production bourgeoise s'exprime encore de façon si superficielle et si formelle que cette opposition appartient aussi à des formes de société pré-bourgeoises, puisqu'elle exige seulement que les individus se rapportent les uns aux autres comme des détenteurs de marchandises.

Si nous considérons maintenant le résultat de M-A-M, il se réduit à la permutation de la matière M-M. Marchandise a été échangée contre marchandise, valeur d'usage contre valeur d'usage, et la transformation de la marchandise en argent, ou la marchandise sous forme d'argent, ne sert que d'intermédiaire à cette permutation de la matière. L'argent apparaît ainsi comme simple *moyen d'échange* des marchandises, non pas comme moyen d'échange en général, mais moyen d'échange caractérisé par

des produits de leur industrie respective. De la nécessité de l'échange est dérivée la nécessité de déterminer la valeur relative des objets. Les idées de la valeur et de l'échange sont donc immédiatement liées, et toutes deux dans leur forme actuelle expriment l'individualisme et l'antagonisme... Il n'y a lieu à fixer la valeur des produits que parce qu'il y a vente et achat, en d'autres termes, antagonisme entre les divers membres de la société. Il n'y a lieu à s'occuper du prix de valeur que là où il y avait vente et achat, c'est-à-dire, où chaque individu était obligé de *lutter* pour se procurer les objets nécessaires à l'entretien de son existence » (*l. c.*, p. 2-3).

le procès de circulation, c'est-à-dire *moyen de circulation* (1).

De ce que le procès de circulation des marchandises s'éteint dans M–M et par conséquent ne paraît être que le troc effectué par l'intermédiaire de l'argent, ou de ce que M-A-M en général ne se scinde pas seulement en deux procès isolés, mais représente leur mouvante unité, vouloir conclure que c'est l'unité seule qui existe et non la séparation de l'achat et la vente, c'est là une manière de penser qu'il appartient à la logique et non à l'économie de critiquer. Comme la séparation, dans le procès de l'échange, de l'achat et de la vente, renverse les barrières — barrières locales et primitives, héréditairement pieuses, naïvement niaises — de la circulation de la matière sociale, elle est aussi la forme générale de la rupture de ses moments connexes qui maintenant s'opposent les uns aux autres ; en un mot, c'est la possibilité générale des crises commerciales, mais seulement parce que l'antagonisme de marchandise et de monnaie est la forme abstraite et générale de tous les antagonismes contenus dans le travail bourgeois. La circulation de la monnaie peut avoir lieu sans crises, mais les crises ne peuvent pas avoir lieu sans la

____

(1) « L'argent n'est que le moyen et l'acheminement, au lieu que les denrées utiles à la vie sont la fin et le but ». BOISGUILLEBERT, *Le détail de la France*, 1697. *Economistes financiers du* XVIII° *siècle* d'EUGÈNE DAIRE, vol. I, Paris, 1843, p. 210.

circulation de la monnaie. Ce qui revient à dire que là où le travail basé sur l'échange privé n'a pas évolué encore, à la constitution de l'argent, il ne peut naturellement pas produire des phénomènes qui supposent le complet développement du procès de production bourgeois. Nous pouvons donc jauger la profondeur de la critique qui veut supprimer les « inconvénients » de la production bourgeoise par l'abolition du « privilège » des métaux précieux et par l'introduction d'un soi-disant « système monétaire rationnel ». Pour donner une idée, d'autre part, de l'apologétique économiste il peut suffire de citer un passage renommé pour son extraordinaire acuité. Voici ce que dit *James Mill*, le père de *John Stuart Mill*, l'économiste anglais bien connu. « Il ne peut jamais manquer d'acheteurs pour toutes les marchandises. Qui met en vente une marchandise demande à obtenir une marchandise en échange, il est donc acheteur par le seul fait qu'il est vendeur. Acheteurs et vendeurs de toutes les marchandises pris ensemble doivent donc, par une nécessité métaphysique, se faire contrepoids. S'il y a plus de vendeurs que d'acheteurs d'une marchandise, il faut qu'il y ait plus d'acheteurs que de vendeurs d'une autre marchandise (1). »

(1) En novembre 1807 parut en Angleterre un écrit de William Spence sous le titre de : *Britain independent of commerce*, dont William Cobbet dans son *Political Register* développa le principe sous la forme plus drastique de *Perish commerce*. James Mill répondit en 1808 dans sa *De-*

Mill établit l'équilibre par cela qu'il transforme le procès de circulation en troc direct, mais il ré-introduit, en contrebande, dans le troc direct, les figures d'acheteurs et de vendeurs empruntées au procès de circulation. Pour employer sa confusion des langues, il existe effectivement pendant certaines périodes où toutes les marchandises sont invendables, comme ce fut le cas à Londres et à Hambourg lors de la crise commerciale de 1857-58, plus d'acheteurs que de vendeurs d'*une* marchandise, de l'*argent*, et plus de vendeurs que d'acheteurs de *tout autre argent*, des marchandises. L'équilibre métaphysique des achats et des ventes se borne à ce fait, que chaque achat est une vente et chaque vente un achat, ce qui est une médiocre consolation pour les possesseurs de marchandises qui ne viennent pas à bout de vendre, ni par conséquent d'acheter (1).

fence of commerce, qui contient déjà le passage emprunté à ses *Elements of Political economy*, cité plus haut. Dans sa polémique avec Sismondi et Malthus sur les crises commerciales, J.-B. Say s'approprie cette aimable trouvaille, et comme il serait impossible de dire de quelle nouveauté ce comique « prince de la science » a enrichi l'économie politique — son mérite a plutôt consisté dans l'impartialité avec laquelle il a mal compris ses contemporains Malthus, Sismondi et Ricardo — ses admirateurs continentaux ont tambouriné que c'est lui qui a déterré ce trésor de l'équilibre métaphysique des achats et ventes.

(1) Les exemples suivants feront voir de quelle manière les économistes représentent les différents aspects de la marchandise : « With money in possession, we have but one exchange to make, in order to secure the object of desire, while with other surplus products we have two,   .

La séparation de la vente et de l'achat rend possible, à côté du commerce proprement dit, de nombreuses transactions fictives avant l'échange définitif entre les producteurs et les consommateurs des marchandises. Elle permet à une foule de parasites de pénétrer dans le procès de production et d'exploiter cette séparation. Ce qui, encore une fois, revient à dire, qu'avec l'argent, comme forme universelle du travail sous le système bourgeois, est donnée la possibilité du développement de ses contradictions.

the first of which (procuring the money) is infinitely more difficult than the second » (Avec de l'argent en notre possession, nous n'avons qu'un seul échange à faire pour nous procurer l'objet de notre désir, alors qu'avec d'autres produits il faut en faire deux, et le premier des deux (se procurer l'argent) est infiniment plus difficile que le second). G. Opdyke, *A treatise on political economy*, New-York, 1851, p. 277-278.

« The superior saleableness of money is the exact effect or natural consequence of the less saleableness of commodities » (La facilité plus grande de vendre de la monnaie est la conséquence naturelle de la difficulté de vendre des marchandises), Corbet Th., *An Inquiry into the causes and modes of the wealth of individuals*, etc., London, 1841, p. 117. « Money has the quality of being always exchangeable for what it measures ». (L'argent possède la qualité d'être toujours échangeable contre les objets qu'il mesure.) Bosanquet, *Metallic, Paper and Credit Currency*, etc. London, 1842, p. 100.

« Money can always buy other commodities, whereas other commodities cannot always buy money » (L'argent peut toujours acheter les autres marchandises tandis que les autres marchandises ne peuvent pas toujours acheter de l'argent). Th. Tooke, *An Inquiry into the currency principle*, 2e éd., London, 1844, p. 10.

b. Le cours de la monnaie.

La circulation réelle s'annonce d'abord comme une masse d'achats et de ventes s'accomplissant accidentellement côte à côte. Dans l'achat et dans la vente, la marchandise et l'or se confrontent toujours dans le même rapport, le vendeur est du côté de la marchandise, l'acheteur du côté de la monnaie. La monnaie qui sert de moyen de circulation apparaît donc toujours comme *moyen d'achat* et par là ses caractères distincts dans les phases opposées de la métamorphose des marchandises ont cessé d'être reconnaissables.

Le même acte fait passer la monnaie dans la main du vendeur et la marchandise dans la main de l'acheteur. La marchandise et la monnaie courent donc dans une direction opposée, et ce changement de place, où la marchandise passe d'un côté et la monnaie de l'autre, s'opère simultanément à un nombre de points indéterminé sur toute la surface de la société bourgeoise. Or, le premier pas que fait la marchandise dans la circulation est aussi le dernier (1). Qu'elle se déplace parce qu'elle a attiré l'or (M-A) ou parce qu'elle a été attirée par l'or (A-M), par ce seul

(1) La même marchandise peut être achetée et vendue à plusieurs reprises. Elle ne circule pas alors à titre de simple marchandise, mais elle a une destination qui n'existe pas encore au point de vue de la circulation simple, de la simple opposition de marchandise et argent.

mouvement, ce changement de place unique, elle tombe de la circulation dans la consommation. La circulation est un mouvement continuel de marchandises, mais de marchandises toujours autres, et chaque marchandise ne se meut qu'une seule fois. Chaque marchandise commence la seconde moitié de sa circulation non comme la même marchandise mais comme une autre marchandise, comme l'or. Le mouvement de la marchandise métamorphosée est donc le mouvement de l'or. La même pièce de monnaie ou l'or identique, qui dans l'acte M-A, a une fois changé de place avec une marchandise, apparaît inversement comme le point de départ de A-M et change de place une seconde fois avec une autre marchandise. De même qu'elle a passé de la main de l'acheteur B dans la main du vendeur A, elle passe maintenant de la main de A, devenu acheteur, dans la main de C. Le mouvement formel d'une marchandise, sa transformation en monnaie et sa retransformation de monnaie en marchandise, ou le mouvement de la métamorphose totale de la marchandise, apparaît donc comme le mouvement extérieur de la même pièce de monnaie qui, à deux reprises, change de place avec deux marchandises différentes. Quelque fortuits et dispersés que soient les achats et les ventes simultanés, toujours dans la circulation réelle un acheteur fait vis-à-vis à un vendeur, et l'argent qui se glisse à la place de la marchandise vendue a dû, avant de passer dans la main de l'acheteur, avoir déjà changé de place avec une autre marchandise. D'autre part, il passe de nouveau, tôt au tard, de la main du vendeur, devenu acheteur, dans celle d'un nouveau vendeur, et par ces déplacements réitérés il exprime l'enchaînement des métamorphoses des marchandises. Les mêmes pièces de monnaie se portent donc toujours dans une direction opposée à celle des marchandises remuées, l'une plus souvent, l'autre moins, d'un point de la circulation à l'autre et décrivent, par conséquent, un arc de circulation plus ou moins grand. Ces différents mouvements de la même pièce de monnaie ne peuvent que se succéder dans le temps et, inversement, la multiplicité et l'éparpillement des achats et des ventes apparaissent en un seul changement de place, s'effectuant simultanément et contigumeasment, des marchandises et de la monnaie.

La circulation des marchandises M-A-M, sous sa forme simple, s'accomplit par le passage de la monnaie de la main de l'acheteur dans celle du vendeur et de la main du vendeur, devenu acheteur, dans celle d'un nouveau vendeur. La métamorphose de la marchandise est par là achevée, ainsi que le mouvement de l'argent en tant qu'il en est l'expression. Mais de nouvelles valeurs d'usage continuant toujours d'être produites sous forme de marchandises et devant toujours de nouveau être jetées dans la circulation, M-A-M se répète et se renouvelle chez les mêmes échangistes. L'argent qu'ils ont dépensé en achetant, leur revient dès que de nouveau ils vendent des marchandises. Le constant renouvellement de la circulation des marchandises s'y reflète de telle sorte, que l'or non seulement roule incessamment d'une main dans une autre sur toute la surface de la société bourgeoise, mais encore décrit une somme de différents petits cycles partant d'un nombre infini de points différents et retournant aux mêmes points pour recommencer le mouvement.

Si le changement de forme des marchandises apparaît comme un simple changement de place de la monnaie, et si la continuité du mouvement de la circulation appartient entièrement à la monnaie, puisque la marchandise ne fait jamais qu'un pas dans une direction opposée à celle de la monnaie, alors que la monnaie fait toujours le second pas pour la marchandise, et dit B là où la marchandise a dit A, le mouvement tout entier a l'*apparence* de procéder de la monnaie. Mais dans la vente, la marchandise fait sortir la monnaie de sa position et, par conséquent, fait tout aussi bien circuler la monnaie que la monnaie fait' circuler la marchandise. Parce qu'en outre, la monnaie lui fait toujours vis-à-vis comme *moyen d'achat* mais, comme tel, ne meut les marchandises qu'en réalisant leurs prix, l'entier mouvement de la circulation prend cette apparence : que la monnaie change de place avec les marchandises en réalisant leurs prix, soit dans des actes spéciaux de la circulation s'accomplissant simultanément, côte à côte, soit successivement, en ce que la même pièce de monnaie réalise tour à tour différents prix de marchandises. Si, par exemple, nous considérons M-A-M'-A-M''-A-M''', etc., sans tenir compte des moments qualitatifs, qu'on ne démêle plus dans le procès de circulation réelle, nous ne constatons que la même monotone opération. A après avoir réalisé le prix de M, réalise successivement les prix de M'-M'' et les marchandises M'-M''-M''', etc., se mettent toujours à la place que l'argent abandonne. En réalisant leurs prix, l'argent paraît donc mettre en circulation les marchandises. Dans cette fonction où il réalise les prix, l'argent lui-même circule toujours, tantôt en changeant de place seulement, tantôt en parcourant un petit arc de circulation, tantôt en décrivant un petit cercle où le point de départ et le point d'arrivée coïncident. Lorsqu'il est moyen de circulation il a sa circulation propre. C'est pourquoi le mouvement formel des marchandises évolutives apparaît comme son propre mouvement, en tant que médiateur de l'échange des marchandises immobiles en soi. Le mouvement du procès de circulation des marchandises se manifeste donc dans le mouvement de l'or comme moyen de circulation — dans le *cours de la monnaie.*

Si les possesseurs de marchandises représentaient les produits de leurs travaux privés comme des produits du travail social en transformant un objet, l'or, en temps de travail général concrété, et partant en monnaie, maintenant leur propre mouvement universel, au moyen duquel s'opère la circulation de matière de leurs travaux, se dresse devant eux comme le mouvement particulier d'une chose, comme le cours de l'or. Pour les échangistes le mouvement social est, d'une part, une nécessité extérieure et, d'autre part, un procès purement formel qui permet à chaque individu de retirer, en échange de la valeur d'usage qu'il jette dans la circulation, d'autres valeurs d'usage de la même grandeur de valeur. L'utilité de la marchandise commence avec sa sortie de la circulation, tandis que l'utilité de l'argent, comme moyen de la circulation, consiste en ce qu'il circule. Le mouvement de la marchandise dans la circulation n'est qu'un mouvement fugitif, tandis que s'y remuer sans relâche devient la fonction de l'argent. Celle-ci, sa fonction spécifique dans la circulation, donne à l'argent, en tant que moyen de circulation, une fixité de forme nouvelle qu'il nous faut maintenant développer plus en détail.

D'abord il tombe sous le sens que le cours de la monnaie est un mouvement infiniment dispersé, puisqu'en lui se reflète l'infini éparpillement en achats et en ventes du procès de la circulation, ainsi que la disjonction fortuite des phases intégrantes de la métamorphose des marchandises. Dans les petits circuits de la monnaie où le point de départ et le point d'arrivée coïncident, il y a, il est vrai, un mouvement en retour, un véritable mouvement circulaire, mais, d'abord, il y a autant de points de départ que de marchandises et, ensuite,

par leur multiplicité indéterminée ces circuits se dérobent à tout contrôle, à tout calcul, à toute mesure. Le laps de temps entre le départ et le retour
au point de départ n'est pas déterminé davantage.
Aussi bien est-ce chose indifférente qu'un pareil
cercle soit décrit ou non dans un cas donné. Que
l'on puisse dépenser de l'argent d'une main sans
qu'il doive vous en rentrer dans l'autre, c'est le
fait économique le plus universellement connu.
L'argent part de points variés à l'infini et revient à
des points infiniment variés, mais la coïncidence
du point de départ et du point d'arrivée est fortuite parce que le mouvement M-A-M n'implique
pas nécessairement que l'acheteur redevient vendeur. Encore moins le cours de la monnaie représente-t-il un mouvement qui rayonne d'un centre
vers tous les points de la périphérie et qui retourne de tous les points de la périphérie au
centre. Le soi-disant mouvement circulaire de
l'argent, dont l'image flotte devant les yeux, se réduit au fait que sur tous les points se constatent son
apparition et sa disparition, son déplacement sans
repos ni cesse. Dans une forme supérieure, médiate,
de la circulation de l'argent, par exemple la circulation des billets, nous verrons que les conditions de
l'émission de la monnaie renferment les conditions de son reflux. Dans la circulation simple,
c'est, au contraire, par hasard que le même acheteur redevient vendeur. Lorsque de véritables
mouvements circulaires s'y montrent à l'état

chronique, ils ne sont que le reflet de procès de production plus profonds. Par exemple, le fabricant prend, le vendredi, de l'argent chez son banquier ; il le remet le samedi à ses ouvriers ; ceux-ci en dépensent aussitôt la plus grande partie chez des épiciers, etc., etc., et, le lundi, ces derniers le rapportent aux banquiers.

Nous avons vu que dans les achats et ventes multiples, s'effectuant indistinctement côte à côte, l'argent réalise simultanément une quantité donnée de prix et ne change de place avec les marchandises qu'une seule fois. D'autre part, la même pièce de monnaie, pour autant que dans son mouvement apparaît le mouvement des métamorphoses totales des marchandises et l'enchaînement de ces métamorphoses, réalise les prix de différentes marchandises et accomplit ainsi un nombre plus ou moins grand de tours. Si donc nous considérons le procès de circulation dans un pays pendant une période de temps donnée, par exemple, un jour, la masse d'or requise pour la réalisation des prix, et partant pour la circulation des marchandises, sera déterminée par le double moment de la somme totale de ces prix et du nombre moyen des tours des mêmes pièces de monnaie. Ce nombre des tours — ou la vitesse moyenne du cours de la monnaie — est également déterminé par la vitesse moyenne avec laquelle les marchandises parcourent les différentes phases de leur métamorphose, avec laquelle ces métamorphoses s'enchaînent et avec

laquelle les marchandises, qui ont parcouru leurs
métamorphoses, sont remplacées dans le procès de
circulation par d'autres marchandises. Tandis que
par la fixation du prix, la valeur d'échange de
toutes les marchandises était transformée idéalement en un quantum d'or de la même valeur, et
que dans les deux actes isolés de la circulation A-M
et M-A, la même somme de valeur existait sous
deux formes, sous celle de marchandise et sous
celle d'or, l'existence fonctionnelle de l'or comme
moyen de circulation, est déterminée, non par son
rapport isolé aux marchandises particulières en
repos, mais par son existence mouvementée dans
le monde évolutif des marchandises ; par sa fonction de représenter dans son changement de place
le changement de forme des marchandises et ainsi
donc de représenter par la rapidité de son changement de place la rapidité de leur changement de
forme. La présence réelle dans le procès de circulation, c'est-à-dire la masse réelle d'or qui circule,
est déterminée maintenant par son activité fonctionnelle dans le procès total lui-même.

La circulation de la monnaie suppose la circulation des marchandises ; la monnaie fait circuler des
marchandises qui ont des prix, c'est-à-dire qui
sont déjà idéalement mises en équation avec des
quantités d'or déterminées. Dans la détermination
du prix des marchandises, la grandeur de valeur
du quantum d'or servant d'unité de mesure, ou la
valeur de l'or, est supposée donnée. Cela posé, le

quantum d'or requis pour la circulation est d'abord
déterminé par la somme totale des prix des marchandises à réaliser. Cette somme totale est elle-
même déterminée : 1° par le niveau des prix, par
l'élévation ou la dépression relative des valeurs
d'échange des marchandises estimées en or, et
2° par la masse des marchandises circulantes à des
prix déterminés, donc par le nombre des achats et
ventes à des prix donnés (1). Si un quarter de froment coûte 60 s., il faut deux fois autant d'or pour
le faire circuler ou pour réaliser son prix, que s'il
ne coûte que 30 s. La circulation de 500 quarters
à 60 s. exige deux fois autant d'or que la circulation
de 250 quarters au même prix. Enfin, la circulation de 10 quarters à 100 s., exige moitié moins
d'or que la circulation de 40 quarters à 50 s. Il

(1) La masse de la monnaie est indifférente, « pourvu
qu'il y en ait assez pour maintenir les prix contractés par
les denrées. » BOISGUILLEBERT, *l. c.*, p. 210. « If the circulation of commodities of 400 millions required a currency
of 40 millions and... this proportion of 1/10 was the due
level, estimating both currency and commodities in gold ;
then, if the value of commodities to be circulated increased to 450 millions... the currency in order to continue
at its level, must be increased to 45 millions » (Si la circulation des marchandises de 400 millions de livres sterling exige une masse d'or de 40 millions... et que cette
proportion de 1/10 est le niveau adéquat... alors, si la valeur des marchandises circulantes montait à 450 millions...
la masse d'or devrait, pour rester à son niveau, monter à
45 millions). W. BLAKE, *Observations on the effects produ-
ced by the expenditure of government,* etc., London, 1823,
p. 42.

s'ensuit que la quantité d'or requise pour la circu-
tion peut baisser malgré la hausse des prix, si la
masse des marchandises qui circulent diminue en
une proportion plus grande que n'augmente la
somme totale des prix, et qu'inversement la masse
des moyens de circulation peut augmenter, si la
masse des marchandises circulantes diminue, mais
que la somme de leurs prix augmente en une
proportion plus grande. Ainsi, de belles études de
détail faites par des Anglais ont montré qu'en
Angleterre, dans les premiers stades d'un renchérissement des céréales, la masse de l'argent circulant augmente, parce que la somme des prix de la
masse diminuée des céréales est plus grande que
n'était la somme des prix de la masse supérieure
des céréales, mais qu'en même temps les autres
marchandises continuent à circuler tranquille-
ment, pendant un certain temps, aux anciens prix.
A un stade postérieur du renchérissement des céréales la masse de l'argent diminue au contraire,
soit qu'à côté des céréales il se vende moins de
marchandises aux anciens prix, soit qu'il se vende
autant de marchandises à des prix plus bas.

Nous avons vu que la quantité de l'argent
circulant n'est pas seulement déterminée par la
somme totale des prix des marchandises à réaliser,
mais aussi par la rapidité avec laquelle l'argent circule ou accomplit la besogne de cette réalisation.
Si le même sovereign fait le même jour 10 achats
de marchandises, chaque fois au prix de 1 sove-

reign la marchandise, et change donc 10 fois de main, il fait exactement la même besogne que 10 sovereigns dont chacun n'aurait circulé qu'une fois en un jour (1). La rapidité du cours de l'or peut ainsi suppléer à sa quantité, ou la présence de l'or dans la circulation n'est pas déterminée seulement par sa présence à titre d'équivalent à côté de la marchandise, mais encore par sa présence dans le mouvement de la métamorphose des marchandises. Toutefois, la rapidité du cours de la monnaie ne supplée que jusqu'à un degré déterminé à sa quantité, puisque dans chaque période de temps donnée un nombre infini d'achats et de ventes indépendants s'effectuent côte à côte.

Si l'ensemble des prix des marchandises circulantes augmente, mais dans une proportion plus petite que ne s'accroît la vitesse du cours de la monnaie, la masse des moyens de circulation diminue. Si, inversement, la vitesse de la circulation diminue dans une plus grande proportion que ne baisse le prix total de la masse des marchandises qui circule, la masse des moyens de circulation augmentera. Quantité croissante des moyens de circulation avec une baisse générale des prix, quantité décroissante des moyens de circulation

______

(1) « È la velocità del giro del denaro, non la quantità de'metalli che fa apparir molto o poco il denaro » (C'est la célérité de la circulation de l'argent et non la quantité des métaux qui fait qu'il apparaît peu ou beaucoup d'argent). GALIANI, *l. c.*, p. 99.

avec une hausse générale des prix, c'est là un des
phénomènes les mieux constatés dans l'histoire
des prix des marchandises. Mais les causes qui
produisent une élévation dans le niveau des prix et
une élévation plus grande encore dans le degré de
la rapidité du cours de la monnaie, ainsi que le mouvement inverse, ne sont pas du domaine de la circulation simple. En manière d'illustration on peut
rappeler, que c'est pendant la période où prédomine le crédit que la vitesse du cours de la monnaie s'accroît plus rapidement que les prix des
marchandises, tandis qu'avec une diminution du
crédit les prix des marchandises diminuent plus
lentement que la vitesse de la circulation. Le caractère superficiel et formel de la circulation simple
de l'argent perce dans ce fait, que tous les facteurs qui déterminent le nombre des moyens de circulation, tels que : masse des marchandises circulantes, prix, hausse ou baisse des prix, nombre
d'achats et de ventes simultanés, vitesse du cours
de la monnaie, tous dépendent du procès de la métamorphose des marchandises, lequel lui-même
dépend du caractère d'ensemble du mode de production, du chiffre de la population, du rapport
entre la ville et la campagne, du développement
des moyens de transport, de la division plus ou
moins grande du travail, du crédit, etc., bref, de
circonstances qui toutes se trouvent *hors* de la circulation simple de l'argent et qui s'y reflètent seulement.

La vitesse de la circulation étant donnée, la masse des moyens de circulation est simplement déterminée par les prix des marchandises. Les prix ne sont pas élevés ou bas parce qu'il circule plus ou moins d'or, mais il circule plus ou moins d'or parce que les prix sont bas ou élevés. C'est là une des plus importantes des lois économiques et l'avoir démontrée en détail, au moyen de l'histoire des prix des marchandises, est peut-être l'unique mérite de l'économie anglaise post-ricardienne. Si maintenant l'expérience montre que le niveau de la circulation métallique, ou la masse d'or ou d'argent qui circule dans un pays déterminé, est en effet exposé à des flux et reflux temporaires, et parfois à de très violents flux et reflux (1), mais dans l'ensemble reste le même

(1) L'Angleterre, en 1858, a fourni un exemple d'une baisse extraordinaire de la circulation métallique au-dessous de son niveau moyen, comme on le verra par l'extrait suivant du *London Economist* : « From the nature of the case very exact data cannot be procured as to the amount of cash that is fluctuating in the market, and in the hands of the not banking classes. But, perhaps, the activity or the inactivity of the Mints of the great commercial nations is one of the most likely indications in the variation of that amount. Much will be manufactured when much is wanted ; and little when little is wanted... At the English Mint the coinage was in 1855 : 9.245.000 , 1856 : 6.476.000 £, 1857: 5.293.855 £. During 1858 the Mint had scarcely anything to do » (Par suite de l'éparpillement qui caractérise la circulation simple « il est impossible de se procurer des données très exactes sur la quantité de monnaie qui fluctue sur le marché et dans les

pendant des périodes de temps assez longues, et que les écarts du niveau moyen n'aboutissent qu'à de faibles oscillations, ce phénomène s'explique simplement par la nature antagonique des conditions qui déterminent la masse d'argent qui circule. Leur modification simultanée paralyse leur effet et laisse les choses en l'état.

La loi qui établit que, étant donnée la vitesse du cours de la monnaie, ainsi que la somme des prix des marchandises, la quantité des moyens de circulation est déterminée, cette loi se peut exprimer aussi de la manière que voici : si les valeurs d'échange des marchandises et la vitesse moyenne de leurs métamorphoses sont données, la quantité d'or qui circule dépend de sa propre valeur. Conséquemment, si la valeur de l'or, c'est-à-dire le temps de travail exigé pour sa production, augmentait ou diminuait, les prix des marchandises augmenteraient ou diminueraient en rapport inverse, et à cette hausse ou baisse générale des prix, la vitesse du cours restant constante, corres-

mains des classes qui ne déposent pas à la banque. Mais peut-être que l'activité ou l'inactivité des Monnaies des grandes nations commerciales pourrait fournir des indications utiles sur les variations de cette quantité. On monnayera beaucoup quand on aura besoin de beaucoup, peu quand on aura besoin de peu... La frappe à la Monnaie anglaise était en 1855 : 9.245.000 £, 1856 : 6.476.000 £, 1857 : 5.293.855 £. Dans l'année 1858 la Monnaie n'a eu presque rien à faire. ») *Economist*, July 10, 1858. Mais à la même époque il y avait à peu près 18 millions de livres sterling en or dans les caveaux de la Banque.

pondrait une quantité d'or plus ou moins grande pour faire circuler la même quantité de marchandises. Le même changement aurait lieu si l'ancienne mesure de la valeur était supplantée par un métal d'une valeur plus grande ou moindre. Ainsi, quand la Hollande, par égard délicat pour les rentiers, et par crainte de l'effet des découvertes en Californie et en Australie, substitua la monnaie d'argent à la monnaie d'or, elle avait besoin de 14 à 15 fois plus d'argent que d'or autrefois pour faire circuler la même quantité de marchandises.

Puisque le quantum d'or qui circule dépend de la somme variante des prix des marchandises et de la vitesse variante de la circulation, il s'ensuit que la masse des moyens de circulation métallique doit être capable de contraction et d'expansion ; bref, que pour répondre au besoin du procès de circulation, l'or, en qualité d'instrument de circulation, doit tantôt entrer dans le procès, tantôt s'y soustraire. Nous verrons plus loin comment le procès de circulation lui-même réalise ces conditions.

c. Le numéraire cu les espèces. Le signe de valeur.

Dans sa fonction d'instrument de circulation, l'or acquiert une façon propre, il devient le *numéraire*. Afin que son cours ne soit pas arrêté par des difficultés techniques, l'or est monnayé selon l'étalon de la monnaie de compte. Des pièces d'or dont l'empreinte et la figure annoncent qu'elles contiennent les parties de poids d'or représentées dans les noms de compte de la monnaie £, s. etc., sont du numéraire. De même que la détermination du prix du numéraire, le travail technique du monnayage incombe à l'Etat. Comme monnaie de compte et comme numéraire, l'argent acquiert un *caractère local et politique*, parle des langues différentes et porte des uniformes nationaux différents. La sphère où l'argent circule comme numéraire est une sphère *intérieure* de la circulation des marchandises circonscrite par les frontières d'une communauté et qui se sépare de la circulation *générale* du monde des marchandises.

Cependant l'or en barre et l'or monnayé ne se distinguent pas plus que son nom de numéraire et son nom de poids. Ce qui, dans le dernier cas, était différence de nom, apparaît maintenant comme simple différence de figure. Le numéraire peut être jeté dans le creuset et être ainsi reconverti en or *sans phrase*, et, inversement, il suffit d'envoyer la barre d'or à la Monnaie pour qu'elle prenne la forme de numéraire. Convertir et reconvertir une figure dans l'autre apparaît comme une opération purement technique.

Pour 100 livres ou 1200 onces troy d'or à 22 carats on obtient à la Monnaie anglaise 4672 1/2 £ ou sovereigns d'or, et si l'on met ces sovereigns sur l'un des plateaux de la balance et 100 livres d'or en barre sur l'autre, il y a équilibre de poids et l'on a fourni la preuve que le sovereign n'est pas autre chose que la partie de poids d'or indiquée par ce nom dans le prix monétaire anglais, avec figure et empreintes propres. Les 4672 1/2 sovereigns d'or sont jetés de divers points dans la circulation, et, saisis par elle, ils accomplissent en un jour un nombre déterminé de tours, l'un des sovereigns plus, l'autre moins. Si le chiffre moyen des tours quotidiens de chaque once était 10, les 1200 onces d'or réaliseraient une somme totale de prix de marchandises du montant de 12.000 onces ou de 46.725 sovereigns. Qu'on tourne et retourne comme on voudra une once d'or, jamais elle ne pèsera 10 onces d'or. Mais ici, dans le procès de circulation 1 once pèse effectivement 10 onces. Le numéraire dans l'enceinte du procès de circulation est égal au quantum d'or qu'il contient multiplié par le nombre de ses tours. Outre son existence réelle comme pièce d'or d'un poids déterminé, le numéraire acquiert une existence idéale née de sa fonction. Mais que le sovereign parcoure le cercle une fois ou dix fois, dans chaque achat ou vente isolé il n'agit que comme un seul sovereign. Il en va de lui comme d'un général qui, par sa présence opportune le jour de la bataille sur dix points différents, remplace dix généraux, mais qui néanmoins sur chacun de ces dix points est un seul et même général. L'idéalisation de l'instrument de circulation qui, dans le cours de la monnaie, provient de ce que la rapidité supplée à la quantité, ne concerne que la fonction du numéraire dans le procès de circulation mais n'affecte pas la pièce de monnaie individuelle.

Cependant le cours de la monnaie est un mouvement extérieur et le sovereign, bien que *non olet*, fréquente une société très mêlée. Par le frottement de toutes sortes de mains, de sacs, poches, porte-monnaie, ceinturons, caisses et coffres, la monnaie s'use, laisse un atome d'or par-ci, un atome d'or par-là, et par cette usure dans sa carrière perd de plus en plus de son contenu. Parce qu'on en use, elle s'use. Arrêtons le sovereign à un moment où son caractère natif, pur, ne paraît encore que faiblement entamé. « Un boulanger qui reçoit aujourd'hui un sovereign tout battant neuf de la banque et le remet le lendemain au meunier, ne lui donne pas le même « véritable » sovereign; celui-ci est plus léger que lorsqu'il l'a reçu » (1). Il est évident que les espèces, par la nature même des choses, doivent se déprécier pièce par pièce, par suite du frai habituel et inévitable. C'est une impossibilité physique qu'exclure entièrement de la circulation à un moment quelconque, ne fut-ce que pour un seul jour, les pièces de monnaie légères (2). Jacob estime que des 380 millions de

(1) Dodd, *Curiosities of industry*, etc., London, 1854.
(2) *The currency question reviewed*, etc., *by a banker*. Edinburgh, 1845, p. 69, etc. « Si un écu un peu usé était réputé valoir quelque chose de moins qu'un écu tout neuf, la circulation se trouverait continuellement arrêtée et il

pounds sterling qui existaient en Europe en 1809, 19 millions de pounds sterling avaient disparu par suite du frai (1) en 1829, dans une période de temps par conséquent de 20 ans. Si la marchandise, au premier pas qu'elle fait dans la circulation, en sort, la monnaie après quelques pas dans la circulation représente plus de substance métallique qu'elle n'en contient. Plus le cours d'une pièce de monnaie dure longtemps, la vitesse de la circulation restant constante, ou plus sa circulation est vive dans le même espace de temps, et plus sa fonction de numéraire se détache de sa substance métallique. Ce qui reste est *magni nominis umbra*. Le corps de la monnaie n'est plus qu'une ombre. Alors qu'au début elle gagnait du poids dans le procès, elle y en perd maintenant, mais elle continue néanmoins dans chaque achat ou chaque vente isolé à valoir le quantum d'or original. Le sovereign qui n'est plus qu'un *simulacre* de sovereign, qu'un simulacre d'or, continue à remplir la fonction de la pièce d'or légitime. Tandis que d'autres êtres perdent leur idéalisme à se frotter au monde extérieur, la monnaie s'idéalise par la pratique, et son corps d'or ou d'argent n'est plus qu'un fantôme. Cette

n'y aurait pas un seul payement qui ne fut matière à contestation. » G. GARNIER, *l. c.*, t. I, p. 24.

(1) JACOB W., *An inquiry into the production and consumption of the precious metals*, London, 1831, vol. II, ch. XXVI.

seconde idéalisation de la monnaie métallique, causée par le procès de la circulation lui-même, ou la scission entre son contenu nominal et son contenu réel, est exploitée en partie par les gouvernements, en partie par les aventuriers particuliers qui falsifient les monnaies de toutes les façons. Toute l'histoire du monnayage, depuis le commencement du Moyen Age jusque bien avant dans le xviiie siècle, se résout dans l'histoire de ces falsifications doubles et antagoniques ; et la volumineuse collection des économistes italiens de Custodi roule en grande partie sur ce point.

L'existence fictive de l'or à l'intérieur de ses fonctions entre en conflit avec son existence réelle. Dans la circulation une monnaie d'or a perdu plus, une autre moins, de sa substance métallique et un sovereign vaut maintenant en fait plus qu'un autre. Parce que dans leur fonction monétaire ils valent autant l'un que l'autre, que le sovereign qui est un quart d'once ne vaut pas plus que le sovereign qui n'a que l'apparence d'être un quart d'once, les sovereigns de poids subissent entre les mains de détenteurs peu scrupuleux des opérations chirurgicales, et on leur retranche artificiellement ce que la circulation enlevait naturellement à leurs frères légers. Ils sont rognés et altérés, et le superflu de leur graisse d'or va se fondre dans le creuset. Si 4672 1/2 sovereigns d'or mis sur le plateau de la balance ne pèsent plus en moyenne que 800 onces au lieu de 1200, ils n'achèteront plus, apportés sur le marché, que 800 onces d'or, ou le prix de marché de l'or s'élèverait au-dessus de son prix monétaire. Chaque pièce de monnaie, même si elle est de poids, vaudrait moins sous sa forme numéraire que sous sa forme barre. Les sovereigns de poids seraient retransformés en leur forme barre sous laquelle plus d'or a plus de valeur que moins d'or. Dès que cette perte du contenu métallique aurait atteint un nombre suffisant de sovereigns pour amener une hausse persistante du prix de marché de l'or au-dessus de son prix monétaire, les noms de compte des monnaies resteraient les mêmes mais désigneraient dorénavant un quantum d'or moindre. En d'autres termes, l'étalon de la monnaie changerait et l'or dorénavant serait monnayé conformément à ce nouvel étalon. Par son idéalisation comme instrument de circulation, l'or aurait par contre-coup changé les rapports légalement établis où il était étalon des prix. La même révolution se répéterait au bout d'un certain temps, l'or dans sa fonction d'étalon des prix et d'instrument de circulation serait soumis à un changement continuel, de sorte que le changement dans l'une des formes entraînerait celui dans l'autre, et inversement. Ceci explique le phénomène mentionné plus haut : que dans l'histoire de tous les peuples modernes le même nom monétaire restait acquis à un contenu métallique qui allait toujours en diminuant. La contradiction entre l'or servant de numéraire et l'or servant d'étalon de prix en devient

une aussi entre l'or numéraire et l'or équivalent
général, forme sous laquelle il circule non seulement dans des limites nationales mais aussi sur
le marché mondial. Comme mesure des valeurs,
l'or était toujours de poids parce qu'il ne servait
que d'or idéal. Comme équivalent, dans l'acte
isolé M-A, il passe aussitôt du mouvement au
repos, mais en tant que numéraire, sa substance
naturelle entre en conflit perpétuel avec sa fonction. La transformation d'un sovereign d'or en or
fictif ne peut s'éviter complètement, mais la législation cherche à empêcher qu'il ne s'implante
comme numéraire, en le démonétisant lorsque la
perte de substance a atteint un certain degré.
D'après la loi anglaise, par exemple, un sovereign
qui a perdu plus de 0,747 grammes de poids n'est
plus un sovereign légal. La Banque d'Angleterre
qui, de 1844 à 1848, n'a pas pesé moins de
48 millions de sovereigns d'or, possède dans la balance de M. Cotton une machine qui non seulement découvre la différence de 1/100 de gramme
entre deux sovereigns, mais encore, comme un
être intelligent, lance la pièce légère sur une
planche où elle est happée par une autre machine qui
la dépèce avec une cruauté tout orientale.

Dans ces conditions les monnaies d'or ne pourraient pas circuler du tout si leur cours n'était pas
restreint à des cercles déterminés de la circulation,
dans les limites desquels elles s'usent moins vite.
Une monnaie d'or qui est réputée valoir 1/4 d'once

dans la circulation, tandis qu'elle ne pèse plus que 1/5 d'once, est de fait devenue un simple signe ou symbole pour 1/20 d'once d'or et ainsi tout le numéraire d'or est plus ou moins transformé par le procès même de la circulation en un simple signe ou symbole de sa substance. Mais aucune chose ne peut être son propre symbole. Des raisins peints ne sont pas le symbole de vrais raisins, mais des simulacres de raisins. Encore moins un sovereign faible peut-il être le symbole d'un sovereign fort, non plus qu'un cheval maigre ne peut être le symbole d'un cheval gras. Puis donc que l'or devient le symbole de lui-même, mais ne peut servir comme symbole de lui-même, il revêt dans les cercles de la circulation où il s'use le plus vite, c'est-à-dire dans les cercles où les achats et les ventes se renouvellent constamment dans les plus minimes proportions, une forme d'apparition symbolique d'argent ou de cuivre séparée de sa forme d'or. Une proportion déterminée de la totalité de la monnaie d'or, bien que ce ne fussent pas les mêmes pièces d'or, circulerait toujours dans ces cercles comme numéraire. Dans cette proportion l'or est remplacé par des jetons d'argent ou de cuivre. Tandis qu'une marchandise spécifique peut seule fonctionner comme mesure des valeurs et partant comme argent à l'intérieur d'un pays, différentes marchandises peuvent servir de numéraire à côté de l'argent. Ces moyens de circulation subsidiaires, des jetons d'argent ou de cuivre, par exemple, représentent dans la circulation des fractions déterminées de la monnaie d'or. Leur propre contenu en argent ou en cuivre n'est donc pas déterminé par le rapport de la valeur de l'argent et du cuivre à l'or, mais est fixé arbitrairement par la loi. Ils ne peuvent être émis que dans les quantités où les fractions diminutives de la pièce d'or qu'ils représentent circuleraient de façon continue, soit pour changer des pièces d'or de noms plus élevés, soit pour réaliser de faibles prix de marchandises correspondants. Dans la circulation au détail des marchandises, des jetons d'argent et de cuivre appartiendraient eux aussi à des cercles particuliers. La vitesse de leur cours est en rapport inverse au prix qu'ils réalisent dans chaque achat et chaque vente, ou à la grandeur de la fraction d'or qu'ils représentent. Si l'on considère l'énorme extension du petit commerce quotidien dans un pays comme l'Angleterre, la proportion relativement insignifiante de la quantité totale de la monnaie d'appoint, montre bien la rapidité et la continuité de son cours. D'un rapport parlementaire publié récemment il appert qu'en 1857 la Monnaie anglaise a frappé de l'or au montant de 4.859.000 £, de l'argent d'une valeur nominale de 733.000 £, et d'une valeur métallique de 363.000 £. Le montant total de l'or monnayé dans les dix années finissant le 31 décembre 1857 était de 55.239.000 £, celui de l'argent seulement de 2.434.000 £. Les monnaies de cuivre ne s'élevaient en 1857 qu'à une valeur nominale de 6.720 £, représentant une valeur métallique de 3.492 £, dont 3.136 en pence, 2.464 en half-pence et 1.120 en farthings. La valeur totale des monnaies de cuivre frappées dans ces dix dernières années était de 141.477 £ en valeur nominale, ayant une valeur métallique de 73.503 £. Comme on empêche les espèces d'or de se fixer dans leur fonction d'espèces en déterminant légalement la perte métallique qui les démonétise, on empêche inversement les jetons d'argent et de cuivre de passer de leurs sphères de circulation dans la sphère des espèces d'or et de se fixer comme monnaie en déterminant le prix qu'ils réalisent légalement. En Angleterre, le cuivre peut être imposé en paiement au montant de 6 pence seulement, et l'argent au montant de 40 s. seulement. Si l'émission des jetons d'argent et de cuivre était plus grande que ne l'exigent les besoins de leurs sphères de circulation, il n'en résulterait pas une hausse dans les prix de marchandises, mais il en résulterait une accumulation de ces jetons chez les vendeurs au détail, qui finalement seraient contraints de les vendre comme métal. C'est ainsi qu'en 1798 des monnaies de cuivre émises par des particuliers s'étaient accumulées au montant de 20.350 £ chez des boutiquiers qui essayaient inutilement de les remettre en circulation et durent en fin de compte les jeter en qualité de marchandises sur le marché du cuivre.

Les jetons d'argent et de cuivre qui représentent

les espèces d'or dans des sphères déterminées de
la circulation intérieure ont un contenu d'argent
ou de cuivre (1) légalement déterminé, mais saisis
par la circulation ils s'usent comme les monnaies
d'or, et par suite de la rapidité et la continuité de
leur cours ils s'idéalisent plus vite encore, jusqu'à
n'être plus que des ombres. Si maintenant on
traçait une nouvelle ligne de démonétisation au
delà de laquelle les jetons d'argent et de cuivre
perdraient leur caractère de numéraire, ils devraient
être eux-mêmes remplacés à leur tour à l'intérieur
de cercles déterminés de leur propre sphère de
circulation par une autre monnaie symbolique, par
exemple, le fer ou le plomb. Et représenter de
la monnaie symbolique par une autre monnaie
symbolique, serait un procès sans fin. C'est
pourquoi dans tous les pays où la circulation
est développée, le cours de la monnaie même exige
que le caractère monétaire des jetons d'argent et
de cuivre soit rendu indépendant du degré de leur
perte métallique. Il apparaît donc, ce qui était dans
la nature de la chose, qu'ils sont des symboles
des monnaies d'or non parce qu'ils sont des symboles composés d'argent et de cuivre, non parce
qu'ils ont une valeur, mais parce qu'ils n'en ont
point.

Aussi des objets relativement sans valeur,

(1) DAVID BUCHANAN, *Observations on the subjects treated
of in Doctor Smith's Inquiry on the wealth of nations*, etc.,
Edinburgh, 1814, p. 3.

comme le papier, peuvent-ils servir de symboles de la monnaie d'or. Si la monnaie subsidiaire consiste en jetons de métal d'argent, de cuivre, etc., cela vient en grande partie de ce que dans la plupart des pays les métaux de moindre valeur servaient de monnaie, par exemple, l'argent en Angleterre, le cuivre dans la République de l'ancienne Rome, en Suède, en Écosse, etc., avant que le procès de circulation les dégradât au rang de monnaie d'appoint et les remplaçât par des métaux plus précieux. Il est d'ailleurs naturel que le symbole de l'argent, issu immédiatement de la circulation métallique, soit lui-même un métal. De même que la portion d'or qui devrait toujours circuler à titre de monnaie divisionnaire est remplacée par des jetons de métal, la portion d'or qui est toujours absorbée comme numéraire dans la sphère de la circulation privée et qui doit circuler constamment, peut être remplacée par des jetons sans valeur. Le niveau au-dessous duquel la masse du numéraire circulant ne tombe jamais est donnée dans chaque pays empiriquement. La différence, insignifiante à l'origine, entre le contenu nominal et le contenu métallique des espèces de métal, peut donc évoluer à une scission absolue. Le nom monétaire de l'argent se détache de sa substance et existe hors de lui, inscrit sur des billets de papier sans valeur. De même que la valeur d'échange des marchandises se cristallise par le procès de leur échange en monnaie d'or, la monnaie d'or est sublimée dans son cours jusqu'à devenir son propre symbole, d'abord sous forme d'espèces d'or amincies, puis sous forme de monnaie métallique subsidiaire, enfin, sous forme de marques sans valeur, de papier, de simple *signe de valeur*.

Mais le numéraire d'or n'a créé ses représentants, d'abord de métal, puis de papier, que parce qu'il continuait, malgré sa perte de métal, à faire office de numéraire. Ce n'est pas parce qu'elles s'amincissaient que les monnaies ne circulaient pas, elles s'amincissaient jusqu'à devenir symboles parce qu'elles continuaient à circuler. Ce n'est qu'autant que dans le procès la monnaie d'or devient elle-même signe de sa propre valeur que de simples signes de valeur peuvent la remplacer.

En tant que le mouvement M-A-M est unité évolutive des deux moments M-A, A-M, qui se convertissent directement l'un dans l'autre, ou en tant que la marchandise parcourt le procès de sa métamorphose totale, sa valeur d'échange évolue au prix et à l'argent pour annuler aussitôt cette forme, pour redevenir marchandise ou plutôt valeur d'usage. Elle ne progresse donc que jusqu'à une *réalisation apparente* de sa valeur d'échange. Nous avons vu, d'autre part, que l'or, quand il ne sert que de numéraire ou quand il circule toujours, ne représente en fait que l'enchaînement des métamorphoses des marchandises et leur *forme monnaie purement évanescente*; qu'il ne réalise le prix d'une marchandise que pour réaliser celui d'une autre, mais n'apparaît nulle part comme la réalisation stable de la valeur d'échange ni lui-même comme une marchandise au repos. La réalité que revêt la valeur d'échange des marchandises dans ce procès et que l'or représente dans son cours, est celle de l'étincelle électrique. Bien que ce soit de l'or réel, il fonctionne seulement comme simulacre d'or et peut être remplacé dans cette fonction par des signes.

Le signe de valeur, le papier, par exemple, qui fonctionne comme numéraire, est signe du quantum d'or exprimé dans son nom monétaire, donc *signe d'or*. Un quantum d'or déterminé n'exprime pas plus en soi un rapport de valeur que ne le fait le signe qui le remplace. C'est parce qu'un quantum d'or déterminé possède, en tant que matérialisation de temps de travail, une valeur déterminée, que le signe d'or représente de la valeur. Mais la grandeur de valeur qu'il représente dépend chaque fois de la valeur du quantum d'or qu'il représente. Vis-à-vis des marchandises le signe de valeur représente la *réalité de leur prix*, il n'est *signum pretii* et signe de leur valeur que parce que leur valeur est exprimée dans leur prix. Dans le procès M-A-M, en tant qu'il se manifeste comme unité évolutive ou conversion immédiate des deux métamorphoses l'une dans l'autre — et c'est ainsi qu'il se manifeste dans la sphère de la circulation où fonctionne le signe de valeur — la valeur d'échange des marchandises n'acquiert dans le prix qu'une existence idéale, dans l'argent qu'une existence imaginaire, symbolique. Ainsi la valeur d'échange apparaît comme existant *seulement* dans la pensée ou représentée à l'aide des objets, mais elle n'a pas de *réalité* sauf dans les marchandises elles-mêmes, en tant qu'elles matérialisent un quantum de temps de travail déterminé. Il y a apparence que le signe de valeur représente immédiatement la valeur des marchandises parce qu'il ne se présente pas comme signe d'or, mais comme signe de la valeur d'échange, qui est exprimée simplement dans le prix, mais qui n'existe que dans la marchandise. Or, cette apparence est fausse. Directement, le signe de valeur n'est que *signe dè prix*, donc, *signe d'or*, et par un détour seulement il est signe de la valeur des marchandises. L'or n'a pas, comme Peter Schlemihl, vendu son ombre, mais achète avec son ombre. Aussi le signe de valeur n'a d'action effective qu'autant qu'il représente, à l'intérieur du procès, le prix d'une marchandise vis-à-vis d'une autre, ou qu'il représente de l'or vis-à-vis de chaque échangiste. Un objet déterminé, relativement sans valeur, un morceau de cuir, un billet de papier, etc., devient, par routine, signe de la monnaie, mais ne se maintient comme tel que parce que son existence symbolique est garantie par le consentement général des échangistes, parce qu'il acquiert une existence légale de convention et partant le cours forcé. Le papier monnaie d'Etat à cours forcé est la forme achevée du *signe de valeur* et la seule forme de papier monnaie qui procède immédiatement de la circulation métallique ou de la circulation simple des marchandises elle-même. La monnaie de crédit appartient à une sphère plus élevée du procès de production social et elle est régie par des lois tout autres. Le papier monnaie symbolique, de fait, ne diffère en rien des espèces métalliques subsidiaires ; seulement il agit dans une sphère de circulation plus étendue. Si le développement purement technique de l'étalon des prix, ou du prix du numéraire, et ensuite la transformation de l'or brut en or monnayé, ont suscité déjà l'intervention de l'Etat et ont amené ainsi la séparation de la circulation intérieure de la circulation générale des marchandises, cette séparation s'achève par l'évolution du numéraire au signe de valeur. Comme simple instrument de circulation la monnaie en général ne peut avoir une existence indépendante que dans la circulation intérieure.

Notre exposé a montré que l'existence monétaire de l'or comme signe de valeur détaché de la substance d'or elle-même, tire son origine du procès de circulation et ne dérive pas d'une convention ou de l'intervention de l'Etat. La Russie offre un exemple frappant de la formation naturelle du signe de valeur. A l'époque où les peaux et les fourrures servaient d'argent dans ce pays, l'incompatibilité de cette matière périssable et encombrante avec son office d'instrument de circulation, créa la coutume de les remplacer par de petits morceaux de cuirs

estampillés qui devenaient ainsi des traites payables
en peaux et en fourrures. Plus tard, sous le nom de
copecks, ils devinrent de simples signes pour des
fractions du rouble d'argent, et leur usage se main-
tint partiellement jusqu'en 1700, quand Pierre le
Grand ordonna de les racheter avec de la menue
monnaie de cuivre émise par l'Etat (1). Des auteurs
de l'antiquité qui n'ont pu observer que les phénomènes de la circulation métallique conçoivent déjà
le numéraire comme symbole ou signe de valeur.
Ainsi font Platon (2) et Aristote (3). Dans les pays

(1) HENRY STORCH, *Cours d'économie polilique*, etc., avec
des notes par J.-B. SAY, Paris, 1823, tome IV, p. 179.
Storch publia son ouvrage à Pétersbourg en langue française. J.-B. Say en prépara aussitôt une réimpression à
Paris, complétée par de prétendues notes qui, de fait, ne
contiennent que des lieux communs. Storch· (voir ses
Considérations sur la nature du revenu national, Paris,
1824) prit mal cette annexion de son ouvrage par le
« prince de la science ».

(2) PLATO, *De Rep.*, l. II, « νόμισμα ξύμβολον τῆς ἀλλαγῆς »
(monnaie symbole d'échange). *Opera omnia*, etc., éd.
G. Stallbumiüs. London, 1850, p. 304. Platon ne considère la monnaie qu'en tant que mesure de valeur et signe
de valeur, mais il demande, en outre du signe de valeur
servant à la circulation intérieure, un signe pour le commerce avec la Grèce et avec l'extérieur (Cf. aussi le
5e livre de ses *Lois*). ,

(3) ARISTOTELES, (*Ethic. Nicom.*, l. V, ch. VIII, *l. c.*, « οἷον
δ' ὑπαλλάγμα τῆς χρείας τὸ νόμισμα γέγονε κατὰ συνθήκην,
καὶ διὰ τοῦτο τ' οὔνομα ἔχει νόμισμα, ὅτι οὐ φύσει ἀλλὰ νόμῳ
ἐστὶ, καὶ ἐφ' ἡμῖν μεταβαλεῖν καὶ ποιῆσαι ἄχρηστον. »

(Dans la satisfaction des besoins, l'argent devint, par
convention, moyen d'échange. Il porte son nom (νόμισμα)
parce qu'il ne procède pas de la nature mais de la loi

où le crédit n'est point du tout développé, comme en Chine, le papier monnaie à cours forcé apparaît de

(νομος) et qu'il dépend de nous de le changer et de le rendre nul).

Aristote avait de la monnaie une conception incomparablement plus profonde et plus compréhensive que Platon. Dans le beau passage suivant il montre comment le troc entre deux communautés crée la nécessité d'assigner à une marchandise spécifique, donc elle-même une substance ayant de la valeur, le caractère de la monnaie.

« Ξενικωτέρας γὰρ γενομένης τῆς βοηθείας τῷ εἰσάγεσθαι ὧν ἐνδεεῖς καὶ ἐκπέμπειν ὧν ἐπλεόναζον, ἐξ ἀνάγκης ἡ τοῦ νομίσματος· ἐπορίσθη χρῆσις... διο πρός τὰς ἀλλαγὰς τοιοῦτόν τι συνέθεντο πρὸς σφᾶς αὐτοὺς διδόναι καὶ λαμβάνειν, ὃ τῶν χρησίμων αὐτὸ ὂν εἶχε τὴν χρείαν εὐμεταχειριστὸν... οἷον σίδηρος καὶ ἄργυρος, κἂν εἴ τι τοιούτου ἕτερον. » (Arist., *De Rep.*, l. I, ch. ix, *l. c.*).

(A mesure que ces rapports... se transformèrent en se développant par l'importation des objets dont on était privé. et l'exportation de ceux dont on regorgeait, la nécessité introduisit l'usage de la monnaie... On convint de donner et de recevoir dans les échanges une matière qui, utile par elle-même, fut aisément maniable dans les usages habituels de la vie ; ce fut du fer, par exemple, de l'argent, ou telle autre substance analogue ». *Politique d'Aristote* traduit par J. Barthélemy Saint-Hilaire, l. I, ch. iii). Michel Chevalier qui ou bien n'a pas lu Aristote ou bien ne l'a pas compris, cite ce passage pour démontrer que d'après Aristote le moyen de circulation devrait consister en une substance ayant de la valeur intrinsèque. Or, Aristote dit expressément que la monnaie en tant que simple moyen de circulation ne semble devoir son existence qu'à la convention ou à la loi, ainsi que déjà l'indiquerait son nom (νόμισμα) et qu'en réalité elle ne doit son utilité comme numéraire qu'à sa fonction et non à une valeur d'usage intrinsèque. Λῆρος εἶναι δοκεῖ τὸ νόμισμα καὶ νόμος παντάπασι, φύσει δ' οὐδέν. ὅτε μεταθεμένων bonne heure (1). Ceux qui, les premiers, ont préconisé le papier monnaie font remarquer expressément que la transformation de la monnaie métallique en signes de valeur s'effectue dans le procès de circulation même. C'est ce que Ben-

τε τῶν χρωμένων, οὐδενὸς ἄξιον, οὐδὲ χρήσιμον πρὸς οὐδὲν τῶν ἀναγκαίων ἐστι » (*l. c*).

(Cet argent n'est en lui-même qu'une chose absolument vaine, n'ayant de valeur que par la loi, et non par la nature, puisqu'un changement de convention parmi ceux qui en font usage, peut le déprécier complètement et le rendre tout à fait incapable de satisfaire aucun de nos besoins, *l. c.*)

(1) « This Emperor (of Cattay or China) may dispende ols muche as he will withouten estymacion. For he despendethe not, nor makethe no money, but of lether emprendeth or of papyre. And when that money hathe ronne so longe, that it begynethe to waste, than men beren it to the Emperoure's Tresorye, and then they taken newe Money for the old. And that money gothe thorghe out all the contree, and thorghe ont all his Provynces... they make no money nouther of Gold nor of Sylver, et opine Mandeville, therefore he may despende ynew and outrageously » (Cet empereur (de Cattay ou de Chine) peut dépenser autant qu'il lui plaît sans calculer. Car il ne dépense ni ne fabrique point de monnaie mais du cuir ou du papier imprimé. Et quand cette monnaie a roulé si longtemps qu'elle commence à s'user, on la porte au Trésor de l'Empereur et on remplace la vieille monnaie par de la neuve. Et cette monnaie circule dans toute la contrée et dans toutes ses Provinces... ils ne font de la monnaie ni d'or ni d'argent et c'est pourquoi, opine Mandeville, il peut dépenser outrageusement). MANDEVILLE, SIR JOHN, *Voyages and Travels*, London, éd. 1795, p. 105.

jamin Franklin (1) et l'évêque Berkeley ont fait (2).

Demander combien de rames de papier, découpées en billets, peuvent circuler à titre de monnaie, serait poser une question absurde. Les jetons sans valeur ne sont des signes de valeur qu'autant qu'ils représentent l'or dans le procès

(1) BENJAMIN FRANKLIN, *Remarks and facts relative to the American paper money*, 1764, p. 348, *l. c.* « At this very time, even the silver money in England is obliged to the legal tender for part of its value ; that part which is the difference between its real weight and its denomination. Great part of the shillings and sixpences now current are by wearing become 5, 10, 20 and some of the 6 pences even 50 °/₀ too light. For this difference between the *real* and the *nominal* you have no intrinsic value, you have not so much as paper, you have nothing. It is the legal tender, with the knowledge that it can easily be repassed for the same value, that makes 3 penny worth of silver pass for a 6 pence » (A l'heure actuelle, même la monnaie d'argent en Angleterre doit une partie de sa valeur au cours forcé, la partie qui constitue la différence entre son poids réel et sa dénomination. Un grand nombre des shillings et des pièces de six pence qui circulent présentement ont perdu par suite du frai 5, 10, 20 °/₀ de leur poids et quelques-unes des pièces de sixpence jusqu'à 50 °/₀. Pour combler cette différence entre le *réel* et le *nominal* vous n'avez point de valeur intrinsèque, vous n'avez même pas du papier, vous n'avez rien, C'est le cours forcé, la certitude que vous pouvez facilement les repasser pour la même valeur, qui fait passer 3 pence pour 6 pence).

(2) BERKELEY, *l. c.*, p. 56. « Whether the denomination being retained, although the bullion were gone... might not nevertheless... a circulation of commerce (be) maintained ? » (Si l'on conservait la dénomination de la monnaie après que son métal eût disparu, la circulation du commerce ne pourrait-elle pas quand même être maintenue ?)

de circulation et ils ne le représentent que dans la mesure où l'or entrerait comme numéraire dans le procès de circulation, quantité qui est déterminée par sa propre valeur, étant données les valeurs d'échange des marchandises et la rapidité de leurs métamorphoses. Les billets de la dénomination de 5 £ ne pourraient circuler qu'en nombre 5 fois moindre que des billets de la dénomination de 1 £ et si tous les paiements s'effectuaient en billets d'un shilling, il devrait circuler 20 fois plus de billets de shillings que de billets de £. Si les es pèces d'or étaient représentées par des billets de dénominations différentes, par exemple, des billets de 5 £, des billets de 1 £, des billets de 10 s., la quantité de ces différentes sortes de signes de valeur serait déterminée non seulement par le quantum d'or nécessaire pour la circulation totale, mais aussi par celui requis pour la sphère de circulation de chaque sorte particulière. Si 14 millions de £ (c'est la provision de la Banque d'Angleterre pour la monnaie de crédit mais non pour les espèces) étaient le niveau au-dessous duquel la circulation ne tombe jamais, 14 millions de papiers pourraient circuler, et chaque billet serait le signe de valeur de 1 £. Si la valeur de l'or diminuait ou augmentait parce que le temps de travail exigé pour sa production aurait diminué ou augmenté, le nombre de billets de £ circulant, la valeur d'échange de la même quantité de marchandises restant la même, augmenterait ou diminuerait en rapport inverse à la variation de la valeur de l'or. Si l'or était remplacé par l'argent dans l'office de mesure des valeurs, le rapport de l'or à l'argent serait comme 1 : 15 et dans le cas où à l'avenir chaque billet représenterait le même quantum d'argent qu'autrefois il représentait d'or, au lieu de 14 millions, il devrait circuler 210 millions de billets de 1 £. La quantité de billets de papier est donc déterminée par la quantité de monnaie d'or qu'ils représentent dans la circulation, et comme ils ne sont des signes de valeur que parce qu'ils le représentent, leur valeur est déterminée simplement par leur *quantité*. Tandis que la quantité de l'or circulant dépend des prix des marchandises, la valeur des billets de papier qui circulent dépend inversement de leur propre quantité exclusivement.

L'intervention de l'Etat qui émet le papier monnaie à cours forcé — et nous ne considérons que cette sorte de papier monnaie — semble annuler la loi économique. L'Etat qui, dans le prix monétaire, ne donnait à un poids d'or déterminé qu'un nom de baptême, et dans le monnayage ne faisait que marquer l'or de son empreinte, semble maintenant par la magie de son sceau métamorphoser le papier en or. Puisque les billets de papier ont cours forcé, personne ne peut l'empêcher de faire entrer de force un nombre voulu dans la circulation et d'y imprimer des noms de numéraire quelconques comme 1 £, 5 £, 10 £. Il est impossible de rejeter de la circulation des billets lorsqu'une fois ils s'y trouvent, puisque les frontières nationales arrêtent leurs cours et que *hors* de la circulation ils perdent toute valeur, et la valeur d'usage et la valeur d'échange. Leur existence fonctionnelle supprimée, ils se transforment en méchants chiffons de papier. Cependant cette puissance de l'Etat n'est que pure apparence. Il lui est loisible de lancer dans la circulation une quantité voulue de billets de papier portant des noms de numéraire quelconques, mais son contrôle cesse avec cet acte mécanique. Saisi par la circulation, le signe de valeur ou le papier monnaie subit ses lois immanentes.

Si 14 millions de £ étaient la somme d'or requise pour la circulation des marchandises et que l'Etat jetât dans la circulation 210 millions de billets, chacun portant le nom de 1 £, ces 210 millions seraient transformés en représentants d'or au montant de 14 millions de livres sterling. Ce serait la même chose que si l'Etat avait fait des billets de 1 £ les représentants d'un métal d'une valeur 15 fois moindre ou d'une partie de poids d'or 15 fois plus petite. Il n'y aurait rien de changé que la dénomination de l'étalon des prix qui est naturellement de convention, soit qu'elle ait lieu directement par le changement du titre de la monnaie, soit indirectement par la multiplication des billets dans la proportion exigée par un nouvel étalon plus bas. Puisque le nom £ indiquerait désormais un quantum d'or 15 fois moindre, tous les prix des marchandises s'élèveraient au quintuple et alors, en fait, 210 millions de billets de £ seraient aussi nécessaires que 14 millions autrefois. Le quantum d'or que représente chaque signe isolé aurait diminué dans la mesure où la somme totale des signes de valeur aurait augmenté. La hausse des prix ne serait qu'une réaction du procès de circulation qui égale de force les signes de valeur au quantum d'or qu'ils prétendent remplacer dans la circulation.

Dans l'histoire de la falsification de la monnaie par les gouvernements en Angleterre et en France, on constate souvent qu'il n'y a pas de rapport entre la hausse des prix et la falsification de la monnaie d'argent. Tout simplement parce que la proportion dans laquelle les espèces étaient augmentées ne répondait pas à celle dans laquelle elles étaient falsifiées. N'ayant pas émis une masse correspondante de l'alliage inférieur, les valeurs d'échange des marchandises devaient dorénavant être estimées en cet alliage pris pour mesure des valeurs et être réalisées par des espèces correspondant à cette unité de mesure inférieure. Ceci résout la difficulté non résolue dans le duel entre Locke et Lowndes. Le rapport suivant lequel le signe de valeur, qu'il soit en papier ou en or et en argent altérés, représente des poids d'or et d'argent, calculés sur le prix monétaire, ne dépend pas de sa propre matière mais de la quantité de signes qui circulent. Si l'intelligence de ce rapport est malaisée, c'est que la monnaie dans ses deux fonctions de mesure des valeurs et d'instrument de circulation n'est pas seulement soumise à des lois contraires, mais à des lois qui paraissent être en contradiction avec l'opposition des deux fonctions. Dans sa fonction de mesure des valeurs, où l'or ne sert que de monnaie de compte et n'est que de l'or idéal, ce qui importe surtout, c'est la matière naturelle. Evaluées en métal argent ou exprimées en prix argent, les valeurs d'échange se présentent naturellement d'une toute autre façon qu'évaluées en or et exprimées en prix or. Inversement, dans sa fonction d'instrument de circulation, où l'or n'est pas imaginé seulement mais doit exister comme un objet réel à côté des autres marchandises, la matière devient indifférente et tout dépend de sa quantité. Pour l'unité de mesure la chose décisive est qu'elle soit une livre d'or, d'argent ou de cuivre, tandis que le simple nombre fait du numéraire la réalisation adéquate de chacune de ces unités de mesure, quelle qu'en soit la matière. Or, cela contredit au sens commun que pour la monnaie, qui n'existe que dans la pensée, tout dépende de sa substance matérielle, et que pour le numéraire qui existe réellement, tout dépende d'un rapport numérique idéal.

La hausse ou la baisse des prix des marchandises avec la hausse ou la baisse de la masse des billets — la baisse a lieu lorsque les billets de papier constituent le moyen de circulation exclusif — n'est donc que la mise en vigueur violente, par le procès de circulation, de la loi violée mécaniquement du dehors : que le quantum d'or circulant est déterminé par les prix des marchandises et la quantité des signes de valeur circulants par la quantité d'espèces d'or qu'ils représentent dans la circulation. D'autre part, une masse quelconque de billets de papier est absorbée, et en quelque sorte digérée, par le procès de circulation parce que le signe de valeur, quel que soit le titre d'or qu'il représente en entrant dans la circulation, est réduit à l'intérieur de la même au signe de quantum d'or qui pourrait circuler à sa place.

Dans la circulation des signes de valeur toutes les lois de la circulation de la monnaie réelle paraissent renversées et mises sens dessus dessous. Tandis que l'or circule parce qu'il a de la valeur, le papier a de la valeur parce qu'il circule. Tandis que la valeur d'échange des marchandises, étant donnée la quantité d'or circulant, dépend de sa propre valeur, la valeur du papier dépend de la quantité qui en circule. Tandis que la quantité d'or circulant augmente ou diminue avec la hausse ou la baisse des prix des marchandises, les prix des marchandises semblent hausser ou baisser selon que change la quantité du papier circulant. Tandis que la circulation des marchandises ne peut absorber que des quantités déterminées d'espèces d'or et que, par conséquent, la contraction et l'expansion alternatives de la monnaie circulante se manifestent comme une loi nécessaire, le papier monnaie semble entrer dans la circulation dans des proportions indéterminées. Tandis que l'État en émettant du numéraire qui n'aurait que 1/100 de grain de moins que son contenu métallique, altère les espèces d'or et d'argent, et par là trouble leur fonction d'instrument de circulation, il fait une opération parfaitement correcte quand il émet des billets de papier sans valeur qui n'ont rien du métal que le nom monétaire. Tandis que l'or monnayé visiblement ne représente la valeur des marchandises que pour autant que celle-ci est elle-même évaluée en or ou exprimée en prix, le signe de valeur semble immédiatement représenter la valeur des marchandises. Il saute donc aux yeux pourquoi les observateurs qui étudiaient unilatéralement les phénomènes de la circulation de la monnaie, en ne considérant que la circulation du papier monnaie à cours forcé, devaient méconnaître toutes les lois immanentes de la circulation de la monnaie. En effet, ces lois ne paraissent pas seulement renversées dans la circulation du signe de valeur, mais éteintes, puisque le papier monnaie, s'il est émis en quantité exacte, accomplit des mouvements qui ne lui sont pas particuliers comme signes de valeur, tandis que son mouvement propre, au lieu de dériver directement de la métamorphose des marchandises, procède de la violation de sa proportion exacte avec l'or.

3. *L'argent ou la monnaie.*

L'argent, distingué du numéraire, le résultat du procès de circulation sous la forme M-A-M, constitue le point de départ du procès de circulation sous la forme A-M-A, c'est-à-dire échanger de l'argent contre de la marchandise pour échanger de la marchandise contre de l'argent. Dans la forme A-M-A c'est l'argent qui constitue le point initial et le point final du mouvement. Dans la première forme l'argent est médiateur de l'échange des marchandises, dans la dernière la marchandise est la médiatrice qui fait que l'argent devient de l'argent. L'argent qui, dans la première forme, apparaît comme simple moyen est, dans la dernière, le but final de la circulation, et la marchandise qui, dans la première forme, était le but final, est dans la seconde simple moyen. Puisque l'argent lui-même est déjà le résultat de la circulation M-A-M, dans la forme A-M-A, le résultat de la circulation paraît être en même temps son point de départ. Tandis que dans M-A-M, c'est l'échange de la matière, c'est l'existence formelle de la marchandise elle-même, sortie de ce premier procès, qui constitue le contenu réel du second procès A-M-A.

Dans la forme M-A-M, les deux extrêmes sont des marchandises de valeur identique, mais en même temps des valeurs d'usage de qualité différente. Leur échange M-M est une réelle permutation de la matière. Dans la forme A-M-A, au contraire, les deux extrêmes sont de l'or, et de l'or de même grandeur de valeur. Echanger l'or contre la marchandise pour échanger la marchandise contre l'or, ou, si nous considérons A-A, échanger l'or contre l'or, cela paraît absurde. Mais si l'on traduit A-M-A par la formule : *acheter* pour *vendre*, ce qui signifie seulement, échanger, par un mouvement médiat, de l'or contre de l'or, on reconnaît aussitôt la forme dominante de la production bourgeoise. Toutefois, dans la pratique on n'achète pas pour vendre ; on achète bon marché pour vendre plus cher. On échange de l'argent contre de la marchandise pour échanger ensuite la même marchandise contre une quantité plus grande d'argent, de sorte que les extrêmes A-A diffèrent quantitativement sinon qualitativement. Une telle différence quantitative suppose l'*échange de non-équivalents*, tandis que la marchandise et l'argent, comme tels, ne sont que des formes antithétiques de la marchandise elle-même, donc des modes d'existence différents de la même grandeur de valeur. Le cycle A-M-A recèle sous les formes d'argent et de marchandise des rapports de production plus développés, et il n'est dans la circulation simple que la réflexion d'un mouvement supérieur. Il nous faut donc développer l'argent, distingué du moyen de circulation, de la forme immédiate de la circulation des marchandises M-A-M.

L'or, c'est-à-dire la marchandise spécifique qui sert de mesure de valeur et de moyen de circulation, devient *monnaie* sans que la société y coopère autrement. En Angleterre, où le métal argent n'est ni mesure des valeurs ni moyen de circulation dominant, il ne devient pas monnaie, et en Hollande l'or cessa d'être de la monnaie dès qu'il fut détrôné comme mesure de valeur. Ainsi une marchandise devient tout d'abord monnaie en tant que unité de mesure de valeur et de moyen de circulation, autrement dit, la monnaie est l'unité de mesure de valeur et de moyen de circulation. Mais, comme telle, l'or a de nouveau une existence indépendante, différenciée de sa manière d'être dans les deux fonctions. A titre de mesure de valeur, l'or n'est que de la monnaie idéale et de l'or idéal ; à titre de simple moyen de circulation il est de la monnaie symbolique et de l'or symbolique ; dans sa simple corporéité métallique l'or est de la monnaie ou la monnaie est de l'or réel.

Considérons maintenant la marchandise or au repos, laquelle est de la monnaie dans son rapport avec d'autres marchandises. Toutes les marchandises représentent dans leurs prix une somme d'or déterminée ; elles ne sont que de l'or imaginé ou de la monnaie imaginée, des *représentants de l'or* ; et inversement la monnaie dans le signe de valeur était simple représentant des prix des marchandises (1). Toutes les marchandises n'étant ainsi

(1) « Non solo i metalli ricchi son segni delle cose.. ma

que de la monnaie imaginaire, la monnaie (ou l'argent) est la seule marchandise réelle. A l'opposé des marchandises qui ne font que représenter l'existence indépendante de la valeur d'échange, du travail social général, de la richesse abstraite, l'or est la *forme d'apparition matérielle de la richesse abstraite.* Sous forme de valeur d'usage chaque marchandise n'exprime qu'un moment de la richesse matérielle, par son rapport à un besoin spécial, qu'un côté isolé de la richesse. Mais la monnaie satisfait chaque besoin en tant qu'elle est immédiatement convertible en l'objet de chaque besoin. Sa propre valeur d'usage est réalisée dans l'interminable série des valeurs d'usage qui forment son équivalent. Dans sa substance métallique native, l'or renferme toute la richesse matérielle qui se déroule dans le monde des marchandises. Si les marchandises dans leurs prix représentent l'équivalent général ou la richesse abstraite, l'or, ce dernier, dans sa valeur d'usage, représente les valeurs d'usage de toutes les marchandises. L'or est donc le *représentant corporel de la richesse matérielle.* Il est le « précis de toutes les choses », (Boisguillebert), le compendium de la richesse sociale. Il est tout ensemble l'incarnation immédiate du travail général par la forme, et l'agrégat de

vicendevolmente le cose... sono segni dell' oro e dell' argento » (Non seulement les métaux précieux sont les signes des choses... mais les choses sont réciproquement... les signes de l'or et de l'argent). A. GENOVESI, *Lezioni di Economia civile* (1765), p. 281 dans CUSTODI, *Part. Mod.,* t. VIII.

tous les travaux concrets par le contenu. L'or est
la richesse universelle individualisée (1). Sous son
aspect de médiateur de la circulation il essuya
toutes sortes d'affronts ; il fut rogné, aplati même
jusqu'à n'être plus qu'un chiffon de papier symbolique. Comme monnaie il rentre en possession de
sa splendeur d'or (2). De serviteur il devient maître.
De simple aide-manœuvre il devient le dieu des
marchandises (3).

(1) PÉTTY, « Gold and silver are universal wealth. » *Pol.
Arith.*, p. 242, *l. c.* (L'or et l'argent sont la richesse universelle).

(2) E. MISSELDEN, *Free Trade or the means to make Trade
florish*, etc., London, 1622. « The natural matter of Commerce is Merchandize, which Merchants from the end of
Trade have stiled commodities. The artificial matter of
Commerce is Money, which hath obtained the title of si-
news of warre and of State .. Money, though it be in nature and time after merchandize, yet forasmuch as it is
now in use is become the chiefe » (p. 7) (La matière naturelle du commerce est la marchandise que les marchands, eu égard aux fins du commerce, ont appelée
« commodity ». La matière artificielle du commerce est
l'argent qui a reçu le nom de « nerf de la guerre et de
l'Etat ». L'argent, bien que dans la nature et le temps il
vienne après la marchandise, est devenu la chose principale). Il compare la marchandise et l'argent aux deux pe-
tits-fils de Jacob qui, lorsqu'il les bénit, posa sa main
droite sur le plus jeune et sa main gauche sur l'aîné.
BOISGUILLEBERT, *Dissertation sur la nature des richesses*, etc.,
l. c. « Voilà donc l'esclave du commerce devenu son
tyran... La misère des peuples ne vient que de ce qu'on
a fait un maître, ou plutôt un tyran de ce qui était un
esclave » (p. 399-395).

(3) BOISGUILLEBERT, *l. c.* « On a fait une idole de ces métaux (l'or et l'argent) ; et laissant là l'objet et l'intention

A. Thésaurisation.

L'or se sépara d'abord en qualité de monnaie du moyen de circulation parce que la marchandise interrompait le procès de sa métamorphose et demeurait à l'état de chrysalide d'or. Cela a lieu chaque fois que la vente ne se change pas en achat. Le caractère indépendant qu'acquiert l'or sous forme de monnaie est donc avant tout l'expression sensible de la scission du procès de circulation ou de la métamorphose de la marchandise en deux actes séparés, s'accomplissant indifféremment côte à côte. Le numéraire lui-même devient de l'argent dès que son cours est interrompu. Dans la main du vendeur qui le touche en échange de sa marchandise, il est de l'argent, dès qu'il quitte sa main il redevient numéraire. Chacun est vendeur de la marchandise particulière qu'il produit, mais il est acheteur de toutes les autres marchandises dont il a besoin pour son existence sociale. Tandis que son entrée en scène dans le rôle de vendeur dépend du temps de travail qu'exige la production de sa marchandise, son apparition dans le rôle d'acheteur est conditionnée

pour lesquels ils avaient été appelés dans le commerce, savoir pour y servir de gages dans l'échange et la tradition réciproque, on les a presque quittés de ce service pour en faire des *divinités* auxquelles on a sacrifié et sacrifie toujours plus de biens et de besoins précieux, et même d'hommes, que jamais l'aveugle antiquité n'en immola à ces fausses divinités », etc. (*l. c.*, p. 395).

par le constant renouvellement des besoins de la
vie. Pour pouvoir acheter sans vendre, il a fallu
qu'il vendît sans acheter. En effet, la circulation
M-A-M n'est que l'unité évolutive de la vente et
de l'achat en tant qu'elle est à la fois le procès
perpétuel de leur scission. Pour que l'argent coule
constamment sous forme de numéraire, il faut que
le numéraire se coagule sans cesse en argent. Le
cours continu du numéraire est conditionné par son
accumulation continuelle en grande ou petite quantité dans les fonds de réserve qui de toutes parts
proviennent de la circulation tout ensemble et la
conditionnent ; des fonds de réserve de numéraire
dont la constitution, la distribution, la dissolution
et la reconstitution changent constamment, dont
l'existence disparaît toujours et dont la disparition
subsiste. Cette transformation incessante du numéraire en argent et de l'argent en numéraire,
Adam Smith l'exprime ainsi : chaque possesseur de marchandises doit toujours avoir en réserve, à côté de la marchandise particulière qu'il
vend, une certaine somme de la marchandise générale avec laquelle il achète. Nous avons vu que
dans la circulation M-A-M, le second membre A-M
s'éparpille en une série d'achats qui ne s'effectuent
pas en une seule fois mais successivement dans le
temps, de façon qu'une portion de A circule à titre
de numéraire pendant que l'autre repose sous
forme d'argent. L'argent ici n'est en fait que du *numéraire en suspens*, et les parties constituantes de

la masse du numéraire qui circule varient toujours et apparaissent tantôt sous une forme, tantôt sous une autre. La première métamorphose du moyen de circulation en argent ne représente donc qu'un mo‑ment technique du cours monétaire lui-même (1).

La forme primitive de la richesse est celle du superflu ou de l'excédent, la partie des produits qui n'est pas immédiatement requise comme va‑leur d'usage, ou bien encore la possession de pro‑duits dont la valeur d'usage dépasse le cadre du simple nécessaire. Nous avons vu en considérant la transition de la marchandise à l'argent que ce superflu ou excédent des produits constitue, à un stade peu développé de la production, la sphère pro‑prement dite de l'échange des marchandises. Les produits superflus deviennent des produits échan‑geables ou des marchandises. La forme d'existence adéquate de ce superflu est l'or et l'argent; c'est la première forme sous laquelle la richesse est fixée comme richesse sociale abstraite. Les mar‑

---

(1) Boisguillert flaire dans la première immobilisation du *perpetuum mobile*, c'est-à-dire dans la négation de son existence fonctionnelle comme moyen de circulation, son existence indépendante vis-à-vis des marchandises. « L'ar‑gent, dit-il, doit être dans un mouvement continuel, ce qui ne peut être que tant qu'il est meuble, mais sitôt qu'il devient immeuble tout est perdu ». *Le Détail de la France*, p. 231. Il ne remarque pas que cet arrêt est la condi‑tion de son mouvement. Ce qu'il veut en réalité, c'est que la forme valeur des marchandises apparaisse comme forme purement évanescente de leur échange de matière, sans se fixer jamais comme but en soi.

chandises peuvent non seulement être conservées
ous la forme d'or et d'argent, c'est-à-dire dans la
matière de la monnaie, mais l'or et l'argent sont
de la richesse sous forme préservée. Toute valeur
d'usage, comme telle, sert parce qu'elle est con-
sommée, c'est-à-dire anéantie. Mais la valeur
d'usage de l'or qui sert de monnaie consiste à être
le support de la valeur d'échange, à être, comme
matière première amorphe, la matérialisation du
temps de travail général. Dans le métal amorphe
la valeur d'échange possède une forme impérissable. L'or ou l'argent, ainsi immobilisé sous forme
de monnaie, constitue le *trésor*. Chez les peuples
où la circulation est exclusivement métallique,
ainsi que chez les anciens, tout le monde thésau-
rise, de l'individu jusqu'à l'Etat qui garde son
trésor d'Etat. Dans les temps plus reculés ces trésors, sous la garde des rois et des prêtres, servent
plutôt à porter témoignage de leur puissance. En
Grèce et à Rome la politique commande de constituer des trésors publics considérés comme la
forme toujours sûre et accessible du superflu.
Le rapide transport de pareils trésors d'un pays
dans un autre par les conquérants, et leur épanchement partiel et subit dans la circulation, constituent une particularité de l'économie antique.

Etant du *temps de travail concrété,* l'or est garant de sa propre grandeur de valeur ; étant la
matérialisation du temps de travail *général*, le procès de la circulation lui est garant de son effica-

cité constante comme valeur d'échange. Par le simple fait que le possesseur de marchandises peut fixer la marchandise sous son aspect de valeur d'échange ou fixer la valeur d'échange elle-même sous forme de marchandise, l'échange des marchandises, dans le but de les recouvrer sous l'aspect transformé de l'or, devient le motif propre de la circulation. La métamorphose de la marchandise M-A s'accomplit pour l amour de sa métamorphose, afin de la convertir de richesse naturelle particulière en richesse sociale générale. Au lieu de l'échange de la matière, c'est le changement de la forme qui devient but en soi. De la simple forme la valeur d'échange se tourne en le contenu du mouvement. La marchandise ne se maintient comme richesse, comme marchandise, qu'autant qu'elle se maintient dans la sphère de la circulation et elle ne se maintient dans cet état fluide qu'autant qu'elle se solidifie en argent ou en or. Elle demeure en flux comme cristal du procès de circulation. Cependant l'or et l'argent ne se fixent eux-mêmes sous forme de monnaie qu'autant qu'ils ne sont pas moyens de circulation. *Ils deviennent monnaie comme non-moyens de circulation.* Retirer la marchandise de la circulation sous la forme de l'or est donc l'unique moyen de la maintenir constamment dans la sphère de la circulation.

Le possesseur de marchandises ne peut remporter de la circulation sous forme de monnaie que ce qu'il lui apporte sous forme de marchandises.

Vendre sans cesse, lancer continuellement des marchandises dans la circulation, est la première condition de la thésaurisation du point de vue de la circulation des marchandises. D'autre part, la monnaie disparaît continuellement comme moyen de circulation dans le procès de circulation lui-même parce qu'elle se réalise continuellement en valeurs d'usage et se résout en jouissances éphémères. Il faut donc l'arracher au courant dévorant de la circulation ou il faut arrêter la marchandise dans sa première métamorphose et empêcher la monnaie de remplir sa fonction de moyen d'achat. Le possesseur de marchandises qui est maintenant devenu thésauriseur doit vendre le plus possible et acheter le moins possible, ainsi que l'enseignait déjà le vieux Caton : *patrem familias vendacem non emacem esse.* Si l'assiduité au travail est la condition positive, l'épargne est la condition négative de la thésaurisation. Moins on soustrait à la circulation l'équivalent de la marchandise sous forme de marchandise particulière ou valeurs d'usage, plus on en soustrait sous forme d'argent ou de valeurs d'échange (1). L'appropriation de la richesse sous sa forme générale implique donc le renoncement à la richesse dans sa réalité substantielle. Le mobile agissant de la thésaurisation est

____

(1) « The more the stock is increased in wares, the more it decreaseth in treasure » (Plus le stock s'accroît en marchandises, plus il diminue en trésor). E. MISSELDEN, *l. c.*, p. 7.

l'*avarice* qui ne convoite pas la marchandise parce que valeur d'usage mais la valeur d'usage parce que marchandise. Pour s'emparer du superflu sous sa forme générale, il faut considérer les besoins particuliers comme du luxe et du superflu. C'est ainsi qu'en 1593 les Cortès de Valladolid firent une représentation à Philippe II, où entre autres choses il est dit : « Les Cortès de Valladolid de l'an 1586 ont prié votre majesté de ne plus permettre l'importation dans le royaume de bougies, verroterie, bijouterie, coutellerie et autres objets semblables qu'on envoie à l'étranger dans le but de changer ces objets si inutiles à la vie de l'homme contre de l'or, comme si les Espagnols étaient des Indiens. » Le thésauriseur dédaigne les jouissances terrestres, temporelles et transitoires pour courir après le trésor éternel que ne rongent ni les mites ni la rouille, qui est tout céleste et tout terrestre. « La cause générale mais éloignée, dit Misselden dans l'écrit cité, est le grand excès que fait ce pays dans la consommation de marchandises des pays étrangers qui se trouvent être des « discommodities » au lieu de « commodities », puisqu'elles nous privent des trésors qui autrement seraient importés à la place de ces jouets (toys). Nous consommons en abondance les vins d'Espagne, de France, du pays du Rhin, du Levant, les raisins secs d'Espagne, les raisins de Corinthe, les linons et les batistes de l'Hainault, les soieries d'Italie, le sucre et le tabac des Indes Orientales, les

épices des Indes occidentales ; tout cela n'est pas
pour nous un besoin absolu et néanmoins on achète
ces objets avec de l'or solide (1). » Sous la forme
d'or et d'argent la richesse est impérissable, tant
parce que la valeur d'échange existe dans l'indes-
tructible métal que notamment parce qu'on empêche l'or de prendre, comme moyen de circulation, la forme monnaie purement fugitive de
la marchandise. Le contenu périssable est sacrifié
ainsi à la forme impérissable. « Si l'impôt ôte l'argent à qui le dépense à boire et à manger et le
donne à qui l'emploie à l'amélioration de la terre,
à la pêche, aux travaux des mines, aux manufactures, ou même à qui le dépense en vêtements, il
en résulte toujours un avantage pour la communauté, car les vêtements sont moins périssables
que les aliments et les boissons. Si l'argent est dépensé en meubles, l'avantage est d'autant plus
grand, plus grand encore s'il l'est à bâtir des maisons, et le plus grand si l'on introduit de l'or et
de l'argent dans le pays, parce que, seules ces
choses ne sont pas périssables, mais sont estimées
comme richesses en tout temps et en tous lieux,
tout le reste n'est que richesse *pro hic et nunc* (2) ».
Par l'*enfouissement* de l'argent, arraché au courant de la circulation et préservé de l'échange social de la matière, il s'établit entre la richesse

(1) *L. c.*, p. 11-13, *passim*.
(2) PETTY, *Political Arith.*, *l. c.*, p. 196.

sociale, sous forme d'un trésor souterrain impérissable, et le possesseur de marchandises, des
relations particulières et secrètes. Le Dr Bernier
qui a séjourné pendant quelque temps à Delhi, à la
cour d'Aurenzebs, raconte que les marchands en-
fouissent leur argent profondément et en cachette,
surtout les païens non-mahométans qui ont entre
leurs mains presque tout le commerce et tout l'argent, « imbus qu'ils sont de la croyance que l'or et
l'argent qu'ils cachent pendant leur vie, leur ser-
vira après leur mort dans l'autre monde (1) ». Le
thésauriseur, d'ailleurs, pour peu que son ascé-
tisme soit doublé d'une énergique application au
travail, est éminemment protestant de sa religion
et encore plus puritain. « Ce qu'on ne peut nier,
c'est que acheter et vendre soient chose nécessaire,
mais si on ne peut s'en passer, on peut acheter
chrétiennement, plus spécialement les choses qui
servent aux besoins et à l'honneur, car ainsi
est-ce que les patriarches ont acheté ou vendu du
bétail, de la laine, du blé, du beurre, du lait et
d'autres biens. Ce sont dons de Dieu qu'il tire de
sa terre et partage entre les hommes. Mais le
commerce extérieur qui apporte de Calicut et des
Indes et d'autres pays, des marchandises, des
soies précieuses, de l'orfèvrerie et des épices qui
ne servent qu'à somptuosité et n'ont point d'utilité,

(1) FRANÇOIS BERNIER, *Voyage contenant la description des
états du Grand Mogol,* édition de Paris, 1830, t. I. Cf.
p. 312-14.

qui pompe l'argent du pays et des poches des gens, ne devrait pas être toléré si nous avions un gouvernement de princes. Mais de ceci je ne veux pas présentement écrire, car j'estime qu'à la fin, quand nous n'aurons plus d'argent, cela cessera de soi, de même que la goinfrerie et la parure ; aussi rien ne sert d'écrire et d'enseigner tant que nécessité et pauvreté ne nous contraignent (1). »

(1) Dr. Martin Luther, *Bücher vom Kaufhandel und Wucher*, 1524. Au même endroit Luther dit : « Gott hat uns Deutsche dahin geschleudert, dasz wir unser gold und Silber müssen in fremde Länder stoszen, alle Welt reich machen und selbst Bettler bleiben. England sollte wohl weniger Goldes haben, wenn Deutschland ihm sein Tuch liesze, und der König von Portugal sollte auch weniger haben, wenn wir ihm die Würze lieszen. Rechne Du, wie viel eine Messe zu Frankfurt aus deutschen Landen geführt wird, ohne Noth und Ursache : so wirst Du Dich wundern, wie es zugehe. dasz noch ein Heller in deutschen Landen sei. Frankfurt ist das Silber und Goldloch, dadurch aus deutschem Lande fleiszt, was nur quillet und wächst, gemünzt oder geschlagen wird bei uns : wäre das Loch zugestopft, so dürft man itzt der Klage nicht hören, wie allethalben eitel Schuld und kein Geld, alle Land und Städte ausgewuchert sind. Aber lasz gehen, es will doch also gehen : wir Deutsche müssen Deutsche bleiben ; wir lassen nicht ab, wir müssen denn. » (Dieu nous a contraints, nous autres Allemands, à lancer notre argent dans les pays étrangers, à enrichir tout le monde et à rester nous-mêmes mendiants. L'Angleterre aurait moins d'or si l'Allemagne lui laissait son drap et le roi du Portugal aussi en aurait moins si on lui laissait les épices. Compte ce que la foire de Francfort soutire sans nécessité et sans raison aux terres allemandes et tu t'étonneras et te demanderas comment il se puisse faire qu'il reste encore un liard dans les pays allemands. Francfort est le trou d'or

Aux époques où la circulation de la matière est troublée, l'enfouissement de l'argent a lieu même dans la société bourgoise développée. Le lien social sous sa forme compacte — pour l'échangiste ce lien est la marchandise et l'expression adéquate de la marchandise est l'argent — est préservé du mouvement social. Le *nervus rerum* social est enterré à côté du corps dont il est le nerf.

Mais le trésor ne serait que du métal inutile, son âme d'argent se serait envolée et il resterait comme la cendre éteinte de la circulation, comme son *caput mortuum*, s'il ne tendait pas constamment vers le retour à la circulation. L'argent ou la

et d'argent par où s'écoule du pays allemand tout ce qui germe et croît, tout ce qui est monnayé et frappé chez nous : si on bouchait le trou on n'entendrait plus comme maintenant la plainte que partout il n'y ait que pures dettes et point d'argent, que les campagnes et les villes sont dépouillées par l'usure. Mais laisse faire, cela ira tout de même ainsi. Nous, Allemands, nous devons rester Allemands. Nous n'en démordrons pas).

Misselden, dans l'ouvrage cité ci-dessus, veut au moins retenir l'or et l'argent dans le cercle de la Chrétienté. « The other forreine remote causes of the want of money, are the Trades maintained out of Christendome to Turky, Persia and the East Indies, which trades are maintained for the most part with ready money, yet in a different manner from the trades of Christendome within itselfe. For although the trades within Christendome are driven with ready monies, yet those monies are still contained and continued within the bounds of Christendome. There is indeed a fluxus and refluxus, a flood and ebbe of the monies of Christendome traded within itselfe ; for sometimes there is more in one part of Christendome, some-

valeur d'échange concrétéé est, au point de vue de
sa qualité, l'incarnation de la richesse abstraite ;
d'autre part, toute somme d'argent donnée est une
grandeur de valeur limitée quantitativement. La
limite quantitative de la valeur d'échange contredit son universalité qualitative et le thésauriseur ressent la limite comme une borne qui, de
fait, se convertit en même temps en une borne
qualitative, ou fait du trésor le représentant borné
de la richesse matérielle. L'argent, en tant qu'équivalent général, se manifeste immédiatement, nous
l'avons vu, dans une équation où lui-même forme

times there is lesse in another, as one Country wanteth
and another abowndeth : It cometh and goeth, and whir-
leth about the Circu of Christendome, but is still contained within the compasse thereof. But the money that is
traded out of Christendome into the parts aforesaid is
continually issued ovt and never returneth againe. »
(L'autre cause éloignée du manque d'argent est le commerce fait hors de la chrétienté, avec la Turquie, la Perse
et les Indes Orientales. Ce commerce s'opère pour la plupart avec de l'argent comptant, mais d'une autre manière
que ne se fait le commerce dans les limites de la Chrétienté. Car bien que le commerce s'y fasse au moyen d'argent comptant, cet argent reste enfermé toujours dans
l'enceinte de la Chrétienté. Il y a, en effet, flux et reflux,
la marée montante et descendante des monnaies de la
Chrétienté qui commerce, car parfois il s'en trouve plus
dans un endroit et moins dans un autre, selon qu'un pays
en manque et qu'un autre en abonde : l'argent court de
ça et de là et tournoie dans le cercle de la Chrétienté.
Mais l'argent avec lequel on trafique hors de la Chrétienté,
dans les pays susdits, est continuellement répandu au
dehors et ne rentre plus jamais).

un des membres et où l'interminable série des marchandises forme l'autre membre. De la grandeur de la valeur d'échange dépend la mesure dans laquelle l'argent se réalise approximativement dans une telle série infinie de marchandises et répond à son concept de valeur d'échange. Le mouvement automatique de la valeur comme valeur ne peut être, en général, que celui d'outrepasser ses limites quantitatives. Or, dès qu'une limite quantitative du trésor est franchie, il se crée une nouvelle barrière qu'il faut abattre à son tour. Ce n'est pas une limite déterminée du trésor qui apparaît comme une barrière, c'est toute limite. La thésaurisation n'a donc point de limites immanentes, point de mesure en soi, mais elle est un procès sans fin, qui, dans le résultat chaque fois obtenu, trouve un motif de son recommencement. Si le trésor ne s'accroît que parce qu'il est conservé, il n'est conservé aussi que parce qu'il s'accroît.

L'argent n'est pas seulement *un* objet de la passion de s'enrichir, il en est *l'objet par excellence* Elle est essentiellement *auri sacra fames*. La passion de s'enrichir, par opposition à la passion des richesses naturelles particulières, telles que vêtements, ornements, troupeaux, etc., ne peut exister que lorsque la richesse générale, comme telle, s'est individualisée dans un objet spécial, et peut en conséquence être fixée sous la forme d'une marchandise isolée. L'argent paraît donc être aussi

bien l'objet que la source de la passion de s'enrichir (1). Au fond, c'est la valeur d'échange comme
telle et partant son accroissement qui devient le
but final. L'avarice tient captif le trésor en em-
pêchant la monnaie de devenir moyen de circulation, mais la soif de l'or maintient l'âme de monnaie du trésor en constante affinité avec la circulation.

Or, l'activité, grâce à laquelle le trésor se
constitue, consiste d'une part à retirer l'argent
de la circulation par la vente répétée sans cesse,
d'autre part, à simplement emmaganiser, *accumuler*. Ce n'est, en effet, que dans la sphère de
la circulation simple et sous la forme de la thésaurisation, que se produit l''accumulation de la
richesse comme telle, tandis que les autres soi-
disant formes de l'accumulation, nous le verrons
plus tard, ne sont dénommées ainsi que par abus,
parce qu'on a dans la mémoire l'accumulation simple
de l'argent. Toutes les autres marchandises sont ou
bien amassées en qualité de valeurs d'usage, et la
manière de leur entassement est déterminée alors
par la particularité de leur valeur d'usage : l'amon-
cellement des céréales, par exemple, exige des dispositions préparatoires spéciales : si j'agglomère

______

(i) « A nummo prima origo avaritiæ... hæc paulatim exar-
sit rabie quadam, non jam avaritia, sed fames auris ».
PLIN., *Hist. nat.*, I, XXXIII, c. XIV (L'argent est la source
première de l'avarice... celle-ci se tourne en une espèce
de rage qui n'est plus de l'avarice mais la soif de l'or.)

des moutons je me fais berger, l'agglomération
d'esclaves et de terres nécessite des rapports de
domination et d'assujettissement : l'approvision-
nement de la richesse particulière exige des procès
particuliers, distincts du simple acte de l'accumulation lui-même, et développe des côtés particuliers
de l'individualité. Ou bien la richesse sous la forme
de marchandises est accumulée à titre de valeur
d'échange, et alors l'accumulation est une opération commerciale ou spécifiquement économique.
Celui qui l'accomplit devient grainetier, marchand
de bestiaux, etc. L'or et l'argent sont de la monnaie
non grâce à une activité quelconque de l'individu
qui les amasse, mais parce qu'ils sont des cris-
taux du procès de la circulation qui s'accomplit
sans la coopération de l'individu. Tout son travail
consiste à les mettre de côté, à entasser poids sur
poids, une activité sans contenu qui, appliquée
aux autres marchandises, les déprécierait (1).

(1) Horace n'entend donc rien à la philosophie de la
thésaurisation quand il dit (*Sat.* I, II, *Sat.* III) :

« Siquis emat citharas, emptas comportet in unum
Nec studio citharæ, nec Musæ deditus ulli ;
Si scalpra et formas, non sutor ; nautica vela,
Aversus mercaturis ; delirus et amens
Undique dicatur merito. Qui discrepat istis,
Qui nummos aurumque recondit, nescuis uti
Compositis, metuensque velut contingere sacrum ?

(Qu'un homme sans disposition pour la musique, sans
goût pour aucune des Muses, achète des cithares et s'en
forme un magasin, ou s'entoure de tranchets et de formes

Notre thésauriseur apparaît comme le martyre de la valeur d'échange, saint ascète juché sur le faîte de sa colonne de métal. Il ne se soucie de la richesse que sous la forme sociale, et c'est pourquoi il l'ensevelit et la dérobe à la société. Il recherche la marchandise sous la forme où elle peut toujours circuler, c'est pourquoi il la retire de la circulation. Il s'enthousiasme pour la valeur d'échange et c'est pourquoi il n'échange point. La forme fluide de la richesse et sa pétrification, l'élixir de vie et la pierre philosophale s'entremêlent dans une folle alchimie. Parce qu'il veut satisfaire tous les besoins sociaux, à peine s'il accorde à sa nature le nécessaire. Parce qu'il veut fixer la richesse dans sa corporéité métallique, elle se volatilise pour lui jusqu'à n'être plus qu'un pur fantôme cérébral. En fait, l'entas-

sans être cordonnier, ou enfin de voiles et d'agrès quand il est étranger au commerce, on criera de toutes parts au fou, à l'insensé et ce n'est pas à tort. Mais ne leur ressemble-t-il pas, l'avare qui enfouit ses écus et son or, qui, sans savoir se servir des trésors qu'il accumule, se croirait sacrilège d'y toucher?) *Œuvres* d'Horace. Traduction de la collection Panckoucke).

M. Senior s'y entend mieux : « L'argent paraît être la seule chose dont le désir est universel, et il en est ainsi parce que l'argent est une *richesse abstraite* et parce que les hommes en la possédant peuvent satisfaire tous leurs besoins, de quelque nature qu'ils soient. » *Principes fondamentaux de l'Econ. pol.*, traduit par le comte Jean Arrivabene, Paris, 1836, p. 221. Ou encore Storch : « Puisque l'argent représente toutes les richesses, il suffit de l'accumuler pour se procurer toutes les sortes de richesses existant dans le monde » (*l. c.*, t. II, p. 134).

sement de l'argent pour l'argent est la forme barbare de la production pour la production, c'est-à-dire le développement des forces productives au delà des limites des besoins coutumiers. Moins la production des marchandises est développée, plus est importante la première cristallisation de la valeur d'échange en argent, la thésaurisation, laquelle pour cette raison joue un grand rôle chez les peuples anciens, en Asie jusqu'à l'heure présente, et chez les peuples agricoles modernes où la valeur d'échange ne s'est pas encore emparée de tous les rapports de la production.

Nous allons examiner la fonction spécifiquement économique de la thésaurisation dans l'enceinte de la circulation métallique elle-même, mais nous ferons mention d'abord d'une autre forme de thésaurisation.

Toute abstraction faite de leurs propriétés esthétiques, les marchandises en or et en argent, étant composées de la matière qui est la matière de la monnaie, sont convertibles en monnaie, de même que la monnaie d'or ou les lingots d'or sont convertibles en ces marchandises. C'est parce que l'or et l'argent sont la matière de la richesse abstraite que l'étalage suprême de la richesse consiste à s'en servir dans la forme des valeurs d'usage concrètes, et si le possesseur de marchandises cache son trésor, il se sent poussé à paraître, partout où cela se peut faire avec sécurité, un *hombre rico* aux yeux des autres marchands. Il se dore lui et sa maison (1). En Asie, notamment dans l'Inde, où la thésaurisation n'est pas, ainsi que dans l'économie bourgeoise, une fonction subordonnée du mécanisme de la production totale, mais où la richesse, sous cette forme, est le but final, les marchandises d'or et d'argent ne sont proprement qu'une forme esthétique des trésors. Dans l'Angleterre du Moyen Age les marchandises d'or et d'argent, parce que leur valeur n'était que peu augmentée par le travail grossier qu'on y avait ajouté, étaient considérées légalement comme de simples formes de trésor. Elles étaient destinées à être jetées de nouveau dans la circulation et leur finesse était par conséquent prescrite tout comme celle du numéraire lui-même. L'emploi croissant de l'or et de l'argent pour les objets de luxe avec la richesse croissante, est une chose si simple que les anciens la comprenaient (2) parfaitement, tandis que les économistes modernes ont établi la fausse proposition : que l'usage des marchandises d'or et d'argent n'augmente pas proportionnellement à l'accroissement des richesses, mais seulement proportionnellement

(1) Pour montrer à quel point l'homme intime (the inner man) chez le possesseur de marchandises reste le même, alors même qu'il s'est civilisé et épanoui en capitaliste, il suffit de citer l'exemple d'un représentant londonnais d'une maison de Banque cosmopolite. Cet individu a fait encadrer et appendre au mur, comme blason familiale approprié, un billet de banque de 100.000 £. La pointe ici est dans le regard hautain et railleur que jette le billet sur la circulation.

(2) Cf. le passage de Xénophon cité plus bas.

à la dépréciation des métaux précieux. C'est pourquoi leurs indications, exactes quant à l'emploi de l'or californien et australien, montrent toujours une lacune, parce que la consommation accrue de l'or, comme matière première, n'est pas justifiée dans leur imagination par une baisse correspondante de sa valeur. En 1810 à 1830, la moyenne de la production annuelle des métaux précieux avait diminué de plus de la moitié par suite de la lutte des colonies américaines contre l'Espagne et de l'interruption dans le travail des mines causée par les révolutions. La diminution des espèces circulantes en Europe représentait près de 1/6, si l'on compare les années 1829 et 1809. Quoique la quantité de la production eût donc diminué et que les frais de production eussent augmenté, si tant est qu'ils aient varié, la consommation des métaux précieux sous la forme d'objets de luxe augmenta néanmoins d'une façon extraordinaire ; en Angleterre, pendant la guerre déjà, sur le continent depuis la paix de Paris. Elle allait en croissant avec l'accroissement de la richesse générale (1). On peut poser comme une loi générale, que la conversion de la monnaie d'or et d'argent en objets de luxe prédomine dans les temps paisibles, et que leur conversion en lingots, ou bien en espèces, a lieu à des périodes orageuses (2).

(1) Jacob, *l. c.*, t. II, ch. xv et xvi.
(2) « In times of great agitation and insecurity, especially during internal commotions or invasions, gold and

Combien est considérable la proportion du trésor d'argent et d'or existant sous la forme d'articles de luxe, au métal précieux servant de monnaie, appert du fait qu'en 1829 la proportion en Angleterre était, d'après Jacob, comme 2 à 1, et que dans toute l'Europe et en Amérique il y avait 1/4 de plus de métal précieux sous forme d'objets de luxe que sous forme de monnaie.

Nous avons vu que le cours de la monnaie n'est que la manifestation de la métamorphose des marchandises ou du changement de forme, par où s'accomplit l'échange social de la matière. Il fallait donc qu'avec les variations de la somme des prix des marchandises circulantes, ou l'extension de leurs métamorphoses simultanées d'une part, et la rapidité chaque fois de leur changement de forme de l'autre, il y eut expansion et contraction de la quantité de l'argent circulant, ce qui est possible seulement à la condition que la quantité totale de l'argent dans un pays soit en un rapport qui varie toujours à la quantité de l'argent circulant. La thésaurisation remplit cette condition. Si les prix

silver articles are rapidly converted into money; whilst during periods of tranquillity and prosperity, money is converted into plate and jewellery » (t. II, p. 367, *l. c.*) (Aux époques de troubles et d'insécurité et spécialement pendant les commotions intérieures et les invasions, les objets en or et en argent sont rapidement convertis en monnaie tandis qu'aux époques de tranquillité et de prospérité la monnaie est convertie en vaisselle d'or et d'argent et en bijoux.

baissent ou si la rapidité de la circulation augmente, les réservoirs des trésors absorbent la partie de l'argent retirée de la circulation ; si les prix montent ou si la rapidité de la circulation diminue, les trésors s'ouvrent et refluent en partie vers la circulation. Le figement de l'argent circulant en trésor, et l'épanchement des trésors dans la circulation est un mouvement oscillatoire continuellement changeant, et où la prédominance de l'une ou de l'autre tendance est déterminée exclusivement par les fluctuations de la circulation des marchandises. Les trésors servent ainsi de canaux de distribution et de dérivation de l'argent circulant, en sorte qu'il ne circule jamais à titre de numéraire que le quantum d'argent déterminé par les besoins immédiats 'de la circulation. Si la circulation totale prend subitement de l'extension, et si l'unité fluide de vente et d'achat prédomine, mais de manière que la somme totale des prix à réaliser s'accroît plus rapidement encore que la vitesse du cours de la monnaie, les trésors se vident à vue d'œil ; dès que le mouvement total s'arrête de façon inaccoutumée, ou que le mouvement de vente et d'achat se consolide, le moyen de circulation se fige en monnaie dans des proportions saisissantes et les réservoirs des trésors s'emplissent bien au-delà du niveau moyen. Dans les pays où la circulation est purement métallique ou qui se trouvent à un stade de production peu développé, les trésors sont infiniment éparpillés et disséminés sur toute la périphérie du pays, tandis que dans les sociétés bourgeoises développées, ils sont concentrés dans les réservoirs des banques. Il importe de ne pas confondre le trésor avec le numéraire de réserve, qui lui-même forme une partie constituante de la quantité totale de la monnaie toujours en circulation, tandis que la relation active entre le trésor et le moyen de circulation suppose la baisse ou la hausse de cette quantité totale. Les marchandises d'or et d'argent constituent, nous l'avons vu, aussi bien un canal de dérivation des métaux précieux que des sources alimentaires latentes. Dans les temps ordinaires, la première fonction seule a de l'importance pour l'économie de la circulation métallique (1).

(1) Dans le passage suivant Xénophon développe l'argent sous les formes spécifiques d'argent et de trésor : « ἐν μόνῳ τούτῳ ὧν ἐγὼ οἶδα ἔργων οὐ δὲ φθονεῖ οὐδεὶς τοῖς ἐπισκεναζομένοις... ἀργυρῖτις δὲ ὅςῳ ἂν πλείων φαίνηται, καὶ ἀργύριον πλεῖον γίγνηται, τοσούτῳ πλείονες ἐπὶ τὸ ἔργον τοῦτο ἔρχονται, καὶ γὰρ δὴ ἔπιπλα μὲν ἐπειδὰν ἱκανά τις κτήτηται τῇ οἰκίᾳ, οὐ μάλα ἔτι προσωνοῦνται· ἀργύριον δὲ οὐδεὶς πω οὕτω πολυ ἐκτήσάτο ὥστε μη ἔτι προσδεῖσθαι, ἀλλ' ἤν τισι γένηται παμπληθὲς, τὸ περιττεῦον κατορύττοντες οὐδὲν ἧττον ἥδονται ἢ χρώμενοι αὐτῷ, καὶ μὴν ὅταν γε εὖ πράττωσιν αἱ πόλεις ἰσχυρῶς οἱ ἄνθρωποι ἀργυρίου δέονται, οἱ μὲν γὰρ ἄνδρες ἀμφὶ ὅπλα τε καλὰ καὶ ἵππους ἀγαθοὺς καὶ οἰκίας καὶ κατασκευὰς μεγαλοπρεπεῖς βούλονται δαπανᾶν, αἱ δὲ γυναῖκες εἰς ἐσθῆτα πολυτελῆ καὶ χρουσοῦν κόσμον τρέπονται. ὅταν δὲ αὖ νοσήσωσι πόλεις ἢ ἀφορίας καρπῶν ἢ πολέμῳ ἔτι καὶ πολὺ μᾶλλον ἀργοῦ τῆς γῆς γιγνομένης καὶ εἰς ἐπιτήδεια καὶ εἰς ἐπικουροὺς νομίσματος δέονται. » XÉN. *De Vectig.* c. IV.

(Aussi est-ce la seule entreprise où l'on ne craint pas de prodiguer le nombre des travailleurs... plus le minerai

B. Moyen de paiement.

Jusqu'ici l'argent se distinguait du moyen de circulation sous les deux formes du *numéraire suspendu* et du *trésor*. Dans la transformation passagère du numéraire en argent, la première forme reflétait le fait que le second membre de **M-A-M**, l'achat **A-M**, doit s'éparpiller, à l'intérieur d'une sphère de circulation déterminée, en une série d'achats successifs. Or, la thésaurisation consistait simplement en l'isolement de l'acte **M-A** qui n'évoluait pas à **A-M**; elle n'était que le dé-

produit et plus l'argent donne, plus on voit de gens se porter vers ce métier. Et en effet, quand on a fait l'acquisition du matériel nécessaire à un ménage, on n'achète rien en plus ; mais l'argent, jamais personne n'en possède assez pour n'en vouloir pas davantage : à ce point que ceux qui en ont beaucoup, trouvent autant de plaisir à enfouir leur superflu qu'à en user. Il y a plus : quand les villes fleurissent, c'est alors que l'on a le plus besoin d'argent : les hommes veulent se mettre en dépense pour avoir de belles armes, de bons chevaux, des maisons, un mobilier splendide ; les femmes ont l'esprit tourné vers les riches étoffes, les parures d'or. Une ville, au contraire, est-elle atteinte par la famine ou par la guerre, comme la terre alors est beaucoup moins cultivée, il faut du numéraire pour les vivres et pour les alliés). (Traduction par Eugène Talbot). Aristote dans le chap. xix, liv. I, de la *République* développe les deux mouvements opposés de la circulation, **M-A-M** et **A-M-A** sous les noms de « Économique » et « Chrématistique ». Les tragiques grecques, notamment Euripide, opposent les deux formes comme δίκη (droit) et κέρδος (profit).

veloppement indépendant de la première métamorphose de la marchandise, l'argent évolué à la forme d'apparition aliénée de toutes les marchandises, par opposition au moyen de circulation qui est le mode d'existence de la marchandise sous sa forme toujours aliénable. Numéraire de réserve et trésor n'étaient de l'argent que parce qu'ils n'étaient pas moyens de circulation et ils n'étaient pas moyens de circulation par le seul fait qu'ils ne circulaient pas. Dans la fonction où nous considérons l'argent maintenant, il circule ou entre dans la circulation, mais sans servir d'instrument de circulation. En tant que moyen de circulation l'argent était toujours moyen d'achat, maintenant il agit comme non-moyen d'achat.

Dès que par la thésaurisation l'argent corporifie la richesse sociale abstraite, devient le représentant tangible de la richesse matérielle, il acquiert dans ce caractère déterminé d'argent des fonctions particulières dans le procès de circulation. Si l'argent circule en qualité de simple moyen de circulation et partant de moyen d'achat, il est sous-entendu que marchandise et argent se trouvent en face l'un de l'autre, que la même grandeur de valeur est présente d'une manière double, à l'un des pôles sous forme de marchandise, dans la main du vendeur, à l'autre pôle sous forme d'argent, dans la main de l'acheteur. Cette existence simultanée des deux équivalents à des pôles opposés, et leur changement de place simultanée, ou leur aliénation réciproque, suppose que vendeur et acheteur n'entrent en relation que parce qu'ils sont possesseurs d'équivalents. Cependant, le procès de la métamorphose des marchandises qui crée les différentes fixités de forme de l'argent, modifie aussi les échangistes, ou modifie les caractères sociaux sous lesquels ils apparaissent les uns aux autres. Dans le procès de la métamorphose de la marchandise, le détenteur des marchandises change de peau aussi souvent que la marchandise se meut et que l'argent revêt des formes nouvelles. A l'origine les possesseurs de marchandises se confrontaient comme des échangistes ; l'un devenait vendeur, l'autre acheteur, puis, chacun alternativement acheteur et vendeur, ensuite ils devenaient thésauriseurs, enfin des gens riches. Ainsi les échangistes ne sortent pas du procès de circulation comme ils y sont entrés. De fait, les différentes formes arrêtées que revêt l'argent dans le procès de circulation ne sont que les métamorphoses cristallisées de la marchandise elle-même, lesquelles de leur côté ne sont que l'expression objective des changeantes relations sociales dans lesquelles les possesseurs de marchandises accomplissent leur échange de matière. Dans le procès de circulation se créent de nouvelles relations commerciales, et les porteurs de ces relations modifiées, les possesseurs de marchandises, acquièrent de nouveaux caractères économiques. De même que dans la circulation intérieure l'argent s'idéalise et que du simple papier, représentant de l'or, remplit la fonction de monnaie, de même ce procès donne à l'acheteur ou au vendeur qui y entre en simple représentant de monnaie ou de marchandise, c'est-à-dire qui représente de la monnaie future ou de la marchandise future, l'efficacité du vendeur ou de l'acheteur réel.

Toutes les formes auxquelles évolue l'or devenu monnaie ne sont que le déploiement des destinations renfermées dans la métamorphose des marchandises. Mais ces formes dans la circulation simple de l'argent, où l'argent était du numéraire et le mouvement M-A-M était unité évolutive, ne s'étaient pas dégagées sous un aspect indépendant, ou n'étaient que de simples virtualités comme par exemple l'arrêt de la métamorphose de la marchandise. Nous avons vu que dans le procès M-A la marchandise, en tant que valeur d'usage réelle et valeur d'échange idéale, se rapportait à la monnaie en tant que valeur d'usage seulement idéale. En aliénant la marchandise à titre de valeur d'usage, le vendeur en réalisait la valeur d'échange ainsi que la valeur d'usage de la monnaie. Inversement, en aliénant la monnaie à titre de valeur d'échange, l'acheteur réalisait sa valeur d'usage et le prix de la marchandise. En conséquence, la marchandise et la monnaie avaient changé de place. Dans sa réalisation, le procès vivant de cette opposition bi-polaire se scinde de nouveau. Le vendeur aliène réellement la marchandise et d'abord ne réalise son prix qu'idéalement. Il l'a vendu à son prix lequel cependant ne sera réalisé qu'à une époque ultérieure déterminée. L'acheteur qui achète représente de la monnaie future, tandis que le vendeur qui vend possède une marchandise présente. En ce qui concerne le vendeur, la marchandise comme valeur d'usage est réellement aliénée sans qu'elle ait été réellement réalisée comme prix ; en ce qui concerne l'acheteur, la monnaie est réellement réalisée dans la valeur d'usagé de la marchandise sans qu'elle ait été réellement aliénée comme valeur d'échange. Alors qu'autrefois c'était le signe de valeur, c'est maintenant l'acheteur lui-même qui représente symboliquement l'argent. Mais de même qu'auparavant la symbolique générale du signe de valeur entraînait la garantie et le cours forcé de l'Etat, la symbolique personnelle de l'acheteur suscite maintenant des contrats privés légalement valables entre les échangistes.

Dans le procès A–M, au contraire, l'argent peut être aliéné comme moyen d'achat réel et le prix de la marchandise être ainsi réalisé avant que la valeur d'usage de l'argent soit réalisée ou que la marchandise soit aliénée. Ceci a lieu tous les jours sous la forme de paiements faits d'avance. Et encore sous la forme où le gouvernement anglais achète l'opium des Ryots dans l'Inde et où des commerçants étrangers établis en Russie achètent une grande partie des produits russes. Mais l'argent n'est dans ces cas que moyen d'achat et n'acquiert pas une forme déterminée nouvelle (1). C'est pour quoi nous ne nous arrêtons pas à ce dernier cas mais remarquons cependant, relativement à l'aspect transformé sous lequel les deux procès A-M et M-A se présentent ici, que la différence qui paraissait imaginaire dans la circulation, devient maintenant une différence réelle, puisque dans l'une des formes la marchandise seule et dans l'autre la monnaie seule est présente, mais que dans les deux formes, seule l'extrême d'où part l'initiative est présente. De plus, les deux formes ont cela de commun que, dans l'une et l'autre, un des équivalents n'existe que dans la commune volonté de l'acheteur et du vendeur, une volonté qui les lie tous deux et qui acquiert des formes légales déterminées.

Vendeurs et acheteurs deviennent créanciers et débiteurs. Si dans son rôle de gardien du trésor, le possesseur de marchandises était un type plutôt comique, il se fait terrible maintenant, car ce n'est plus lui-même, mais son prochain, qu'il identifie avec une somme d'argent déterminée et il fait de celui-ci et non de lui-même le martyr de la valeur d'échange. De croyant il devient créancier et tombe de la religion dans la jurisprudence.

« I stay here on my bond ! »

Dans la forme modifiée M-A où la marchan-

______

(1) Le capital est naturellement avancé aussi sous forme d'argent et l'argent avancé peut être du capital, mais ce point de vue est hors de l'horizon de la circulation simple.

dise est présente et où l'argent est représenté seulement, l'argent sert d'abord de mesure des valeurs. La valeur d'échange de la marchandise est évaluée dans l'argent, considérée comme sa mesure, mais en tant que valeur d'échange mesurée contractuellement le prix n'existe pas seulement dans la tête du vendeur mais aussi comme mesure de l'obligation de l'acheteur. En second lieu, l'argent sert ici de moyen d'achat, quoiqu'il ne projette devant lui que l'ombre de son existence future. Il soutire la marchandise de la main du vendeur pour la faire passer dans celle de l'acheteur. A l'échéance du terme fixé pour l'exécution du contrat, l'argent commence à circuler, puisqu'il se déplace et passe de la main de l'ancien acheteur dans celle de l'ancien vendeur. Mais il n'entre pas en circulation en qualité de moyen de circulation ou de moyen d'achat. Telle était sa fonction avant qu'il fût présent et telle paraît être sa fonction quand il ne l'est plus. Il entre dans la circulation à titre d'unique équivalent adéquat de la marchandise, de réalisation absolue de la valeur d'échange, de dernier mot du procès d'échange, bref, comme argent et encore comme argent dans la fonction déterminée de *moyen de paiement général*. Dans cette fonction de paiement, l'argent est la marchandise absolue, mais dans l'enceinte de la circulation même et non, comme le trésor, hors d'elle. La différence entre moyen d'achat et moyen de paiement se fait très désagréablement sentir aux époques des crises commerciales (1).

A l'origine, transformer le produit en monnaie ne semble être dans la circulation qu'une nécessité individuelle pour le possesseur de marchandises, puisque son produit n'est pas pour lui une valeur d'usage mais le deviendra seulement quand il l'aura aliéné. Or, pour payer à l'échéance du terme il faut qu'au préalable il ait vendu des marchandises. Par le mouvement du procès de circulation la vente s'est transformée pour lui en une nécessité sociale. D'ancien acheteur d'une marchandise, il devient par force vendeur d'une autre marchandise, non pour acquérir de l'argent en qualité de moyen d'achat mais en qualité de moyen de paiement, la forme absolue de la valeur d'échange. Faire de la métamorphose de la marchandise en argent l'acte final, ou faire de la première métamorphose de la marchandise le but en soi, ce qui dans la thésaurisation paraissait être un caprice du possesseur de marchandises, est devenu maintenant une fonction économique. Le motif et le contenu de la vente pour payer est le contenu qui découle de la forme du procès de circulation même.

Dans cette forme de vente la marchandise effectue son déplacement et circule, tandis qu'elle ajourne sa première métamorphose, sa transfor-

(1) Luther fait ressortir la différence entre le moyen d'achat et le moyen de paiement (Note de la 2e éd. Cf. das « Kapital », Vol. I. Section I. Note 96, 4e éd., p. 99).

mation en argent. Pour le vendeur, au contraire, c'est la seconde métamorphose qui s'accomplit, c'est-à-dire que l'argent est retransformé en marchandise avant que soit accomplie la première métamorphose, avant que la marchandise ait été transformée en argent. La première métamorphose apparaît donc ici dans le temps après la seconde, et par là l'argent, qui est l'aspect de la marchandise dans sa première métamorphose, acquiert une nouvelle fixité de forme. L'argent, ou l'évolution indépendante de la valeur d'échange, n'est plus la forme médiatrice de la circulation des marchandises, mais son résultat final.

Il n'est pas besoin de démontrer en détail que de pareilles ventes à terme, où les deux pôles de vente sont séparés dans le temps, naissent spontanément de la circulation simple des marchandises. D'abord, le développement de la circulation veut que les mêmes échangistes se confrontent à plusieurs reprises comme vendeurs et acheteurs. Cette confrontation répétée ne demeure pas purement fortuite ; une marchandise est, par exemple, commandée pour un terme futur auquel elle doit être livrée et payée. Dans ce cas, la vente est effectuée idéalement, c'est-à-dire juridiquement, sans que la marchandise et la monnaie apparaissent matériellement. Les deux formes de l'argent, moyen de circulation et moyen de paiement ici, coïncident encore puisque, d'une part, marchandise et monnaie changent de place simultanément et que, d'autre part, la monnaie n'achète pas la marchandise mais réalise seulement le prix de la marchandise, vendue antérieurement. De plus, il résulte de la nature de toute une série de valeurs d'usage qu'elles ne sont pas réellement aliénées par la livraison effective, mais seulement par la cession de la marchandise pendant un temps déterminé ; ainsi, quand on abandonne la jouissance d'une maison pour un mois, la valeur d'usage de la maison n'est livrée qu'à l'expiration de cette période, quoiqu'elle ait changé de mains au commencement du mois. Puisqu'ici l'abandon effectif de la valeur d'usage et son aliénation réelle sont séparés dans le temps, la réalisation de son prix aussi a lieu plus tard que son changement de place. Enfin, les marchandises étant produites à des époques différentes et demandant une durée de temps différente pour leur production, il se trouve qu'un individu entre en scène comme vendeur alors qu'un autre ne peut pas encore se présenter comme acheteur, et parce que l'acte d'achat et de vente se renouvelle fréquemment parmi les mêmes possesseurs de marchandises, les deux moments de la vente se scindent conformément aux conditions de production de leurs marchandises. De cette façon se crée un rapport de créancier à débiteur entre les échangistes qui, bien qu'il forme la base naturelle du système du crédit, peut cependant être complètement développé avant que ce dernier existe. Il est d'ailleurs évident qu'avec le perfectionnement du système du crédit, donc de la production bourgeoise en général, la fonction de l'argent, en tant que moyen de paiement, prendra de l'extension au préjudice de sa fonction comme moyen d'achat et plus encore comme élément de thésaurisation. En Angleterre l'argent, en tant que numéraire, est confiné presqu'exclusivement dans la sphère du commerce au détail, entre producteurs et consommateurs, tandis qu'à titre de moyen de paiement il règne dans la sphère des grandes transactions commerciales (1).

(1) Malgré l'idée exagérée qu'il se fait de ses définitions doctrinaires, M. Macleod comprend si peu les rapports économiques les plus élémentaires qu'il fait dériver l'argent en général de sa forme la plus développée, celle de moyen de paiement. Il dit entre autres choses : Comme les gens n'ont pas toujours besoin de leurs services réciproques en même temps ni au même degré, « there would remain over a certain difference or amount of service due from the first to the second — debt » (il resterait une certaine différence ou une somme de service due du premier au second — dette). Le possesseur de cette dette a besoin des services d'un tiers qui n'exige pas immédiatement ceux du second et il « transfers to the third the debt due to him from the first. Evidence of debts changes so hands — currency... When a person received an obligation expressed by metallic currency, he is able to command the services not only of the original debtor, but of the whole of the industrious community » (transfère au troisième la dette que lui doit le premier. Les dettes changent ainsi de mains... circulation... Quand une personne a reçu une obligation exprimée par le cours de la monnaie, il peut commander les services non seulement du débiteur original, mais de la communauté industrieuse tout entière).

En qualité de moyen universel de paiement la monnaie devient la *marchandise universelle* des contrats — tout d'abord à l'intérieur seulement de la sphère de la circulation des marchandises (1). Mais à mesure qu'elle s'établit dans cette fonction, toutes les autres formes de paiement se résolvent peu à peu en paiements en monnaie. Le degré auquel la monnaie s'est développée comme moyen de paiement exclusif indique jusqu'à quel degré la valeur d'échange s'est emparée de la production dans son étendue et sa profondeur (2).

La quantité de la monnaie qui circule en qualité de

MACLEOD, *Theory and practice of Banking*, etc., London, 1855. V. I, ch. I.

(1) BAILEY, *loc. cit.*, p. 3. « Money is the general commodity of contracts, or that in which the majority of bargains about property, to be completed at a future time, are made ». (L'argent est la marchandise générale des contrats, celle dans laquelle se font la majeure partie des marchés (relatifs à la propriété) qui doivent se conclure plus tard.)

(2) SENIOR, *loc. cit.*, p. 221, dit : « Comme la valeur de toute chose varie dans une période de temps donnée, les gens choisissent pour moyen de paiement un objet dont la valeur varie le moins et qui conserve le plus longtemps une capacité moyenne donnée d'acheter des choses. C'est ainsi que la monnaie devient l'expression ou le représentant des valeurs ». C'est l'inverse. Parce que l'or, l'argent, etc., sont devenus monnaie, c'est-à-dire matérialisation de la valeur d'échange, dans son indépendance, ils deviennent moyens de paiement universels. C'est précisément à l'heure où la considération sur la durée de la valeur de la monnaie, mentionnée par M. Senior, entre en jeu, c'est-à-dire dans les périodes où par la force des circonstances la monnaie s'impose comme moyen de paie-

moyen de paiement est déterminée en premier lieu par le montant des paiements ; par la somme des prix des marchandises aliénées et non de celles qui devront être aliénées, comme dans la circulation simple de l'argent. Cependant la somme ainsi déterminée est modifiée doublement ; en premier lieu par la rapidité avec laquelle la même pièce de monnaie répète la même fonction ou avec laquelle la masse des paiements se manifeste comme une chaîne évoluante de paiements. A paie B, puis B paie C et ainsi de suite. La rapidité avec laquelle la même pièce de monnaie répète sa fonction de moyen de paiement dépend, d'une part, de l'enchaînement des rapports de créancier à débiteur parmi les possesseurs de marchandises, en sorte que le même possesseur de marchandises est créancier vis-à-vis de l'un, débiteur vis-à-vis de l'autre, etc., et, d'autre part, de la longueur du temps qui sépare les différents termes de paiement. Cette chaîne de paiements, ou première métamorphose supplémentaire des marchandises, diffère qualitativement de la chaîne des métamorphoses qui, dans le cours de la monnaie, revêt la forme de moyen de circulation. Cette dernière série ne fait

ment, que se découvre la fluctuation dans la valeur de la monnaie. Une telle époque était celle d'Elizabeth en Angleterre alors que Lord Burleigh et Sir Thomas Smith, en raison de la dépréciation manifeste des métaux précieux, firent passer un acte de parlement qui obligeait les Universités d'Oxford et de Cambridge à leur payer un tiers de leurs rentes foncières en blé ou en malte.

pas qu'apparaître successivement dans le temps, mais elle *devient* seulement dans cette succession. La marchandise devient monnaie, puis redevient marchandise et permet ainsi à une autre marchandise de devenir monnaie, etc. C'est parce que le vendeur devient acheteur qu'un autre échangiste devient vendeur. Cet enchaînement naît fortuitement dans le procès d'échange des marchandises. Mais que la monnaie avec laquelle A paie B passe de B à C, de C à D, etc., et cela à des intervalles de temps se succédant rapidement — dans cet enchaînement extérieur, un enchaînement social déjà existant ne fait que se montrer au jour. La même monnaie ne circule pas dans différentes mains parce qu'elle sert de moyen de paiement, mais elle circule comme moyen de paiement parce que ces différentes mains ont déjà touché dans les mains. La rapidité avec laquelle l'argent circule en qualité de moyen de paiement, mieux que la rapidité avec laquelle l'argent circule en qualité de numéraire ou de moyen d'achat, montre combien profondément les individus ont été entraînés dans le procès de circulation.

La somme des prix des achats et des ventes ayant lieu simultanément, et partant côte à côte dans l'espace, constitue la limite où la rapidité du cours peut suppléer à la masse du numéraire. Cette barrière n'existe pas pour la monnaie faisant office de moyen de paiement. S'il y a concentration dans le même endroit des paiements à effectuer simultanément, ce qui d'abord ne se produit spontanément que dans les grands foyers de la circulation des marchandises, les paiements se compensent, comme grandeurs négatives et positives, puisque A doit payer B et être payé par C, etc. La somme totale de la monnaie requise à titre de moyen de paiement sera donc déterminée, non par la somme des prix des paiements à réaliser simultanément, mais par la concentration plus ou moins grande de ceux-ci, et par la grandeur du bilan qui reste après leur neutralisation réciproque comme grandeurs négatives et positives. Des dispositions spéciales en vue de ces compensations sont prises en l'absence de tout développement du système du crédit, comme par exemple dans l'ancienne Rome. Mais nous n'avons pas à les considérer ici, pas plus que les termes de paiements généraux qui s'établissent partout dans les cercles sociaux déterminés. Remarquons seulement que l'influence spécifique qu'exercent ces termes sur les fluctuations périodiques dans la quantité de la monnaie courante n'a été examinée scientifiquement que dans ces tous derniers temps.

Pour autant que les paiements se compensent comme grandeurs positives et négatives, la monnaie réelle n'intervient pas. Elle ne se développe ici que sous sa forme de mesure des valeurs, d'une part dans les prix des marchandises, d'autre part dans la grandeur des obligations réciproques. Indépendamment de son existence idéale, la valeur d'échange n'acquiert donc pas ici une existence indépendante,

pas même celle de signe de valeur ; la monnaie
n'est qu'une monnaie de compte idéale. La fonction
de la monnaie comme moyen de paiement renferme
donc une contradiction. D'une part, pour autant
que les paiements se compensent, la monnaie ne sert
de mesure qu'idéalement ; d'autre part, pour autant que le paiement doit s'effectuer réellement, elle
entre dans la circulation non à titre de moyen de
circulation fugitif mais comme la manière d'être
statique de l'équivalent général, comme la marchandise absolue, en un mot comme monnaie. Partout donc où se sont développés la chaîne des paiements et un système artificiel de les compenser, il
arrive, à l'occasion de secousses qui arrêtent le
cours des paiements et troublent le mécanisme de
leur compensation, que l'argent soudain perd son
aspect éthéréen, chimérique, de mesure de valeur
et revêt la forme d'argent solide ou de moyen de
paiement. Lorsque la production bourgeoise est développée et que, depuis longtemps, le possesseur de
marchandises est devenu un capitaliste qui connaît
son Adam Smith et se rit avec un air de supériorité de la croyance que seuls l'or et l'argent sont
de la monnaie ou que la monnaie en général est,
à la différence des autres marchandises, la marchandise absolue, la monnaie réapparaît tout à coup,
non en qualité de médiateur de la circulation,
mais comme la seule forme adéquate de la valeur
d'échange, comme la richesse unique, exactement
tel que le conçoit le thésauriseur. Sous cet aspect

d'incarnation exclusive de la richesse, il ne se révèle pas, comme dans le système monétaire, dans la dépréciation purement imaginaire, mais dans la dépréciation et la non-valeur réelles de toute richesse matérielle. C'est là le moment particulier des crises du marché mondial qui s'appelle crise monétaire. Le *summum bonum* qu'en de pareils moments on appelle à grands cris, comme la richesse unique, c'est l'argent, l'argent comptant, et toutes les marchandises, précisément parce que ce sont des valeurs d'usage, paraissent, auprès de lui, des choses inutiles, des futilités, des jouets, ou, comme le dit notre Docteur Martin Luther, pure parure et goinfrerie. Cette subite conversion du système du crédit en système monétaire ajoute l'épouvante théorique à la panique pratique et les agents de la circulation demeurent consternés devant l'impénétrable mystère de leurs propres rapports économiques (1).

(1) Boisguillebert, qui voudrait empêcher les rapports de production bourgeois de se dresser contre les bourgeois eux-mêmes, traite avec prédilection les formes de l'argent où il n'est qu'idéal, ou qu'évanescent. C'est ainsi qu'il a traité du moyen de circulation et du moyen de paiement. Il ne voit pas, encore une fois, que l'argent se tourne immédiatement de sa forme idéale en sa réalité extérieure, que dans la mesure de la valeur, pensée seulement, l'argent solide existe déjà à l'état latent. Que l'argent, dit-il, n'est qu'une simple forme des marchandises elles-mêmes, on le voit dans le grand commerce où l'échange s'effectue sans l'intervention de l'argent après que « les marchandises sont appréciées ». *Le Détail de la France*, p. 210.

Les paiements de leur côté rendent nécessaire un fonds de réserve, une accumulation d'argent à titre de moyen de paiement. La constitution de ce fonds de réserve n'est plus, ainsi que dans la thésaurisation, une activité extérieure à la circulation, ni une simple stagnation technique des espèces comme dans la réserve du numéraire, mais l'argent doit être amassé graduellement, afin qu'on en trouve aux termes de paiements futurs déterminés. Si la thésaurisation dans sa forme abstraite, où elle signifiait enrichissement, diminue avec le développement de la production bourgeoise, la thésaurisation directement exigée par le procès de l'échange augmente, ou plutôt une partie des trésors qui se constituent dans la sphère de la circulation des marchandises est absorbée comme fonds de réserve de moyens de paiement. Plus la production bourgeoise est développée, plus ce fonds de réserve est limité au minimum nécessaire. Locke, dans son écrit sur l'abaissement du taux de l'intérêt (1), donne des éclaircissements intéressants sur la grandeur de ce fonds de réserve à son époque. Il fait voir quelle partie importante de la totalité de l'argent circulant était absorbée en Angleterre par les réservoirs des moyens de paiement, précisément à l'époque où la Banque commençait à se développer.

La loi sur la quantité de l'argent circulant, telle

____

(1) LOCKE, *loc. cit.*, p. 17-18.

qu'elle résultait de l'examen de la circulation simple de l'argent, est essentiellement modifiée par la circulation du moyen de paiement. Etant donnée la vitesse du cours de la monnaie, soit comme moyen de circulation, soit comme moyen de paiement, la somme totale de l'argent circulant dans une période de temps donnée, sera déterminée par la somme totale des prix des marchandises à réaliser, *plus* la somme totale des paiements échus à la même époque, *moins* les paiements s'annulant réciproquement par compensation. La loi générale, que la masse de la monnaie courante dépend des prix des marchandises, n'est aucunement affectée par là, puisque le montant des paiements est déterminé par les frais fixés par contrat. Ce qui ressort d'une manière frappante, c'est que, alors même que la vitesse du cours et l'économie des paiements sont supposés constantes, la somme des prix d'une masse de marchandises circulantes en une période déterminée, par exemple un jour, et la masse d'argent circulant le même jour, ne coïncident nullement ; car il circule une masse de marchandises dont le prix ne sera réalisé en argent qu'ultérieurement, et il circule une masse d'argent, à laquelle ne correspondent plus des marchandises depuis longtemps sorties de la circulation. Cette dernière masse dépendra de la grandeur de la somme des valeurs des paiements qui échoient le même jour, bien qu'ils aient été contractés à des périodes différentes.

Nous avons vu que le changement dans la valeur de l'or et de l'argent n'affecte pas leur office de mesure des valeurs ou de monnaie de compte. Ce changement toutefois acquiert une importance décisive pour l'or sous forme de trésor, car avec la hausse ou la baisse de la valeur de l'or ou de l'argent, augmente ou diminue la grandeur de valeur du trésor d'or ou d'argent. Et cette importance est plus grande encore pour la monnaie faisant office de moyen de paiement. Le paiement ne s'effectue qu'après la vente de la marchandise ; la monnaie exerce à deux périodes différentes deux fonctions différentes ; d'abord elle sert de mesure des valeurs, ensuite de moyen de paiement qui répond à ce mesurage. Si, dans cet intervalle, il y a variation dans la valeur des métaux précieux, ou dans le temps de travail qu'exige leur production, le même quantum d'or ou d'argent servant de moyen de paiement vaudra plus ou moins qu'à l'époque où il servait de mesure de valeur et où le contrat a été conclu. La fonction d'une marchandise spéciale, telle que l'or ou l'argent, comme monnaie ou valeur d'échange matérialisée, est ici aux prises avec sa nature de marchandise particulière, dont la grandeur de valeur dépend de la variation de ses frais de production. La grande révolution sociale qui amena la chute de la valeur des métaux précieux en Europe, est un fait aussi connu que la révolution inverse déterminée, dans les premiers temps de la république de l'ancienne Rome, par la hausse de la valeur du cuivre dans lequel étaient contractées les dettes des plébéiens. Sans suivre plus longtemps les oscillations de valeur des métaux précieux dans leur influence sur le système économique bourgeois, on peut constater dès maintenant que la baisse de la valeur des métaux précieux favorise les débiteurs aux dépens des créanciers, et qu'une hausse de leur valeur favorise, au contraire, les créanciers aux dépens des débiteurs.

C. La monnaie universelle.

L'or devient monnaie, distinguée du numéraire, d'abord en se retirant de la circulation sous forme de trésor, puis en y entrant comme non-moyen de circulation, enfin, en franchissant les barrières de la circulation intérieure pour remplir dans le monde des marchandises la fonction d'équivalent général. Il devient ainsi *monnaie universelle*.

De même que les mesures de poids générales des métaux précieux servaient de mesures de valeur primitives, les noms de compte de la monnaie sont, à l'intérieur du marché universel, retransformés en les noms de poids correspondants. De même que l'amorphe métal brut (*aes rude*) était la forme primitive du moyen de circulation et que la forme monnayée était elle-même, à l'origine, simple signe officiel du poids contenu dans les pièces de métal, de même le métal précieux, devenu numéraire universel, dépouille figure et empreinte et revêt à nouveau la forme indifférente de lingot ; ou si des espèces nationales, telles que, impériales russes, écus mexicains et sovereigns anglais, circulent à l'étranger, leur titre devient indifférent et leur contenu seul compte. Devenus monnaie internationale, enfin, les métaux précieux accomplissent de nouveau leur fonction primitive de moyens d'échange, laquelle, de même que l'échange des marchandises lui-même, ne prenait pas sa source dans le sein des communautés primitives mais aux points de contact des différentes communautés. Sous la forme de monnaie universelle, l'argent reprend donc sa forme primitive. Lorsqu'il se retire de la circulation intérieure, il dépouille les formes particulières nées du développement du procès de l'échange dans cette sphère particulière, il dépouille les formes locales qu'il avait revêtues quand il était étalon des prix, numéraire, monnaie d'appoint et signe de valeur.

Nous avons vu que dans la circulation intérieure d'un pays une seule marchandise sert de mesure des valeurs. Mais parce que dans un pays c'est l'or, et dans un autre c'est l'argent, qui remplit cette fonction, une double mesure des valeurs est valable sur le marché universel et la monnaie double son existence aussi dans toutes les autres fonctions. La conversion des valeurs des marchandises du prix or en prix argent, et inversement, est déterminée chaque fois par la valeur relative des deux métaux qui varie continuellement et dont la fixation, par conséquent, apparaît comme un procès continuel. Les détenteurs des marchandises de chaque sphère intérieure de circulation sont contraints d'employer alternativement de l'or et de l'argent pour la circulation extérieure et d'échanger ainsi le métal qui sert de monnaie à l'intérieur contre le métal dont ils se trouvent avoir besoin en qualité de monnaie à l'extérieur. Chaque nation emploie donc les deux métaux, l'or et l'argent, en qualité de monnaie universelle.

Dans la circulation internationale des marchandises l'or et l'argent n'apparaissent pas comme moyens de circulation, mais comme *moyens d'échange universels*. Or, le moyen d'échange universel ne fonctionne que dans les deux formes développées de *moyen d'achat* et de *moyen de paiement* dont le rapport subit une inversion cependant sur le marché mondial. Dans la sphère de circulation intérieure la monnaie, en tant qu'elle était numéraire et qu'elle représentait le médiateur de l'unité évoluante M-A-M, ou la forme purement fugitive de la valeur d'échange dans le perpétuel changement de place des marchandises, ne servait exclusivement que de moyen d'achat. C'est l'inverse sur le marché mondial. Ici l'or et l'argent sont des moyens d'achat quand l'échange de la matière n'est qu'unilatérale et que l'achat et la vente se disjoignent. Le commerce limitrophe de Kiachta, par exemple, est pratiquement et contractuellement le troc où l'argent ne sert que de mesure de

valeur. La guerre de 1857-58 décidait les Chinois
à vendre sans acheter. Alors, soudain, l'argent devint moyen d'achat. En considération des termes
du contrat, les Russes transformèrent les pièces de
cinq francs françaises en articles d'argent grossiers
qui servirent de moyens d'échange. L'argent sert
continuellement de moyen d'achat entre l'Europe
et l'Amérique d'une part, et l'Asie d'autre part, où
il se dépose comme trésor. De plus, les métaux
précieux servent de moyens d'achat internationaux
aussitôt que l'équilibre traditionnel de l'échange
de la matière, entre deux nations, est subitement
rompu ; qu'une mauvaise récolte, par exemple,
force l'une d'elle à acheter dans une proportion
extraordinaire. Enfin les métaux précieux sont
moyen d'achat international dans les pays producteurs d'or et d'argent où ils sont directement
produit et marchandise et non la forme métamorphosée de la marchandise. Plus se développe l'échange des marchandises entre les différentes sphères de circulation nationales et plus
la monnaie universelle fait office de moyen de
paiement pour équilibrer les bilans internationaux.

De même que la circulation intérieure, la circulation internationale exige une quantité toujours
changeante d'or et d'argent. Une partie des trésors accumulés sert donc dans chaque nation de
fonds de réserve de la monnaie universelle, lequel
tantôt s'emplit, tantôt se vide, suivant les oscilla-

tions de l'échange des marchandises (1). Sans
parler des mouvements particuliers qu'elle exécute
dans son va et vient entre les sphères de circulation
nationales, la monnaie universelle possède encore
un mouvement général, dont les points de départ
se trouvent aux sources de la production d'où des
fleuves d'or et d'argent s'épandent dans différentes
directions sur le marché du monde. L'or et l'argent
entrent dans la circulation universelle sous forme
de marchandises et s'échangent, proportionnellement au temps de travail qu'ils contiennent, contre
des marchandises équivalentes avant de tomber
dans les sphères de circulation intérieures. Dans
celles-ci ils apparaissent donc avec une grandeur
de valeur donnée. Toute baisse ou hausse dans
leurs frais de production affecte donc uniformément sur le marché mondial leur valeur relative,
laquelle est entièrement indépendante de la quantité d'or et d'argent qu'engloutissent les différentes
sphères de la circulation. Le fleuve métallique qui
est intercepté par chaque sphère particulière entre,
en partie, directement dans la circulation inté-

(1) « Il danaro ammassato supplisce a quella somma,
che per essere attualmente in circolazione, per l'even-
tuale promiscuità dé commerci si allontano e *sorte della
sfera della circolazione medesima* ». (L'argent accumulé
supplée à la somme qui pour être effectivement dans la
circulation et pour parer à toutes les perturbations éven-
tuelles du commerce s'éloigne et *sort de la sphère de la
circulation même*). *G. R. Carli.* Note à Verri, *Meditazioni
sulla Economia Politica*, p. 196, t. XV, Collection de *Custodi.*

rieure pour remplacer les espèces métalliques usées, en partie, il est endigué dans les différents réservoirs du numéraire, de moyens de paiement et de monnaie universelle, en partie il est transformé en articles de luxe. Le reste enfin devient trésor tout court. Lorsque la production bourgeoise est développée, la constitution des trésors est limitée au minimum qu'exigent les divers procès de la circulation pour le libre jeu de leur mécanisme. Seule la richesse laissée en friche devient ici trésor comme tel, à moins qu'il ne soit la forme momentanée d'un excédent dans le bilan des paiements, le résultat d'un arrêt de la matière et partant le figement de la marchandise dans sa première métamorphose.

Si l'or et l'argent, en tant que monnaie, sont conçus comme la marchandise générale, ils acquièrent dans la monnaie universelle la forme d'existence adéquate de la marchandise universelle. A proportion que tous les produits s'aliènent contre l'or et l'argent ils deviennent la figure métamorphosée de toutes les marchandises et partant la marchandise universellement aliénable. Ils se réalisent comme la matière du temps de travail général dans la mesure où la circulation de la matière des travaux concrets s'étend sur toute la surface de la terre. Ils deviennent l'équivalent général dans la mesure où se développe la série des équivalents particuliers qui constituent leur sphère d'échange. Parce que dans la circulation mondiale les marchandises déploient universellement leur propre valeur d'échange, la forme de celle-ci, métamorphosée en or et en argent, apparaît comme la monnaie universelle. Tandis que par leur industrie généralisée et leur commerce universel les nations d'échangistes convertissent l'or en monnaie adéquate, l'industrie et le commerce ne leur apparaissent que comme un moyen pour soustraire au marché mondial la monnaie sous forme d'or et d'argent. En tant que monnaie universelle, l'or et l'argent sont donc tout ensemble le produit de la circulation générale des marchandises et le moyen d'en étendre toujours la sphère. De même qu'à l'insu des alchimistes cherchant à faire de l'or, naquit la chimie, de même à l'insu des possesseurs de marchandises, courant après la marchandise sous sa forme enchantée, jaillissent les sources de l'industrie mondiale, du commerce mondial. L'or et l'argent aident à créer le marché du monde en ce que, conçus comme monnaie, ils anticipent son existence. Et ce qui démontre bien que leur effet magique ne se borne pas à l'enfance de la société bourgeoise, mais découle nécessairement du fait qu'aux agents du monde marchand leur propre travail social apparaît à l'envers, c'est l'influence extraordinaire qu'exerce la découverte de nouveaux pays aurifères sur le commerce mondial au milieu du XIXe siècle.

La monnaie en évoluant devient monnaie universelle et le possesseur de marchandises devient cosmopolite. Les relations cosmopolites ne sont à l'origine que les relations entre possesseurs de marchandises. La marchandise en soi et pour soi est supérieure à toute barrière religieuse, politique et linguistique. Sa langue universelle est le prix et sa communauté est l'argent. Mais en même temps que se développe la monnaie universelle, opposée au numéraire national, se développe le cosmopolitisme des échangistes comme un dogme de la raison pratique, en opposition aux préjugés héréditaires, religieux, nationaux et autres qui mettent obstacle à la circulation de la matière de l'humanité. Comme le même or qui arrive en Angleterre sous forme d'eagles américains, devient des sovereigns, puis, trois jours après, circule à Paris sous forme de louis, et au bout de quelques semaines se retrouve, transformé en ducats, à Venise, mais conserve toujours la même valeur, les possesseurs de marchandises finissent par comprendre que la nationalité « is but the guinea's stamp ». L'idée sublime dans laquelle se résout pour lui le monde entier est celle d'un marché, d'un *marché mondial* (1).

(1) MONTANARI, *Della Moneta.* (1683), *loc. cit.*, p. 40. « E cosi fattamente diffusa per tutto il globo terrestre la communicazione de'populi insieme, che pùo quasi dirsi esser il mondo tutto divinuto una sola città in cui si fa perpetua fiera d'ogni mercanzia, e dove ogni uomo di tutto ciò che la terra, gli animali e l'umana industria altrove producono, puo mediante il danaro stando in sua casa provedersi e godere. Maravigliosa invenzione ». (Les communications des peuples entre eux s'étendent à tel point sur tout le

4. *Les métaux précieux.*

Le procès de production bourgeois s'empare
d'abord de la circulation métallique comme d'un
organe transmis tout achevé lequel, bien que se
transformant peu à peu, conserve toujours cependant sa construction fondamentale. La question
de savoir pourquoi l'or et l'argent servent de
matière de la monnaie au lieu et place d'autres
marchandises ne se pose point dans les limites du
système bourgeois. Nous ne ferons donc qu'un
résumé sommaire des points les plus essentiels.

Puisque le temps de travail général lui-même
n'admet que des différences purement quantitatives,
il faut que l'objet qui devra être son incarnation spécifique soit capable de représenter des
différences purement quantitatives, l'identité,
l'homogénéité de la qualité étant supposée.
C'est la première condition pour qu'une marchandise fasse office de mesure de valeur. Si,
par exemple, j'évalue toutes les marchandises en
bœufs, peaux, céréales, etc., il me faut, par le fait,
les mesurer dans le bœuf moyen idéal, la peau

globe terrestre que l'on peut quasiment dire que le monde
entier est une seule ville où se tient une foire perpétuelle
de toutes les marchandises et où tout homme moyennant
argent et tout en restant chez soi peut s'approvisionner et
jouir de tout ce que produisent la terre, les animaux et
l'industrie humaine. Merveilleuse invention.)

moyenne idéale, puisque entre bœuf et bœuf, grain et grain, peau et peau il y a différence qualitative. L'or et l'argent, au contraire, étant des corps simples, sont toujours identiques à eux-mêmes et des quanta égaux de ces métaux représentent des valeurs de grandeur égale (1). L'autre condition que doit remplir la marchandise servant d'équivalent général, et qui découle directement de la fonction de représenter des différences purement quantitatives, est qu'on puisse la diviser en parties quelconques et réassembler ces parties de manière que la monnaie de compte puisse être représentée aussi d'une façon sensible. L'or et l'argent possèdent ces qualités à un degré supérieur.

En qualité de moyen de circulation l'or et l'argent offrent cet avantage sur les autres marchandises qu'à leur poids spécifique élevé qui représente une pesanteur relativement grande en un petit espace, correspond leur poids spécifique économique qui leur permet de renfermer beaucoup de temps de travail, c'est-à-dire une grande valeur d'échange sous un petit volume. Cela assure la

____

(1) I metalli han questo di proprio e singolare che in essi soli tutte le ragioni si riducono ad una che è la loro quantità, non avendo ricevuto della natura diversa qualità nè nell interna loro constituzione nè nell externa forma e fattura ». (Les métaux ont cette singulière propriété que tout en eux est réduit à la quantité, n'ayant reçu de la nature, ni dans leur construction interne, ni dans leur forme et façon externes, diversité de qualité). GALIANI, *loc. cit.*, p. 130.

facilité du transport, du passage d'une main dans une autre et d'un pays dans un autre, la faculté d'apparaître et de disparaître avec une égale rapidité — bref, la mobilité matérielle, le *sine qua non* de la marchandise qui doit servir de *perpetuum mobile*. dans le procès de circulation.

La haute valeur spécifique des métaux précieux, leur durabilité, leur indestructibilité relative, leur inaltérabilité à l'air, et, spécialement pour l'or, son indissolubilité dans les acides, excepté dans l'eau régale — toutes ces propriétés naturelles font des métaux précieux la matière naturelle de la thésaurisation. C'est pourquoi *Peter Martyr*, qui paraît avoir été grand amateur du chocolat, remarque en parlant des sacs de cacao qui constituaient une des monnaies mexicaines : *O felicem monetam, quæ suavem utilemque præbet humano generi potum, et a tartarea peste avaritiæ suos immunes servat possessores, quod suffodi aut diu servari nequeat (De orbe novo)* (1).

La grande importance des métaux en général, à l'intérieur du procès de production immédiat, est liée à leur fonction d'instrument de production. Indépendamment de leur rareté, la grande mollesse de l'or et de l'argent comparés avec le fer et même

---

(1) O bienheureuse monnaie, qui fournit au genre humain un doux et utile breuvage et qui donne à ses possesseurs l'immunité contre la peste infernale de l'avarice, puisqu'elle ne peut être ni enfouie ni conservée longtemps.

avec le cuivre (à l'état durci où l'employaient les anciens) empêche qu'on les utilise pour outils, et leur ôte en une grande mesure la qualité sur laquelle repose la valeur d'échange des métaux en général. Inutiles dans le procès de production immédiat, ils ne sont pas indispensables comme moyens d'existence, comme objets de consommation. Ils peuvent entrer dans le procès de circulation social en n'importe quelle quantité, sans porter préjudice aux procès de la production et de la consommation immédiats. Leur valeur d'usage individuelle n'entre pas en conflit avec leur fonction économique. D'autre part, l'or et l'argent ne sont pas seulement des objets négativement superflus, c'est-à-dire non indispensables, mais leurs qualités esthétiques font d'eux la matière naturelle du luxe, de la parure, de la somptuosité, des besoins des jours de gala, bref, la forme positive de la superfluité et de la richesse. Ils apparaissent en quelque sorte comme de la lumière solidifiée, tirée du monde souterrain ; l'argent réfléchissant tous les rayons lumineux dans leur mélange primitif, l'or réfléchissant seulement la plus haute puissance de la couleur, le rouge. Or, le sens de la couleur est la forme la plus populaire du sens esthétique en général. La connexion étymologique, dans les différentes langues indo-germaniques, des noms des métaux précieux avec les rapports des couleurs, a été démontrée par *Jacob Grimm* (Voir sa *Geschichte der deutschen Sprache*).

Enfin, la faculté que possèdent l'or et l'argent de passer de la forme de numéraire à celle de lingot, de la forme de lingot à celle d'articles de luxe et inversement; l'avantage qu'ils ont sur d'autres marchandises de n'être pas fixés en des valeurs d'usage une fois données, déterminées, font de ces métaux la matière naturelle de la monnaie qui doit perpétuellement virevolter d'une forme déterminée à une autre.

La nature ne produit point de monnaie non plus que des banquiers ni qu'un cours du change. Mais puisque la production bourgeoise doit cristalliser la richesse comme fétiche sous la forme d'un objet isolé, l'or et l'argent en sont l'incarnation adéquate. L'or et l'argent ne sont pas naturellement monnaie, mais la monnaie est naturellement or et argent. D'une part, le cristal de monnaie d'argent et d'or n'est plus seulement le produit du procès de la circulation; il est en fait son unique produit stable. D'autre part, l'or et l'argent sont des produits naturels achevés; produits de la circulation et produits naturels, ils le sont immédiatement et séparés par aucune différence formelle. Le produit général du procès social ou le procès social lui-même considéré comme un produit est un produit naturel spécial, un métal enfoui dans les entrailles de la terre et qu'on peut en extraire (1).

(1) En l'an 760, une foule de pauvres émigrés s'établirent au sud de Prague pour laver les sables aurifères, et trois hommes pouvaient en un jour extraire 3 marcs d'or.

Nous avons vu que l'or et l'argent ne peuvent pas satisfaire à la condition requise d'eux en leur qualité de monnaie, d'être une grandeur de valeur permanente. Ils possèdent toutefois, comme l'a déjà remarqué Aristote, une grandeur de valeur plus permanente que la moyenne des autres marchandises. Indépendamment de l'effet général d'une hausse ou d'une baisse des métaux précieux, les fluctuations du rapport de valeur de l'or et de l'argent sont d'une importance particulière, puisque tous deux servent côte à côte, sur le marché universel, de matière de la monnaie. Les causes purement économiques de ces fluctuations — les conquêtes et autres bouleversements politiques qui exerçaient une grande influence sur la valeur des métaux dans l'ancien monde n'agissent aujourd'hui que d'une manière locale et passagère — doivent être ramenées à la variation du temps de travail qu'exige la production de ces métaux. Ce temps de travail lui-même dépendra de leur rareté naturelle relative ainsi que de la difficulté plus ou moins grande de les obtenir à l'état de métal pur. L'or est, en effet, le premier métal que l'homme découvre. La nature elle-même le crée sous forme cristalline pure, sans combinaison chi-

Comme conséquence il y eut une affluence extraordinaire aux « diggings », et le nombre de bras enlevés à l'agriculture fut si grand que l'année suivante la famine s'abattit sur le pays. (Cf. M. G. Körner, *Abhandlungen von dem Alterthum des böhmischen Bergwerks*, Schneeberg, 1758).

mique avec d'autres corps, ou, comme disaient les
alchimistes, à l'état vierge, et la nature elle-
même, dans les grands lavages d'or des rivières, se
charge du travail technique. Le travail demandé à
l'homme, soit pour tirer l'or des rivières, soit pour
extraire l'or des terrains d'alluvion, est des plus
grossiers, tandis que la production de l'argent
suppose le travail des mines et généralement un
développement relativement grand de la technique.
Malgré sa rareté absolue moindre, la valeur ori-
ginale de l'argent est donc relativement plus
grande que celle de l'or. Aussi l'assertion de Stra-
bon que dans une tribu arabe on donnait 10 livres
d'or pour une livre de fer et 2 livres d'or pour une
livre d'argent ne paraît point du tout incroyable.
Mais dans la proportion où les forces productives
du travail social se développent et où, par conséquent, le produit du travail simple enchérit par
rapport à celui du travail compliqué, où l'on défonce
sur une plus grande étendue la croûte terrestre et
où les premières sources alimentaires de l'or se
tarissent à la surface, la valeur de l'argent tombe
par rapport à celle de l'or. A un degré donné du
développement de la technologie et des moyens de
communication, la découverte de nouveaux pays
aurifères et argentifères pèsera en dernier ressort
dans la balance. Dans l'ancienne Asie le rapport
de l'or à l'argent était 6 à 1 ou 8 à 1 ; ce dernier
rapport était encore celui en Chine et au Japon au
commencement du XIXᵉ siècle ; 10 à 1, le rapport

du temps de Xénophon peut être considéré comme le rapport moyen de la période moyenne de l'antiquité. L'exploitation des mines d'argent espagnoles par Carthage, et plus tard par Rome, exerça dans l'antiquité une action analogue à celle de la découverte des mines américaines dans l'Europe moderne. Pour l'époque de l'empire romain 15 à 16 à 1 peut être considéré comme le rapport moyen, bien qu'on rencontre fréquemment, à Rome, une plus grande dépréciation de l'argent. Le même mouvement, commençant par la dépréciation relative de l'or et finissant par l'abaissement de la valeur de l'argent, se répète à l'époque suivante qui s'étend du Moyen Age jusqu'aux temps les plus récents. Ainsi qu'au temps de Xénophon, le rapport moyen au Moyen Age est de 10 à 1 et revient à 16 ou 15 à 1 à la suite de la découverte des mines américaines. La découverte des mines d'or australiennes, californiennes et colombiennes rend vraisemblable une nouvelle baisse dans la valeur de l'or (1).

(1) Jusqu'ici les découvertes australiennes et autres n'ont point affecté le rapport de la valeur de l'or à l'argent. Les affirmations contraires de Michel Chevalier valent ce que vaut le socialisme de cet ex-Saint-Simonien. La cote de l'argent sur le marché de Londres montre, il est vrai, que le prix or moyen de l'argent de 1850 à 1858 dépasse de pas tout à fait 3 pour cent le prix de 1830 à 1850. Mais cette hausse s'explique simplement par la demande d'argent venue d'Asie. De 1852 à 1858 le prix de l'argent dans les différentes années et mois *ne varie qu'avec cette demande*, nullement avec l'arrivage de l'or des sources nou-

C. Théorie sur les moyens de circulation et sur la monnaie.

Tandis qu'au xvi⁰ et au xviii⁰ siècle, dans l'enfance de la société bourgeoise moderne, la passion universelle de l'or lançait les peuples et les princes dans des croisades au delà des mers à la recherche du Graal d'or (1), les premiers truchemans du monde moderne, les pères du système monétaire, duquel le système mercantile n'est qu'une variante, proclamèrent l'or et l'argent, c'est-à-dire la monnaie, la richesse unique. Avec raison ils déclaraient que la vocation de la société

vellement découvertes. Voici un aperçu des prix de l'argent sur le marché de Londres.

Prix de l'argent par once :

Année	Mars	Juillet	Novembre
1852	60 1/8 pence	61 1/4 pence	61 7/8 pence
1853	61 3/8 »	61 1/2 »	61 7/8 »
1854	61 7/8 »	61 3/4 »	61 1/2 »
1855	60 7/8 »	61 1/2 »	60 7/8 »
1856	60 »	61 1/4 »	62 1/8 »
1857	61 3/4 »	61 5/8 »	61 1/2 »
1858	61 5/8 »		

(1) « L'or est une chose merveilleuse ! Qui le possède est maître de tout ce qu'il désire. Au moyen de l'or on peut même ouvrir aux âmes les portes du Paradis ». Colombe, *Lettre de la Jamaïque*, 1503 (Note de la 2⁰ éd. Cf. le *Capital*, vol. I, ch. iii, p. 54, éd. française).

bourgeoise est de faire de l'argent, donc, au point de vue de la circulation simple de la marchandise, de former le trésor éternel que ne rongent ni les mites ni la rouille. Dire qu'une tonne de fer du prix de 3 £ a la même grandeur de valeur que 3 £ d'or, ce n'est pas répondre au système monétaire. Il ne s'agit pas ici de la grandeur de la valeur d'échange, mais de sa forme adéquate. Si le système monétaire et mercantile déclare que le commerce mondial et les branches spéciales du travail national qui s'embouchent directement dans le commerce mondial sont les seules sources véritables de la richesse et de l'argent, il importe de noter qu'à cette époque la plus grande partie de la production nationale affectait encore des formes féodales, et servait de source de subsistance immédiate aux producteurs eux-mêmes. Les produits, en grande partie, ne se transformaient pas en marchandises ni, par conséquent, en monnaie ; ils n'entraient pas dans l'échange social général de la matière, ils n'apparaissaient pas comme la matérialisation du travail général-abstrait, et, de fait, ils ne créaient point de richesse bourgeoise. L'argent, en tant que but de la circulation, est la valeur d'échange ou la richesse abstraite, et non un élément matériel quelconque de la richesse constituant le but déterminant et le mobile actif de la production. Ainsi qu'il convenait à ce stade primitif de la production bourgeoise, ces prophètes méconnus s'en tinrent à la forme solide, palpable et éclatante de la

valeur d'échange,à sa qualité de marchandise générale opposée à toutes les marchandises particulières.
La sphère économique bourgeoise proprement dite
de cette époque était la sphère de la circulation des
marchandises. Et c'est au point de vue de cette
sphère élémentaire qu'ils jugeaient tout le procès
compliqué de la production bourgeoise, et confon-
daient l'argent avec le capital. L'inextinguible lutte
que mènent les économistes modernes contre le
système monétaire et mercantile vient ¦de ce que
ce système ébruite d'une façon naïvement brutale
le secret de la production bourgeoise, à savoir
qu'elle est sous la domination de la valeur
d'échange. Ricardo remarque quelque part, pour
en faire, il est vrai, une fausse application, que
même aux époques de famine on importe des céréales, non parce que la nation a faim, mais parce
que le marchand de blé fait de l'argent. Dans sa
critique du système monétaire et mercantile l'économie politique pèche donc en ce qu'elle combat ce
système comme une illusion, une théorie fausse et
en ce qu'elle ne le reconnaît pas comme une forme
barbare de son propre principe fondamental. De
plus, ce système ne garde pas seulement un droit
historique mais, dans des sphères déterminées de
l'économie moderne,son plein droit de cité. A tous
les degrés du procès de production bourgeois où
la richesse revêt la forme élémentaire de la marchandise, la valeur d'échange revêt la forme élémentaire de la monnaie, et dans toutes les phases

du procès de production la richesse reprend toujours momentanément la forme élémentaire générale de la marchandise. Même dans l'économie bourgeoise lá plus développée, les fonctions spécifiques de l'or et de l'argent comme monnaie, à la différence de leur fonction comme moyen de circulation, et à l'opposé des autres marchandises, ne sont pas annulées mais seulement restreintes ; le système monétaire et mercantile conserve donc son droit. Le fait catholique que l'or et l'argent, en tant qu'incarnation immédiate du travail social et partant forme d'apparition de la richesse abstraite, confrontent les autres marchandises profanes, blesse naturellement le *point d'honneur* protestant de l'économie bourgeoise et la crainte des préjugés du système monétaire l'empêcha, pendant un temps très long, de juger les phénomènes de la circulation de la monnaie, ainsi que le montrera l'exposé qui suit.

Contrairement au système monétaire et mercantile qui ne connaît l'argent que sous sa forme fixe de produit cristallin de la circulation, il était dans l'ordre que l'économie classique le conçut d'abord sous la forme fluide de la valeur d'échange créée dans le procès même de la métamorphose des marchandises et disparaissant ensuite. La circulation des marchandises était donc conçue exclusivement sous la forme M-A-M et celle-ci, à son tour, étant conçue exclusivement comme l'unité évolutive de vente et d'achat, on oppose la monnaie sous sa forme déterminée de moyen de circulation à sa forme déterminée de monnaie en général. Si l'on isole le moyen de circulation lui-même dans sa fonction de numéraire, il se transforme, nous l'avons vu, en signe de valeur. Mais la circulation métallique étant la forme dominante de la circulation que l'économie classique trouve tout d'abord en face d'elle, elle prend la monnaie métallique pour du numéraire et le numéraire métallique pour le simple signe de valeur. Conformément à la loi de la circulation des signes de valeur, on pose la proposition, que les prix des marchandises dépendent de la masse de la monnaie circulante, mais que la masse de la monnaie circulante ne dépend pas des prix des marchandises. Chez les économistes italiens du xvii° siècle, cette opinion est énoncée plus ou moins clairement ; elle est tantôt affirmée, tantôt niée par Locke et développée avec précision dans le *Spectator* (n° du 19 octobre 1711) par Montesquieu et par Hume. Hume étant le représentant de beaucoup le plus important de cette théorie au xviii° siècle, c'est par lui que nous commencerons notre revue.

Certaines conditions étant données, une augmentation ou une diminution dans la quantité, soit de la monnaie métallique circulante, soit des signes de valeur circulante, paraît agir *uniformément* sur les prix des marchandises. Qu'il y ait hausse ou baisse de la valeur de l'or et de l'argent dans lesquels sont évaluées les valeurs d'échange des marchandises comme prix, les prix haussent ou baissent parce que leur mesure de valeur a varié et il circule plus ou moins d'or et d'argent parce qu'il y a eu hausse ou baisse des prix. Le phénomène visible est la variation des prix, — la valeur d'échange des marchandises restant la même — avec augmentation ou diminution de la quantité des moyens de circulation. Que si, d'autre part, la quantité des signes de valeur circulants monte au-dessus ou tombe au-dessous de leur niveau nécessaire, ils y sont ramenés violemment par la baisse ou la hausse des prix des marchandises. Dans les deux cas, il semble que la même cause ait produit le même effet, et Hume se tint à cette apparence.

Tout examen scientifique du rapport du nombre des moyens de circulation au mouvement des prix des marchandises doit supposer que la valeur de la matière monétaire est donnée. Hume, au contraire, étudie exclusivement des époques où il y a révolution dans la mesure des métaux précieux eux-mêmes, donc des révolutions dans la mesure des valeurs. La hausse des prix des marchandises, simultanément avec l'accroissement de la monnaie métallique depuis la découverte des mines américaines, constitue le fond historique de sa théorie, de même que la polémique contre le système monétaire et mercantile en fournit le motif pratique. L'apport des métaux précieux peut naturellement être augmenté sans que varient leurs frais de production. D'autre part, la diminution de leur valeur, c'est-à-dire du temps de travail exigé pour leur production, ne se montrera en premier lieu que par l'augmentation de leur apport. Ainsi donc, disaient les disciples de Hume, la valeur diminuée des métaux précieux se manifeste dans la masse croissante des moyens de circulation et la masse croissante des moyens de circulation se constate dans la hausse des prix des marchandises. Mais ce qui augmente, en fait, ce sont les prix des marchandises exportées lesquelles s'échangent contre l'or et l'argent en tant que marchandises et non en tant que moyens de circulation. Aussi le prix des marchandises qui sont évaluées en or et en argent de valeur diminuée, s'élève-t-il par rapport à toutes les autres marchandises dont la valeur d'échange continue à être évaluée en or et en argent selon l'étalon de leurs anciens frais de production. Cette double évaluation des valeurs d'échange des marchandises dans le même pays ne peut naturellement être que temporaire, et les prix or ou argent doivent se compenser dans des proportions déterminées par les valeurs d'échange elles-mêmes, de manière qu'en fin de compte les valeurs d'échange de toutes les marchandises sont estimées conformément à la nouvelle valeur de la matière de la monnaie. Ce n'est pas ici le lieu de développer ce procès ni d'examiner comment la valeur d'échange des marchandises s'établit au sein des fluctuations des prix du marché. De nouvelles recherches critiques sur le mouvement des prix des marchandises au XVIe siècle ont démontré d'une manière frappante que cette compensation est très graduelle (1) aux époques où la production bourgeoise est peu développée, et s'étend sur de longues périodes, mais qu'en tout cas, elle ne marche pas du même pas que l'augmentation de la monnaie courante. Sans pertinence aucune sont les références, chères aux disciples de Hume, à la hausse des prix dans l'antique Rome par suite de la conquête de la Macédoine, de l'Egypte et de l'Asie Mineure. Le brusque et violent transport d'un pays dans un autre des trésors d'argent emmagasinés qui était propre au monde antique, la réduction temporaire, dans un pays donné, des frais de production des métaux précieux par le simple procédé du pillage, n'affectent pas pus les lois immanentes de la circulation de l'argent que la distribution gratuite à Rome du blé égyptien ou sicilien n'affecte la loi générale qui règle le prix du blé. Les matériaux qu'exige une observation détaillée du cours de la monnaie ; une histoire exacte des prix des marchandises d'une part, et, d'autre part, des statistiques officielles suivies sur l'expansion et la contraction du moyen circulant, l'afflux et l'écoulement des métaux précieux, etc. ; ces matériaux, qui ne s'accumulent que lorsque la banque est pleinement développée, ont manqué à Hume ainsi qu'à tous les autres écrivains du xviiie siècle. La théorie de

____

(1) Hume admet d'ailleurs que cette compensation est graduelle, bien que cela ne s'accorde guère avec son principe. Cf. DAVID HUME, *Essays and treatises on several subjects,* éd. London, 1777, vol. I, p. 300.

la circulation de Hume peut se résumer dans les propositions suivantes : 1° Les prix des marchandises dans un pays sont déterminés par la masse d'argent qui s'y trouve (argent réel ou symbolique) ; 2° l'argent circulant dans un pays représente toutes les marchandises qui s'y trouvent. Dans la proportion dans laquelle croît le nombre des représentants, c'est-à-dire de l'argent, il revient plus ou moins de la chose représentée à chaque représentant particulier ; 3° si les marchandises augmentent, leurs prix diminuent ou la valeur de l'argent monte. Si l'argent augmente, c'est inversement le prix des marchandises qui monte et la valeur de l'argent qui tombe (1).

« La cherté de tout, dit Hume, en conséquence d'une surabondance d'argent est un désavantage pour tout commerce établi, en ce qu'elle permet aux pays plus pauvres de supplanter les plus riches sur tous les marchés étrangers (2), par la vente au rabais des marchandises. A considérer une nation en elle-même, la rareté ou l'abondance du numéraire pour compter ou pour représenter les marchandises ne peut exercer aucune influence, bonne ou mauvaise, pas plus que le bilan d'un commerçant ne serait altéré si, dans la comptabilité, il employait le système de compter arabe qui demande peu de chiffres, au lieu du système romain qui en

(1) Cf. Steuart, *l. c.*, t. I, p. 394-400.
(2) David Hume, *l. c.*, p. 300.

exige un nombre plus considérable. Une quantité d'argent plus grande pareille aux chiffres romains est plutôt un embarras et donne plus de peine tant pour la conservation que pour le transport (1). » Pour prouver quoi que ce soit, Hume aurait dû montrer que dans un système *donné* de numération la masse des chiffres employés ne dépend pas de la grandeur de la valeur des chiffres, mais qu'au contraire la grandeur de leur valeur dépend de la masse des caractères employés. Il est très vrai que ce n'est pas un avantage d'estimer ou de « compter » les valeurs des marchandises en or ou en argent déprécié, et c'est pour cela que les peuples ont toujours trouvé plus commode de compter en argent qu'en cuivre et en or qu'en argent, lorsque s'accroissait la somme des valeurs des marchandises circulantes. A mesure qu'ils devenaient plus riches, ils convertissaient les métaux moins précieux en numéraire subsidiaire et les plus précieux en monnaie. D'autre part, Hume oublie que pour compter les valeurs en or et en argent, il n'est pas nécessaire que l'or et l'argent soient présents. Pour lui, la monnaie de compte et le moyen de circulation se confondent, et tous deux sont du numéraire (coin). Parce qu'une variation de valeur dans la mesure des valeurs ou des métaux précieux qui servent de monnaie de compte fait hausser ou baisser les prix des marchandises et, par suite, la

____

(1) David Hume, *l. c.*, p. 303.

masse de la monnaie circulante, la vitesse du cours
étant constante, Hume conclut que la hausse ou la
baisse des prix des marchandises dépend de la
quantité de la monnaie qui circule. Le fait qu'au
XVIe et au XVIIe siècle la quantité d'or et d'argent
non seulement augmentait, mais que simultané-
ment leurs frais de production diminuaient, Hume
aurait pu le constater par la fermeture des mines
européennes. Au XVIe et au XVIIe siècle les prix des
marchandises en Europe montèrent à mesure
qu'augmentait la masse d'or et d'argent importée
d'Amérique ; donc, les prix des marchandises de
chaque pays sont déterminés par la masse d'or et
d'argent qui s'y trouve. C'était là la première
« conséquence nécessaire » de Hume (1). Au XVIe
et au XVIIe siècle, les prix ne montèrent pas
dans la même proportion qu'augmentaient les métaux précieux ; plus d'un demi-siècle s'écoula avant
qu'il se produisît *une variation quelconque* et
même alors il se passa bien du temps encore avant
que les valeurs d'échange des marchandises fussent
généralement estimées en conformité avec la valeur
diminuée de l'or et de l'argent, donc avant que la
révolution atteignît les prix généraux des marchandises. Ainsi donc, conclut Hume — qui, en parfaite
contradiction avec les principes de sa philosophie,
transforme, sans critique, des faits observés incom-
plètement en propositions générales, — ainsi donc,

(1) David Hume, *l. c.*, p. 308.

le prix des marchandises ou la valeur de la
monnaie est déterminée non par la masse absolue
de la monnaie existant dans un pays, mais plutôt
par la quantité d'or et d'argent qui entre réellement dans la circulation ; finalement, tout l'or et
l'argent qui se trouvent dans un pays doivent être
absorbés par la circulation à titre de numéraire (1).
Il est évident que si l'or et l'argent possèdent une
valeur propre, abstraction faite de toutes les autres
lois de la circulation, il ne peut circuler qu'une

(1) « It is evident that the prices do not so much depend on the absolute quantity of commodities, and that
of money, which are in a nation, as on that of the commodities, which can or may come to market, and of the
money which circulates. If the coin be locked up in
chests, it is the same thing with regard to prices, as if it
were annihilated ; if the commodities be hoarded in ma-
gazines and granaries, a like effect follows. As the money and commodities in these cases, never meet, they cannot affect each other. The whole (of prices) at last reaches
a just proportion with the new quantity of specie which is
in the. kingdom », *l. c.*, p. 307, 308, 303 (Il est évident que
les prix dépendent moins de la quantité absolue des marchandises et de celle de l'argent qui se trouvent dans un
pays que de la quantité des marchandises qui peuvent
être apportées au marché et de l'argent qui circule. Si les
espèces sont enfermées dans des caisses, l'effet est le
même en ce qui est du prix, que si elles étaient dé-
truites ; si les marchandises sont amassées dans les magasins et les greniers, l'effet est pareil. Comme dans ces
cas l'argent et les marchandises ne se rencontrent jamais,
ils ne peuvent pas agir les uns sur les autres. L'ensemble
des prix en fin de compte atteint *une juste proportion* avec
la nouvelle quantité de numéraire qui se trouve dans le
royaume).

quantité déterminée d'or et d'argent comme équivalent d'une somme de valeurs donnée de marchandises. Si toute quantité d'or et d'argent qui
peut se trouver dans un pays, doit servir de
moyen de circulation dans l'échange des marchandises, sans égard à la somme des valeurs des marchandises, l'or et l'argent ne possèdent point de valeur immanente et alors, en fait, ils ne sont point de
véritables marchandises. C'est la troisième « conséquence nécessaire » de Hume. Dans le procès de
circulation, il fait entrer des marchandises sans
prix, et de l'or et de l'argent sans valeur. Aussi ne
parle-t-il jamais de la valeur des marchandises, de
la valeur de l'or, mais seulement de leur quantité
relative. Locke déjà avait dit que l'or et l'argent
n'ont qu'une valeur purement imaginaire ou conventionnelle : la première forme brutale de la contradiction à l'assertion du système monétaire que
l'or et l'argent seuls ont une valeur véritable. Le
fait que la forme monnaie de l'or et de l'argent dérive seulement de leur fonction dans le procès
d'échange social (1) il l'interprète ainsi : qu'ils doivent leur propre valeur, et partant leur grandeur de
valeur, à une fonction sociale. L'or et l'argent sont
donc des choses sans valeur, toutefois ils acquièrent
à l'intérieur du procès de circulation une grandeur

(1) Voir Law et Franklin sur le surplus de valeur que
l'or et l'argent sont censés acquérir de leur fonction
comme monnaie. Voir aussi Forbonnais (Note de la
2e éd.).

de valeur fictive, à titre de *représentants des marchandises*. Le procès les transforme, non en monnaie, mais en valeur. Et leur valeur est déterminée par la proportion entre leur propre masse et la masse des marchandises, les deux masses devant se superposer. Alors donc que Hume fait entrer dans le monde des marchandises l'or et l'argent comme non-marchandises, il les transforme, au contraire, dès qu'ils apparaissent sous la forme déterminée de numéraire, en simples marchandises qui s'échangent contre d'autres marchandises au moyen du troc simple. Si le monde des marchandises consistait en une marchandise unique, par exemple un million de quarters de blé, on comprendrait aisément qu'un quarter s'échange contre deux onces d'or s'il existe 20 millions onces d'or, que, par conséquent, le prix des marchandises et la valeur de l'argent monte ou tombe en rapport inverse à la quantité d'argent existant (1). Mais le monde des marchandises se compose d'une infinie variété de valeurs d'usage, dont la valeur relative est nullement déterminée par leur quantité relative. Comment alors Hume se représente-t-il cet échange entre la masse des marchandises et la masse de l'or ? Il se contente de cette représentation vague et vide d'idées, que chaque marchandise, partie ali-

---

(1) Cette fiction se trouve textuellement chez Montesquieu (Note de la 2ᵉ éd.). Le passage en question est cité dans *das Kapital*, vol. I, 1ʳᵉ Section. Note 80, 4ᵉ éd., p. 88.

quote de la masse totale des marchandises, s'échange contre une partie aliquote correspondante de la masse d'or. Le mouvement évolutif des marchandises qui a sa source dans l'antinomie contenue en elles de valeur d'échange et de valeur d'usage, qui apparaît dans le cours de la monnaie et se cristallise dans les différentes formes déterminées de celle-ci, est donc éteint et à sa place apparaît l'égalisation mécanique imaginaire entre la masse de poids des métaux précieux existant dans un pays et la masse des marchandises qui s'y trouve en même temps.

Sir James Steuart commence son examen du numéraire et de l'argent par une critique circonstanciée de Hume et de Montesquieu (1). C'est lui, en effet, le premier, qui pose la question : la quantité de l'argent circulant est-elle déterminée par les prix des marchandises ou bien les prix des marchandises sont-ils déterminés par la quantité de l'argent circulant ? Quoique son exposé soit obscurci par une conception fantastique de la mesure des valeurs, par une représentation flottante de la valeur d'échange en général et par des ressouvenirs du système mercantile, il découvre les formes déterminées essentielles de l'argent ainsi que les lois générales de sa circulation, parce qu'il ne place pas mécaniquement les marchandises d'un côté et l'argent de l'autre, mais déduit effectivement les

_____

(1) Steuart, *l. c.*, t. I, p. 399 seq.

différentes fonctions des différents moments de l'échange des marchandises. « L'usage de la monnaie dans la circulation intérieure a deux fins principales : paiement de ce qu'on doit, achat de ce dont on a besoin ; tous deux réunis constituent la demande pour le paiement en espèce (ready money demands). L'état du commerce et des manufactures, le mode d'existence et les dépenses coutumières des habitants, pris dans leur ensemble, règlent et déterminent la masse de la demande pour le paiement en espèce, c'est-à-dire la masse des aliénations. Pour effectuer ces paiements multiples, il est besoin d'une certaine proportion de monnaie. Cette proportion peut augmenter ou diminuer selon les circonstances, quoique la quantité des aliénations reste la même. En tout cas la circulation d'un pays ne peut absorber qu'une quantité déterminée de monnaie (1). Le prix de marché de la marchandise est déterminé par l'opération compliquée de la demande et de la concurrence (demand and competition) qui sont entièrement indépendantes de la masse d'or et d'argent qui se trouvent dans un pays. Et que deviennent l'or et l'argent qui ne servent pas de numéraire ? Ils sont amassés sous forme de trésor ou employés dans la production d'articles de luxe. Si la masse d'or et d'argent tombe au-dessous du niveau nécessaire pour la circulation, on la remplace par de la monnaie symbolique ou l'on recourt à d'autres expé-

(1) STEUART, *l. c.*, t. II, p. 377-379 *passim*.

dients. Si un cours du change favorable apporte une surabondance de monnaie dans le pays et arrête la demande pour son exportation à l'étranger, il s'accumulera dans les coffre-forts où il est aussi inutile que s'il était resté dans les mines » (1). La deuxième loi découverte par Steuart est le reflux à son point de départ de la circulation fondée sur le crédit. Enfin il développe les effets que produit dans les différents pays la différence du taux de l'intérêt sur l'exportation et sur l'importation internationales des métaux précieux. Etant étrangers à notre thème, la circulation simple, nous n'indiquons ces deux derniers points que pour compléter notre résumé (2). La monnaie symbolique et la monnaie de crédit

(1) *L. c.*, p. 379-380 *passim*.
(2) « The additional coin will be locked up, or converted into plate... As for the paper money, as soon as it has served the first purpose of supplying the demand of him who borrowed it, it will return upon the debtor in it and become realised... Let the specie of a country, therefore, be augmented or diminished in ever so great a proportion, commodities will still rise and fall according to the principles of demand and competition, and these will constantly depend upon the inclinations of those who have property or any kind of equivalent whatsoever to give, but never upon the quantity of coin they are possessed of... Let the quantity of specie in a country be ever so low, while there is real property of any denomination in the country, and a competition to consume in those who passess it, prices will be high, by the means of barter, symbolical money, mutual prestations and a *thousand* other inventions... If this country has a communication with other nations, there must be a proportion between the prices of many kinds of merchandize there and elsewhere,

— Steuart ne distingue pas encore entre ces deux formes de la monnaie — peuvent suppléer, en qualité

and a sudden augmentation or diminution of the specie, supposing it could *of itself* operate the effects of raising or sinking prices, would be *restrained in* its operation by foreign competition », *loc. cit.*, t. I, p. 400-402. « The circulation of every country must be in proportion to the industry of the inhabitants producing the commodities which come to market... If the coin of a country, therefore, falls below the proportion of the price of industry offered to sale, inventions, like symbolical money, will be fallen upon, to provide for an equivalent for it. But if the specie be found above the proportion of industry, it will have no effect in raising prices, nor will it enter into circulation : it *will be hoarded up in treasures*... Whatsoever be the quantity of money in a nation, in correspondence with the rest of the world, there can never remain, *in circulation*, but the quantity nearly porportional to the consumption of the rich and to the labour and industry of the poor inhabitants », and this proportion is not determined « by the quantity of money actually in the country » (*loc. cit.*, p. 403-408 *passim*). « All nations will endeavour to throw their ready money, not necessary fort their own circulation, into that country where the interest of money is high with respect to their own », *loc. cit.*, t. II. p. 5. « The richest nation in Europe may be the poorest in circulating specie », *loc. cit.*, t. II, p. 6. (Le numéraire additionnel sera mis sous clef ou transformé en vaisselles d'or et d'argent... Quant au papier monnaie, dès qu'il aura servi à satisfaire la demande de celui qui l'a emprunté il retournera à qui l'a émis et sera réalisé... Que les espèces d'un pays aient donc augmenté ou diminué dans une proportion aussi grande qu'on voudra, les marchandises n'en continueront pas moins à hausser et à baisser selon les principes de la demande et de la concurrence, et celles-ci dépendront constamment des dispositions de ceux qui ont de la propriété ou des équivalents quelconques à offrir, mais jamais de la quantité du numéraire qu'ils possèdent.

de moyen d'achat ou moyen de paiement, les métaux précieux sur le marché du monde. Les billets de

Quelque petite que soit la quantité d'espèces dans un pays, aussi longtemps qu'il y a de la propriété réelle dans le pays et une concurrence chez ceux qui la possèdent, les prix seront élevés par suite du troc, de la monnaie symbolique, des prestations mutuelles et *mille* autres inventions... Si ce pays a des relations avec d'autres nations, il faut qu'il existe une proportion entre les prix de plusieurs genres de marchandises là et ailleurs et une augmentation ou une diminution subite des espèces, en admettant qu'elle pût *d'elle-même* opérer la hausse ou la baisse des prix serait *entravée* dans son action par la concurrence étrangère », *loc. cit.*, t. I, p. 400-402. « La circulation de chaque pays doit être proportionnée à l'industrie des habitants qui produisent les marchandises portées au marché... Si le numéraire d'un pays tombe au-dessous de la proportion du prix du travail à vendre, on recourra à des inventions comme la monnaie symbolique, pour fournir un équivalent du numéraire. Mais si les espèces se trouvent être au-dessus de la proportion du travail, elles n'influeront pas sur la hausse des prix et elles n'entreront pas dans la circulation. *Elles seront thésaurisées...* Quelle que soit la quantité d'argent dans un pays en relation avec le reste de l'univers, il ne peut jamais demeurer dans la circulation que la quantité à peu près proportionnelle à la consommation des riches et au travail industrieux des habitants pauvres, et cette proportion n'est pas déterminée par la quantité d'argent qui se trouve effectivement dans le pays » (*loc. cit.*, p. 403-408 *passim*).

« Toutes les nations essaieront de déverser les espèces qui ne sont pas requises par leur propre circulation dans le pays où l'intérêt de la monnaie est élevée par rapport au leur », *loc. cit.*, t. II, p. 25. « La nation la plus riche de l'Europe peut être la plus pauvre en espèces circulantes », *loc. cit.*, t. II, p. 6.

(Voir la polémique contre Steuart chez Arthur Young. Dans le *Capital*, trad. française, vol. I, section p. 51, Marx papier sont, par conséquent, la monnaie de la société tandis que l'or et l'argent sont la monnaie du monde (money of the world) (1).

C'est une particularité des nations ayant un développement « historique », au sens de l'école de droit historique, d'oublier constamment leur propre histoire. Ainsi la polémique sur le rapport des prix des marchandises à la quantité des moyens de circulation a agité continuellement le parlement pendant ce demi-siècle et a fait surgir des milliers de pamphlets grands et petits, et néanmoins Steuart est demeuré plus encore un « chien mort » que Spinoza l'avait paru à Moses Mendelson au temps de Lessing. Même le plus récent historien de la « Currency », Maclaren, transforme Adam Smith en l'inventeur de la théorie de Steuart et Ricardo en celui de la théorie de Hume (2). Tandis

dit : « La théorie de Hume, d'après laquelle « les prix dépendent de l'abondance de la monnaie », fut défendue contre Sir James Steuart et d'autres, par A. Young dans sa *Political Arithmetic*, London, 1774, pp. 112 et suiv. et dans un chapitre spécial : *prices depend on quantity of money*, p. 112 sqq. » Note de Kautsky, 2° éd.).

(1) STEUART, *loc. cit.*, t. II, p. 370. Louis Blanc transforme « la monnaie de la société», ce qui signifie tout bonnement la monnaie de l'intérieur ou nationale, en monnaie socialiste, ce qui ne signifie rien du tout, et conséquemment il fait de Jean Law un socialiste. Voir son premier volume de la Révolution Française).

(2) MACLAREN, *loc. cit.*, p. 43 seq. Le patriotisme a porté un auteur allemand (Gustav JULIUS), mort trop tôt, à opposer le vieux Busch à l'école ricardienne, comme une autorité. Busch a traduit l'anglais génial de Steuart en

que Ricardo affinait la théorie de Hume, Adam Smith enregistrait les résultats des recherches de Steuart comme des faits morts. Adam Smith a appliqué sa sentence écossaise : « Mony mickles mak a muckle » (les petits ruisseaux font les grandes rivières) à la richesse spirituelle aussi, et il prend une peine mesquine pour cacher les sources auxquelles il doit le peu dont, à la vérité, il sait tirer beaucoup. Plus d'une fois il émousse la pointe d'une question parce qu'une formule aiguë le forcerait à compter avec ses devanciers. Il en est ainsi de la théorie de la monnaie. Il adopte tacitement la théorie de Steuart lorsqu'il dit : l'or et l'argent qui se trouvent dans un pays servent en partie de numéraire, en partie ils sont accumulés comme fonds de réserve dans les pays privés de banques et comme réserves de banque dans les pays possédant une circulation de crédit, en partie ils servent de trésor pour balancer les paiements internationaux, en partie ils sont convertis en articles de luxe. Il passe sous silence la question de la quantité du numéraire circulant en considérant faussement la monnaie comme une simple marchandise (1).

patois hambourgeois et il a gâté l'original aussi souvent que possible.

(1) Ceci n'est pas exact. Adam Smith exprime correctement la loi en plusieurs endroits. Cf. le *Capital*, vol. I, section I, note 78, 4ᵉ édit., p. 87 (Note de Kautsky).

(Voici la note où Marx dit : « Dans mon livre : *Zur Kritik*, etc.. p. 183, j'ai dit qu'Adam Smith passa sous silence cette question de la quantité de la monnaie courante. Cela

Son vulgarisateur, l'insipide J.-B. Say, que les Français ont érigé en *prince de la science* — Johann Christoph Gottsched a bien érigé son Schönaich en Homère et Pietro Aretino s'est bien proclamé lui-même *terror principum et lux mundi.* — Say, avec beaucoup d'importance, a poussé jusqu'au dogme cette méprise, qui n'est pas tout à fait naïve, d'Adam Smith (1). Au reste, son attitude de polémiste à l'égard des illusions du système mer-

n'est vrai cependant qu'autant qu'il traite la question de l'argent *ex professo.* À l'occasion, par exemple dans sa critique des systèmes antérieurs d'économie politique, il s'exprime correctement à ce sujet : « La quantité de monnaie dans chaque pays est réglée par la valeur des marchandises qu'il doit faire circuler... La valeur des articles achetés et vendus annuellement dans un pays requiert une certaine quantité de monnaie pour les faire circuler et les distribuer à leurs consommateurs et ne peut en employer davantage. Le canal de la circulation attire nécessairement une somme suffisante pour le remplir et n'admet jamais rien de plus ».)

(1) Aussi la différence entre « currency » et « money », c'est-à-dire le moyen de circulation et l'argent ne se trouve-t-elle pas dans le « Wealth of Nations ». Trompé par l'impartialité apparente d'Adam Smith qui connaissait fort bien son Hume et son Steuart, l'honnête MACLAREN dit : « The theory of the dependence of prices on the extent of the currency had not as yet attracted attention ; and Doctor Smith like M. Locke, considers metallic money nothing but a commodity. » MACLAREN, *loc. cit.*, p. 44. (La théorie de la dépendance des prix de la quantité des moyens de circulation n'avait pas encore attiré l'attention, et le Docteur Smith, de même que Monsieur Locke (Locke varie dans sa manière de voir) considère la monnaie métallique comme rien d'autre qu'une marchandise).

cantile a empêché Adam Smith de concevoir objectivement les phénomènes de la circulation métallique, alors que ses considérations sur la monnaie de crédit sont originales et profondes. De même que dans les théories géologiques du xviiie siècle il y a toujours un courant inférieur qui prend sa source dans la critique ou l'apologétique de la tradition biblique du déluge, derrière toutes les théories de la monnaie du xviiie siècle il se cache une lutte sourde contre le système monétaire, le spectre qui avait veillé sur le berceau de l'économie bourgeoise et qui continuait à projeter son ombre sur la législation.

Ce n'étaient pas les phénomènes de la circulation métallique, mais plutôt ceux de la circulation des billets de banque qui, au xixe siècle, donnèrent l'impulsion aux recherches sur la nature de la monnaie. On ne remonta jusqu'aux premiers que pour découvrir les lois des derniers. La suspension des paiements en espèces de la banque d'Angleterre à partir de 1797, la hausse ultérieure des prix de beaucoup de marchandises, la baisse du prix monétaire de l'or au-dessous de son prix de marché, la dépréciation des billets de banque, notamment depuis 1809, fournirent les motifs pratiques immédiats d'une lutte au dedans du parlement et d'un tournoi théorique au dehors aussi passionné l'un que l'autre. Ce qui servait de fond historique au débat, c'étaient l'histoire du papier monnaie au xviiie siècle, le fiasco de la Banque de Law, la dépréciation, marchant de front avec la quantité croissante des signes de valeur, des billets de banque provinciaux des colonies anglaises de l'Amérique du Nord, qui se manifestait du commencement jusqu'au milieu du xviiiᵉ siècle ; plus tard, le papier-monnaie (continental bills) à cours forcé, émis par le gouvernement central de l'Amérique pendant la guerre de l'indépendance ; enfin, l'expérience faite sur une plus grande échelle encore des assignats français. La plupart des écrivains anglais de cette époque confondent la circulation des billets de banque, qui est régie par de tout autres lois, avec la circulation des signes de valeur ou des papiers d'Etat à cours forcé, et tandis qu'ils prétendent expliquer les phénomènes de cette circulation forcée par les lois de la circulation métallique, en fait ils déduisent inversement les lois de cette dernière des phénomènes de la première.

Nous laissons de côté les nombreux écrivains de la période de 1800-1809 pour porter de suite notre regard sur Ricardo parce qu'il résume ses prédécesseurs en même temps qu'il formule leurs vues avec plus de précision, et parce que la forme qu'il a donnée à la théorie de la monnaie domine jusqu'à ce jour la législation anglaise des Banques. Ricardo, de même que ses prédécesseurs, confond la circulation des billets de banque ou de la monnaie de crédit et la circulation de simples signes de valeur. Le fait qui le préoccupe c'est la dépréciation du papier-monnaie accompagnée de la hausse simultanée des prix des marchandises. Ce qu'étaient pour Hume les mines américaines, les presses à billets de papier de Threadneedle Street l'étaient pour Ricardo, et lui-même, en un endroit, identifie expressément les deux facteurs. Ses premiers écrits qui ne traitent que de la question de la monnaie paraissent à l'heure où règne la plus violente polémique entre la banque de l'Angleterre, que défendaient les ministres et le parti de la guerre, et leurs adversaires, autour desquels se groupaient l'opposition parlementaire, les whigs et le parti de la paix. Ses écrits paraissent comme les avant-coureurs directs du célèbre rapport du Bullion committee de 1810 où sont adoptées les vues de Ricardo (1). Ricardo et ses partisans qui déclarent que l'argent n'est qu'un signe de valeur s'appellent « bullionists » (les hommes des lingots d'or) et cette curieuse circonstance est due non seulement au nom de ce comité mais aussi au contenu de sa doctrine même. Dans ses ouvrages sur l'*Economie politique*, Ricardo a répété et développé les mêmes vues, mais nulle part il n'a étudié la nature de l'argent en soi, comme il l'a fait pour la valeur d'échange, le profit, la rente, etc.

Ricardo détermine d'abord la valeur de l'or et

(1) DAVID RICARDO : « *The high price of Bullion, a proof of the depreciation of Banknotes* », 4ᵉ édition, London, 1841. (La première édition parut en 1809). Et encore : *Reply to M. Bosanquet's practical observations on the report of the bullion committee.* London, 1811.

de l'argent, ainsi que celle de toutes les autres
marchandises, par le quantum de temps de travail
qu'ils concrètent (1). En eux, en tant que marchandises d'une valeur donnée sont mesurées les valeurs
de toutes les autres marchandises (2). Cette quantité
se modifie par l'économie pratiquée dans le mode
de paiement (3). La quantité de monnaie d'une
valeur donnée qui peut circuler étant ainsi déterminée, et sa valeur dans la circulation n'apparais-

(1) DAVID RICARDO : *On the principles of political economy*, etc., p. 77. « Their value (of metals) like that of all
other commodities depends on the total quantity of labour
necessary to obtain the metal and to bring it to market ».
(La valeur des métaux précieux, ainsi que celle de toutes
les autres marchandises, dépend de la quantité de travail
nécessaire pour les obtenir et pour les porter au marché).

(2) *Loc. cit.*, p. 77, 180, 181.

(3) RICARDO, *loc. cit.*, p. 421. « The quantity of money that
can be employed in a country must depend on its value :
if gold alone were employed for the circulation of commodities, a quantity would be required, one fifteenth only
of what would be necessary, if silver were made use of
for the same purpose ». (La quantité de monnaie employée
dans un pays dépend de sa valeur. Si l'or seul circulait, il
en faudrait quinze fois moins que si l'argent était seul
employé.) Voir aussi : *Proposals for an economical and secure currency* : RICARDO, London, 1816, p. 17, 18, où il
dit : « The amount of notes in circulation depends on the
amount required for the circulation of the country ; which
is regulated... by the value of the standard of money, the
amount of payments, and the economy practised in effec-
ting them ». (La quantité des billets qui circulent dépend
de la quantité qui est requise pour la circulation du pays,
et cette quantité est réglée par la valeur de l'étalon de la
monnaie, le montant des paiements et l'économie pratiquée dans leur réalisation).

sant que dans sa quantité, de simples signes de valeur, s'ils sont émis dans la proportion déterminée par la valeur de la monnaie, peuvent la remplacer dans la circulation et « la monnaie circulante est à l'état le plus parfait lorsqu'elle consiste entièrement en papier-monnaie d'une valeur égale à l'or qu'elle prétend représenter » (1). Jusqu'ici Ricardo détermine donc, la valeur de la monnaie étant donnée, la quantité des moyens de circulation par les prix des marchandises, et la monnaie, en tant que signe de valeur, est pour lui le signe d'un quantum d'or déterminé et non, comme pour Hume, le représentant sans valeur des marchandises.

Dès que Ricardo dévie de la marche unie de son exposition pour revirer à l'opinion contraire, il se tourne vers la circulation internationale des métaux précieux et embrouille ainsi le problème par l'introduction de considérations étrangères. Pour suivre son propre raisonnement intime, nous écartons tout d'abord les points incidents artificiels et nous situons les mines d'or et d'argent dans l'intérieur des pays où les métaux précieux circulent à titre de monnaie. L'unique proposition qui découle du développement antérieur de Ricardo est que, la valeur de l'or donnée, la quantité de la monnaie circulante se trouve être déterminée par les prix des marchandises. Ainsi donc, à un mo-

(1) Ricardo, *Principles of political economy*, p. 432-433.

ment donné, la masse de l'or circulant dans un pays est simplement déterminée par la valeur d'échange des marchandises qui circulent. Supposons que la somme de ces valeurs diminue, soit parce qu'on produit moins de marchandises aux anciennes valeurs, soit parce que, en conséquence d'une plus grande force productive du travail, la même masse de marchandises contient une valeur d'échange moindre. Ou supposons, inversement, que la somme des valeurs augmente parce que la masse des marchandises augmente, les frais de production restant les mêmes, ou bien parce que la valeur de la même ou d'une moindre masse de marchandises croît par suite d'une force productive du travail diminuée. Que devient dans les deux cas la quantité *donnée* du métal circulant ? Si l'or n'est de la monnaie que parce qu'il court comme moyen de circulation, s'il est contraint de stationner dans la circulation sous forme de papier monnaie à cours forcé émis par l'Etat (et c'est ce que Ricardo a dans l'idée) alors, dans le premier cas il y aura surabondance dans la quantité de monnaie circulante par rapport à la valeur d'échange du métal ; dans le second cas elle tomberait au-dessous de son niveau normal. Quoique possédant une valeur propre, l'or, dans le premier cas, deviendrait signe d'un métal d'une valeur d'échange inférieure à la sienne ; dans le dernier cas, signe d'un métal d'une valeur supérieure. Dans le premier cas il serait, comme signe de valeur, au-dessous ; dans le second cas, au-dessus de sa valeur réelle (encore une abstraction du papier-monnaie avec cours forcé). Dans le premier cas ce serait la même chose que si les marchandises étaient estimées dans un métal de valeur inférieure, dans le second que s'ils l'étaient dans un métal de valeur supérieure. Dans le premier cas les prix des marchandises hausseraient, dans le second ils baisseraient. Dans les deux cas le mouvement des prix des marchandises, leur hausse ou leur baisse, serait l'effet de l'expansion ou de la contraction relative de la masse de l'or circulant au-dessus ou au-dessous du niveau correspondant à sa propre valeur, c'est-à-dire la quantité normale qui est déterminée par le rapport de sa propre valeur à la valeur des marchandises à circuler.

Le même procès aurait lieu si la somme des prix des marchandises en circulation restait la même, mais que la masse de l'or circulant vînt à se trouver au-dessous ou au-dessus du niveau normal ; au-dessous, si les espèces d'or usées dans la circulation n'étaient pas remplacées par une nouvelle production correspondante des mines, au-dessus, si le nouveau rendement des mines avait dépassé les besoins de la circulation. Il est sous-entendu, dans les deux cas, que les frais de production de l'or, que sa valeur, restent les mêmes.

En résumé : la monnaie circulante se trouve au niveau normal quand sa quantité, la valeur des marchandises étant donnée, est déterminée par sa propre valeur métallique. La monnaie déborde, l'or tombe au-dessous de sa propre valeur métallique et les prix des marchandises montent parce que la somme des valeurs d'échange de la masse des marchandises diminue ou que le rendement des mines d'or augmente. La monnaie se contracte et tombe au-dessous de son niveau normal, l'or s'élève au-dessus de sa propre valeur métallique et les prix des marchandises baissent parce que la somme des valeurs d'échange de la masse des marchandises augmente ou que le rendement des mines d'or ne compense pas la masse d'or usée. Dans les deux cas l'or circulant est signe de valeur, d'une valeur supérieure ou inférieure à celle qu'il contient réellement. Il peut devenir un signe surestimé ou déprécié de lui-même. Dès que les marchandises auraient été estimées généralement dans cette nouvelle valeur de la monnaie et que les prix des marchandises auraient en général haussé ou baissé proportionnellement, la quantité de l'or circulant correspondrait de nouveau aux besoins de la circulation (conséquence que Ricardo fait ressortir avec une satisfaction particulière) mais elle contredirait aux frais de production des métaux précieux et partant à leur rapport comme marchandises aux autres marchandises. D'après la théorie ricardienne des valeurs d'échange en général, la hausse de l'or au-dessus de sa valeur d'échange, c'est-à-dire de la valeur déterminée par le temps de travail qu'il contient, amènerait une augmentation de la production de l'or jusqu'à ce que son abondance l'eût de nouveau abaissé à sa grandeur de valeur normale. Grâce à ces mouvements·inverses, la contradiction entre la valeur métallique de l'or et sa valeur comme moyen de circulation se compenseraient, le niveau normal de la masse d'or circulant s'établirait et la hauteur des prix des marchandises répondrait de nouveau à la mesure des valeurs (une baisse de l'or au-dessous de sa valeur déterminerait inversement une diminution de sa production jusqu'à ce qu'il fût ramené à sa grandeur de valeur exacte). Ces fluctuations dans la valeur de l'or circulant atteindraient également l'or en barre puisque, dans l'hypothèse, tout l'or qui n'est pas utilisé pour articles de luxe est mis en circulation. Puisque l'or lui-même, soit sous forme de numéraire, soit sous forme de barre, peut devenir signe de valeur d'une valeur métallique plus grande ou plus petite que la sienne propre, il va de soi que les billets de banque convertibles qui circulent, partagent le même sort. Quoique les billets de banque soient convertibles et que leur valeur réelle, par conséquent, corresponde à leur valeur nominale, la masse totale de la monnaie circulante, or et billets (the aggregate currency consisting of metal and of convertibles notes) peut être surestimée ou dépréciée suivant que leur quantité totale, pour les raisons développées plus haut, s'élève au-dessus ou s'abaisse au-dessous du niveau déterminé par la valeur d'échange des marchandises qui circulent et par la valeur métallique de l'or. A ce point de vue le papier-monnaie inconvertible n'a sur du papier convertible que cet avantage, qu'il peut être déprécié doublement. Il peut tomber au-dessous de la valeur du métal qu'il est censé représenter, parce qu'il est émis en nombre trop grand ; ou encore il peut tomber parce que le métal qu'il représente est tombé au-dessous de sa propre valeur. Cette dépréciation non du papier vis-à-vis de l'or, mais de l'or et du papier pris ensemble, ou de la masse totale des moyens de circulation d'un pays, est une des principales découvertes de Ricardo, laquelle Lord Overstone et Cie ont mise à profit et dont ils ont fait un élément fondamental de la législation sur la Banque de Sir Robert Peel.

Ce qu'il fallait démontrer, c'est que le prix des marchandises ou la valeur de l'or dépend de la masse de l'or qui circule. La démonstration consiste en ce qu'on suppose ce qui est à démontrer : que toute quantité du métal précieux qui sert de monnaie, quel qu'en soit le rapport à sa valeur intrinsèque, doit devenir moyen de circulation, monnaie, et ainsi signe de valeur des marchandises en circulation, quelle que soit la somme totale de leur valeur. En d'autres termes, la démonstration consiste à faire abstraction de toutes les fonctions de la monnaie, sauf de celle qu'elle remplit en qualité de moyen de circulation. Quand il est serré de près, ainsi que dans sa polémique avec Bosanquet,

Ricardo, entièrement dominé qu'il est par le phénomène de la dépréciation du signe de la valeur par leur quantité, se réfugie dans les affirmations dogmatiques (1).

Si Ricardo avait établi cette théorie abstraitement, comme nous l'avons fait, sans y introduire des faits concrets et des incidents qui détournent de la question, le creux de la théorie devenait frappant. Or, il donne à tout le développement une teinture *internationale*. Ce sera chose facile de lui prouver que la grandeur apparente de l'échelle ne change rien à la petitesse des idées fondamentales.

La première proposition était : la quantité de la monnaie métallique circulante est normale quand elle est déterminée par la somme des valeurs des marchandises circulantes estimée dans sa valeur métallique. Du point de vue international ceci se formule : à l'état normal de la circulation chaque pays possède une masse de monnaie qui correspond à sa richesse et à son industrie. La monnaie circule à une valeur qui répond à sa véritable valeur ou à ses frais de production ; c'est-à-dire, elle

----

(1) David Ricardo, *Reply to M. Bosanquet's practical observations*, etc., p. 49. « That commodities would rise or fall in price, in proportion to the increase or diminution of money, *I assume as a fact which is incontrovertible* ». (Que le prix des marchandises hausserait ou baisserait proportionnellement à l'accroissement ou à la diminution de la monnaie je le pose comme un fait incontestable.)

a une seule et même valeur dans tous les pays (1).
La monnaie ne serait donc jamais exportée ou importée d'un pays dans un autre(2). Un équilibre s'établirait entre les currencies (les masses totales de
la monnaie circulante) des différents pays. Le niveau
normal de la *currency* national est exprimé maintenant comme l'équilibre international des *currencies*
et, en fait, on énonce seulement que la nationalité
ne change rien à la loi économique générale. Nous
voici revenus au même point fatal. Comment le niveau normal est-il troublé ? Question qui, maintenant, se formule : Comment l'équilibre des *currencies* est-il troublé, ou comment la monnaie cesse-
t-elle d'avoir la même valeur dans tous les pays, ou
enfin, comment cesse-t-elle d'avoir dans chaque pays
sa propre valeur ? Précédemment, le niveau normal
était troublé parce que la masse d'or en circulation
augmentait ou diminuait sans qu'il y eut variation
dans la somme des marchandises, ou parce que la
quantité de la monnaie circulante restait la même
tandis que les valeurs d'échange des marchandises
haussaient ou baissaient ; à présent, le niveau international, déterminé par la valeur du métal, est
troublé parce que la masse d'or que possède un
pays s'accroît par suite de la découverte des mines

______

(1) DAVID RICARDO : *The high price of Bullion*, etc. « Money
would have the same value in all countries ». Dans son
Économie politique Ricardo a modifié cette proposition
mais non pas d'une façon à entrer en ligne de compte ici.

(2) *Loc. cit.*, p. 3-4.

d'or (1) nouvelles ou parce que la somme des valeurs d'échange des marchandises qui circulent a augmenté ou diminué dans un pays particulier. Précédemment, la production des métaux précieux diminuait ou augmentait suivant qu'il était nécessaire de contracter ou d'étendre la *currency* et d'abaisser ou d'élever les prix des marchandises, maintenant c'est l'exportation ou l'importation d'un pays à l'autre qui produit cet effet. Dans les pays où les prix auraient monté et la valeur de l'or, par suite de l'engorgement de la circulation, serait tombée au-dessous de sa valeur métallique, l'or serait déprécié par rapport aux autres pays et, par conséquent, les prix des marchandises comparés à ceux des autres pays auraient monté. On exporterait donc de l'or, on importerait des marchandises et *vice versa*. Précédemment, c'était la production de l'or qui se continuait jusqu'au rétablissement du rapport normal entre le métal et la marchandise ; maintenant, ce serait l'importation et l'exportation de l'or et, avec elles, la hausse ou la baisse des marchandises qui continueraient jusqu'à ce que l'équilibre se fût rétabli entre les *currencies* internationales. Comme dans le premier cas la production de l'or n'augmentait ou ne diminuait que parce que l'or se trouvait au-dessus ou au-dessous de sa valeur, le mouvement international de l'or n'aurait lieu que pour cette raison.

(1) *Loc. cit.*, p. 4.

Comme dans le premier cas, chaque variation dans sa production affecterait la quantité du métal circulant et partant les prix, il en serait de même maintenant pour l'importation et l'exportation. Dès que la valeur relative de l'or et de la marchandise, ou la quantité normale des moyens de circulation, serait rétablie, la production dans le premier cas, et l'exportation et l'importation dans le second cas, n'auraient plus lieu, sauf pour remplacer les espèces usées et pour satisfaire la demande pour les articles de luxe.

Il s'ensuit « que la tentation d'importer de l'or en échange de marchandises ou ce qu'on appelle un bilan défavorable ne se produit jamais que par suite d'une surabondance des moyens de circulation » (1). L'or ne serait exporté ou importé que parce qu'il serait surestimé ou déprécié suivant l'expansion ou la contraction de la masse des moyens de circulation au-dessus ou au-dessous de leur niveau normal (2). Autre conséquence : puisque, dans le premier cas, la production de l'or n'augmente ou ne diminue, dans le second cas, l'or n'est importé ni exporté que parce que sa quantité se trouve au-dessus ou au-dessous de son

______

(1) « An unfavourable balance of trade never arises but from a redundant *currency* ». RICARDO, *loc. cit.*, pp. 11-12.

(2) « The exportation of the coin is caused by its cheapness, and is not the effect but the cause of an unfavourable balance », *loc. cit.*, p. 14. (L'exportation du numéraire est causée par son bon marché et n'est point l'effet mais la cause d'un bilan défavorable.)

niveau normal, que parce qu'il est estimé au-dessus ou au-dessous de sa valeur métallique, que les prix, par conséquent, sont trop élevés ou trop bas, chacun de ces mouvements agit comme correctif (1). Ils ramènent les prix à leur niveau normal par l'expansion et la contraction de l'argent circulant ; dans le premier cas, le niveau entre la valeur de l'or et la valeur des marchandises, dans le second cas, le niveau international des *currencies*. Autrement dit : l'argent ne circule dans les différents pays qu'autant qu'il circule dans chaque pays en qualité de numéraire. L'argent n'est que du numéraire ; c'est pourquoi la quantité d'or qui existe dans un pays doit entrer dans la circulation et peut donc, étant son propre signe de valeur, monter au-dessus ou tomber au-dessous de sa valeur. Et nous voici, par le détour de cette complication internationale, heureusement revenus au simple dogme d'où nous sommes partis.

Quelques exemples montreront comment Ricardo interprète arbitrairement les phénomènes réels dans le sens de sa théorie abstraite. Ainsi il affirme qu'aux époques de mauvaises récoltes, fréquentes en Angleterre pendant la période de 1800-1820, l'or est exporté, non parce qu'on a besoin de blé et que l'or est de la monnaie et partant un moyen d'achat et de paiement toujours efficace sur le marché du monde, mais parce que l'or est dé-

____

(1) *Loc. cit.*, p. 17.

précié dans sa valeur par rapport aux autres marchandises et qu'en conséquence la *currency* du
pays où se produit la mauvaise récolte serait dépréciée par rapport aux autres *currencies* nationales. Ainsi donc, parce que la mauvaise récolte
aurait fait diminuer la masse des marchandises circulante, la quantité donnée de l'argent circulant
aurait dépassé son niveau normal et il y aurait
hausse de tous les prix des marchandises (1). Con-

(1) RICARDO, *loc. cit.*, p. 74, 75. « England, in consequence of a bad harvest, would come under the case of a
country having been deprived of a part of its commodities, and, therefore, requiring a diminished amount of
circulating medium. The currency which was before equal
to the payments would now become superabundant and
relatively cheap in proportion of her diminished production. The exportation of this sum, therefore, would restore
the value of the currency to the value of the currencies of
other countries ». « (L'Angleterre, par suite d'une mauvaise récolte, se trouverait dans le cas d'un pays qui aurait été privé d'une partie de ses marchandises et qui aurait besoin d'une quantité moindre de moyens de circulation. La *currency* qui auparavant était adéquate aux paiements deviendrait surabondante et relativement bon
marché proportionnément à sa production diminuée.
L'exportation de cette somme ramènerait la valeur de la
currency à la valeur des *currencies* des autres pays »). La
confusion qu'il fait entre l'argent et la marchandise et
l'argent et le numéraire prend une allure ridicule dans le
passage suivant : « If we can suppose that after an unfavourable harvest, when England has occasion for an unu-
sual importation of corn, another nation is possessed of
that article, but has no wants for any commodity whatever,
it would unquestionably follow that such a nation would
not export its corn in exchange for commodities : *but nei-
ther would it export corn for money, as that is a commo-*

tradictoirement à cette interprétation paradoxale, on a démontré, au moyen des statistiques, que, depuis 1793 jusque dans ces derniers temps, la quantité des moyens de circulation dans le cas de mauvaises récoltes, ne surabondait pas mais devenait insuffisante et que, par conséquent, il circulait et il devait circuler plus d'argent qu'auparavant (1).

Ricardo affirmait aussi, à l'époque du blocus continental napoléonien et des décrets de blocus anglais, que les Anglais exportaient de l'or au lieu de marchandises parce que leur monnaie était dépréciée par rapport à la monnaie des pays conti-

dity which no nation ever wants absolutely, but relatively », *loc. cit.*, p. 75. (Si nous pouvons supposer qu'après une mauvaise récolte, lorsque l'Angleterre a besoin d'une importation extraordinaire de blé, il se trouve chez une autre nation une surabondance de cet article, mais nul besoin d'une autre marchandise, il s'ensuivrait incontestablement que cette nation n'exporterait pas son blé en échange de marchandises, mais elle *n'exporterait pas non plus du blé pour de l'argent*, puisque ce dernier est une marchandise dont une nation n'a jamais besoin absolument mais relativement).

Pushkin dans son poème héroïque fait du père de son héros un homme incapable de comprendre que la marchandise est de l'argent. Que l'argent est une marchandise, les Russes l'ont de tout temps compris, comme le démontrent non seulement les importations de blé anglaises de 1838-1842 mais encore toute leur histoire commerciale.

(1) Cf. Thomas Tooke, *History of Prices* et James Wilson, *Capital, currency and banking*. (Ce dernier livre est une réimpression d'une série d'articles publiés en 1844, 1845 et 1847 dans le *London Economist*).

nentaux et qu'en conséquence les prix de leurs marchandises étaient plus élevés ; c'était donc une spéculation plus avantageuse d'exporter de l'or que des marchandises. Selon son dire, les marchandises étaient chères et la monnaie bon marché sur le marché anglais, tandis que sur le continent les marchandises étaient bon marché et la monnaie chère. « Le mal, dit un écrivain anglais, était le bas prix ruineux de nos objets fabriqués et de nos produits coloniaux, sous l'influence du système continental, pendant les six dernières années de la guerre. Les prix du sucre et du café, par exemple, estimés en or étaient, sur le continent, quatre ou cinq fois plus élevés que les mêmes prix estimés en billets de banque en Angleterre. C'était l'époque où les chimistes français découvrirent le sucre de betterave et substituèrent la chicorée au café et où des fermiers anglais faisaient des expériences sur l'engraissement des bœufs avec de la mélasse et du sirop ; c'était l'époque où l'Angleterre prenait possession d'Héligoland et y établissait un dépôt de marchandises pour faciliter la contrebande dans le nord de l'Europe et où les objets légers, de fabrication britannique, entraient en Allemagne en passant par la Turquie. Presque toutes les marchandises du monde entier étaient accumulées dans nos entrepôts d'où on ne pouvait les retirer que par petite quantité, au moyen d'une autorisation française pour laquelle les marchands de Hambourg et d'Amsterdam avaient payé à Napoléon une somme

de 40.000 à 50.000 £. Ce devaient être de singu-
liers marchands pour payer de sommes pareilles la
liberté de transporter un chargement de marchandises d'un marché cher à un autre bon marché.
Quelle alternative avait un commerçant ? Ou bien,
il lui fallait acheter pour 6 d. de café en billets de
banque et l'expédier sur une place où il pourrait
immédiatement vendre la livre à 3 ou 4 shillings
en or, ou bien, acheter de l'or avec des billets de
banque à 5 £ l'once et l'envoyer sur une place où il
serait évalué à £ 3,17 s., 10 d. 1/2. Il est donc absurde de dire qu'en remettant de l'or au lieu de
café on croyait faire une opération mercantile plus
avantageuse. Il n'existait point de pays au monde
qui offrît alors une aussi grande quantité de marchandises désirables que l'Angleterre. Bonaparte
examinait toujours attentivement les prix courants
anglais. Aussi longtemps qu'il constatait qu'en
Angleterre l'or était cher et le café bon marché, il
fut d'avis que son système continental fonctionnait
bien (1). »

Précisément à l'époque où Ricardo exposait
pour la première fois sa théorie de la monnaie et
que le *Bullion committee* l'incorporait dans son rapport parlementaire, en 1810, une baisse ruineuse
se produisit dans les prix de toutes les marchandises anglaises, comparées avec ceux de 1808 et

______

(1) JAMES DEACON HUME, *Letters on the corn laws.* London,
1854, p. 29-31.

1809, tandis qu'il y eut une hausse relative dans la valeur de l'or. Les produits agricoles formaient une exception parce que leur importation rencontrait des obstacles et que la masse disponible à l'intérieur avait été réduite par de mauvaises récoltes (1). Ricardo méconnaissait si complètement le rôle des métaux précieux comme moyen de paiement international qu'il a pu déclarer dans son rapport devant le comité du House of Lords (1819) : « That drains for exportation would cease altogeth er so soon as cash payments should be resumed, and the currency be restored to its metallic level (2) ». Il mourut à temps ; à la veille même de l'explosion de la crise de 1825 qui donnait un démenti à sa prophétie.

La période pendant laquelle Ricardo fut littérairement actif était, en général, peu favorable à l'observation des métaux précieux dans leur fonction de monnaie universelle. Avant l'introduction du système continental, le bilan commercial était presque toujours en faveur de l'Angleterre, et sous ce système, les transactions avec le continent européen furent trop insignifiantes pour affecter le cours du change anglais. Les envois d'argent avaient, pour la plupart, un caractère politique et

______

(1) Thomas Tooke, *History of prices*, etc. London, 1848, p. 110.

(2) « Que les drainages pour l'exportation cesseraient tout à fait dès que seraient repris les paiements en espèces et que la currency aurait retrouvé son niveau métallique ».

Ricardo paraît s'être complètement mépris sur le rôle que jouaient les subsides dans l'exportation de l'or anglais (1).

Parmi les contemporains de Ricardo qui formaient l'école représentant les principes de son économie politique, *James Mill* est le plus éminent. Il a essayé d'exposer la théorie de la monnaie de Ricardo sur la base de la circulation métallique simple, sans introduire les complications internationales intempestives, derrière lesquelles Ricardo cache la pauvreté de sa conception, et sans faire de la polémique à l'intention de la Banque d'Angleterre. Ses propositions principales sont les suivantes (2) :

« Par la valeur de la monnaie, il faut entendre ici la proportion dans laquelle elle s'échange contre d'autres marchandises ou la quantité de monnaie qui s'échange contre une certaine quantité d'autres objets... C'est la quantité totale de la monnaie se trouvant dans un pays qui détermine quelle portion de cette quantité devra s'échanger contre une certaine portion des marchandises de ce pays. Si nous supposons que toutes les marchandises du pays sont d'un côté et tout la monnaie de l'autre, et qu'ils s'échangent d'un seul coup, il est évident... que la valeur de la monnaie dépendrait entièrement de sa quantité. Nous verrons que le cas est absolument

(1) Cf. W. Blake, *Les observations*, etc., citées plus haut.
(2) James Mill, *Elements of political economy*.

le même dans l'état actuel des faits. La totalité des marchandises d'un pays n'est pas échangée d'un coup contre la totalité de la monnaie ; les marchandises sont échangées par portions, souvent en de très petites portions et à des époques différentes dans le courant de l'année. La même pièce de monnaie qui a servi à un échange aujourd'hui pourra servir à un autre échange demain. Certaines pièces de monnaie seront employées à beaucoup d'actes d'échange, d'autres à un petit nombre, quelques-unes, qui se trouvent être thésaurisées, à aucun. Dans toute cette variété, il s'établira une certaine moyenne basée sur le nombre des actes d'échange auxquels chaque pièce aurait servi si toutes les pièces en avaient accompli un nombre égal ; cette moyenne peut être le nombre qu'on voudra, mettons dix. Si chaque pièce de monnaie existant dans le pays accomplissait dix achats, c'est exactement la même chose que si toutes les pièces étaient multipliées par dix et n'accomplissaient chacune qu'un achat. La valeur de toutes les marchandises dans le pays est égale à dix fois la valeur de toute la monnaie... Si la quantité de la monnaie au lieu d'accomplir dix échanges dans l'année, était dix fois aussi grande et ne réalisait qu'un seul acte d'échange dans l'année, il est évident que toute addition faite à la quantité totale produirait une diminution de valeur proportionnelle dans chaque pièce prise séparément. Comme on suppose que la masse des marchandises contre lesquelles toute la monnaie est échangée en une fois reste constante, la valeur de la monnaie n'est pas devenue plus grande après que la masse en est augmentée qu'elle n'était auparavant. Si on la suppose augmentée d'un dixième, la valeur de chaque partie, celle d'une once, par exemple, aura diminué d'un dixième.

« Quel que soit le degré dans lequel est augmentée ou diminuée la quantité de la monnaie, celle des autres choses restant constante, la valeur de la masse totale et de chaque partie est réciproquement diminuée ou augmentée dans la même proportion. Cette proposition, il est évident, est universellement vraie. Toutes les fois que la valeur de la monnaie a haussé ou baissé (la quantité des marchandises contre lesquelles il est échangé et la rapidité de la circulation restant constantes) le changement doit dépendre d'une diminution ou d'une augmentation de la quantité et de rien autre. Si la quantité des marchandises diminue tandis que la quantité de la monnaie reste constante, c'est la même chose que si la quantité de la monnaie eut augmenté et *vice versa*... Des changements semblables sont produits par une variation quelconque dans la rapidité de la circulation... Une augmentation dans le nombre de ces achats produit le même effet qu'une augmentation dans la quantité de la monnaie; une diminution produit l'effet contraire... S'il y a une portion des produits annuels qui n'est pas échangée du tout, comme celle que le producteur consomme lui-même, elle n'entre pas en ligne de compte, car ce qui n'est pas échangé contre de l'argent est par rapport à l'argent comme s'il n'existait pas... Lorsque le monnayage est libre, la quantité de la monnaie est réglée par la valeur du métal... L'or et l'argent sont, en réalité, des marchandises... C'est le coût de production... qui détermine la valeur de celles-ci ainsi que des produits ordinaires (1). »

Toute la sagacité de Mill se résout en une série de suppositions aussi arbitraires qu'absurdes. Il veut démontrer que les prix des marchandises ou la valeur de la monnaie est déterminé par « la quantité totale de la monnaie existant dans un pays ». Si l'on *suppose* que la masse et la valeur d'échange des marchandises restent les mêmes, ainsi que la vitesse de la circulation et la valeur des métaux précieux déterminée par les frais de production, et si l'on *suppose*, en même temps, que néanmoins la quantité de la monnaie métallique circulante s'élève ou s'abaisse proportionnellement à la masse de monnaie existant dans un pays, il devient en effet « évident » que l'on a supposé ce qu'on prétendait démontrer. D'ailleurs, Mill commet la même erreur que Hume, en faisant circuler des valeurs d'usage et non des marchandises d'une valeur d'échange donnée, et c'est pourquoi sa proposition est fausse alors même qu'on lui concède toutes ses « suppositions ». La vitesse de la circulation peut rester la même, ainsi que la valeur des

_____

(1) *Loc. cit.*, p. 128-136 *passim*.

métaux précieux, ainsi que la quantité de marchandises en circulation et, néanmoins, si leur valeur d'échange varie, une masse d'argent tantôt plus grande, tantôt plus petite, peut être requise pour la circulation. Mill voit le fait qu'une partie de l'argent existant dans le pays circule tandis que l'autre est stationnaire. A l'aide d'un calcul des moyennes hautement comique, il *suppose*, quoique dans la réalité l'apparence y contredise, qu'en vérité, tout l'argent se trouvant dans un pays circule. Supposez que 10 millions de thalers circulent dans un pays deux fois dans l'année, 20 millions pourraient circuler alors si chaque thaler n'effectuait qu'un achat. Et si la somme totale de l'argent existant dans le pays sous toutes les formes monte à 100 millions, on peut supposer que les 100 millions peuvent circuler, si chaque pièce de monnaie effectue un achat en cinq ans. On pourrait supposer aussi que tout l'argent du monde circule à Hampstead, mais que chaque partie aliquote de cet argent, au lieu d'accomplir trois tours en une année, accomplit un tour en 3.000.000 d'années. L'une de ces suppositions vaut l'autre pour déterminer le rapport entre la somme des prix des marchandises et la quantité des moyens de circulation. Mill comprend qu'il est pour lui d'une importance capitale de mettre les marchandises en contact direct, non avec le quantum d'argent qui circule, mais avec le stock total de l'argent qui, chaque fois, existe dans un pays. Il convient que la masse totale des marchandises d'un pays ne s'échange pas « en une fois » contre la masse totale de l'argent, mais que différentes portions des marchandises à différentes époques de l'année s'échangent contre différentes portions d'argent. Pour éliminer cette disproportion, il *suppose* qu'elle n'existe point. Au reste, toute cette conception du contact direct de la marchandise et de l'argent et de leur échange immédiate, est une abstraction du mouvement des achats et des ventes simples ou de l'argent dans sa fonction de moyen d'achat. Déjà dans le mouvement de l'argent faisant office de moyen de paiement disparaît cette apparition simultanée de la marchandise et de l'argent.

Les crises commerciales pendant le XIXᵉ siècle, notamment les grandes crises de 1825 et 1836, ne suscitèrent point un nouveau développement mais bien de nouvelles applications de la théorie ricardienne de la monnaie. Ce n'étaient plus les phénomènes économiques isolés, tels que, chez Hume, la dépréciation des métaux précieux au XVIᵉ et au XVIIᵉ siècle ou que, chez Ricardo, la dépréciation du papier monnaie au XVIIIᵉ siècle et au commencement du XIXᵉ, mais c'étaient les grands orages du marché mondial dans lesquels se déchargent tous les éléments en lutte du procès de production bourgeois, dont on cherchait l'origine et le remède dans la sphère la plus superficielle et la plus abstraite de ce procès, la sphère de la circulation de la monnaie. L'hypothèse théorique d'où part l'école des météoromanciers économiques se borne en fait à ce dogme : que Ricardo a découvert les lois de la circulation purement métallique. Ce qui leur restait à faire, c'était de soumettre à ces lois la circulation du crédit ou des billets de banque.

Le phénomène le plus général, le plus palpable des crises commerciales est la baisse subite, générale, des prix des marchandises, succédant à une hausse générale, assez prolongée, de ces prix. On peut dire qu'une baisse générale des prix des marchandises est une hausse de la valeur relative de la monnaie comparée avec toutes les marchandises, et inversement on peut dire qu'une hausse générale des prix est une baisse de la valeur relative de la monnaie. Les deux modes d'expression énoncent le phénomène mais ne l'expliquent pas. Que je pose le problème : expliquer la hausse générale périodique, alternant avec la baisse générale, des prix ; ou que je formule le même problème : expliquer la baisse et la hausse périodiques de la valeur relative de la monnaie comparée avec les marchandises, la phraséologie différente laisse subsister le problème aussi entier que le laisserait subsister sa traduction de l'allemand en anglais. La théorie de la monnaie de Ricardo était donc singulièrement opportune, puisqu'elle donne à une tautologie l'apparence d'un rapport causal. D'où vient la baisse générale périodique des prix des marchandises ? De la hausse périodique de la valeur relative de la monnaie. D'où vient, inversement, la hausse générale périodique des prix des marchandises? D'une baisse périodique de la valeur relative de la monnaie. Avec autant de justesse pourrait-on dire que la hausse et la baisse périodiques des prix proviennent de leur hausse et de leur baisse périodiques. Le problème est posé dans l'hypothèse que la valeur immanente de la monnaie, c'est-à-dire sa valeur déterminée par les frais de production des métaux précieux, *ne varie pas*. Si cette tautologie prétend être mieux que de la tautologie, elle repose sur la méconnaissance des notions les plus élémentaires. Si la valeur d'échange de A mesurée en B tombe, nous savons que cela peut provenir aussi bien de la baisse de la valeur de A que de la hausse de la valeur de B. Il en est de même, inversement, si la valeur d'échange de A mesurée en B monte. Une fois que la transformation de la tautologie en un rapport causal est concédée, tout le reste suit sans difficulté. La hausse des prix des marchandises provient de la baisse de la valeur de la monnaie, mais la baisse de la valeur de la monnaie, Ricardo nous l'a appris, est due au débordement de la circulation, c'est-à-dire que la masse de la monnaie circulante dépasse le niveau déterminé par sa propre valeur immanente et les valeurs immanentes des marchandises De même, inversement, la baisse générale des prix des marchandises provient de la hausse de la valeur de la monnaie au-dessus de sa valeur immanente par suite d'une circulation insuffisante. Donc les prix montent et tombent périodi-

quement, parce que périodiquement il y a trop ou
trop peu de monnaie qui circule. Si, maintenant,
on démontre que la hausse des prix a coïncidé avec
une circulation diminuée et la baisse des prix avec
une circulation accrue, on peut néanmoins affirmer
que par suite d'une diminution ou d'une augmentation quelconque — non démontrable par les
statistiques — de la masse des marchandises circulantes, la quantité de monnaie qui circule a augmenté, si non absolument, du moins relativement.
Or, nous avons vu que d'après Ricardo ces fluctuations générales des prix doivent se produire aussi
dans une circulation purement métallique mais
qu'elles se compensent par leur alternance. Ainsi
une circulation insuffisante amène la baisse des prix
des marchandises, la baisse des prix des marchandises entraîne l'exportation, cette exportation fait
affluer l'argent à l'intérieur et cet afflux d'argent,
à son tour, provoque la hausse des prix des marchandises. C'est l'inverse quand il s'agit d'une circulation exubérante où les marchandises sont im-
portées et l'argent est exporté. Mais comme malgré ces fluctuations générales des prix, résultant
de la nature de la circulation métallique ricardienne elle-même, sa forme violente et aiguë, sa
forme de crise, appartient aux époques du système
du crédit développé, il est clair comme le jour que
l'émission des billets de banque n'est pas réglée
exactement sur les lois de la circulation métallique.
La circulation métallique possède son remède dans

l'importation et l'exportation des métaux précieux qui circulent immédiatement à titre de numéraire et qui, par leur afflux ou leur reflux, font baisser ou hausser les prix des marchandises. Par une imitation des lois de la circulation métallique, les banques doivent maintenant produire artificiellement le même effet sur les prix des marchandises. Si l'or afflue de l'extérieur, c'est une preuve que la circulation est insuffisante, que la valeur de la monnaie est trop élevée et que les prix des marchandises sont trop bas, et, qu'en conséquence, il faut jeter dans la circulation des billets de banque proportionnellement à l'or nouvellement importé. Il faut, au contraire, les retirer de la circulation dans la proportion dans laquelle l'or s'écoule du pays. En d'autres termes, l'émission des billets de banque doit se régler sur l'importation ou l'exportation des métaux précieux ou sur le cours du change. La fausse hypothèse de Ricardo que l'or n'est que du numéraire et que, par conséquent, tout l'or importé augmente la monnaie circulante et par là fait monter les prix ; que tout l'or exporté diminue le numéraire et fait baisser les prix, cette hypothèse théorique se tourne ici en l'*expérience pratique de faire circuler autant de numéraire qu'il y a chaque fois d'or*. Lord Overstone (le banquier Jones Loyd) le colonel Torrens, Norman, Clay, Arbuthnot et d'autres écrivains sans nombre, connus en Angleterre sous le nom de l'Ecole du « Currency principle », ont fait plus que prêcher cette doctrine, ils en ont fait, au moyen des Bank Acts de 1844-1845 de Sir Robert Peel, la base de la présente législation de la banque anglaise et écossaise. Leur fiasco ignominieux, et dans la théorie et dans la pratique, après des expériences faites sur la plus grande échelle nationale, ne pourra être considéré que dans la théorie du crédit (1). Mais on peut voir

(1) Quelques mois avant l'explosion de la crise commerciale de 1857, un comité de la Chambre des communes siègeait pour ouvrir une enquête sur les effets des Bank-Acts de 1844 et 1845. Dans son rapport Lord Overstone, le père théorique de ces lois, se laissa aller à la fanfaronnade suivante : « By strict and prompt adherence to the principles of the act of 1844, everything has passed off with regularity and ease ; the monetary system is safe and unshaken, the prosperity of the country is undisputed, the public confidence in the wisdom of the act of 1844 is daily gaining strength ; and if the committee wish for further practical illustration of the soundness of the principles on which it rests, or of the beneficial results which it has assured, the true and sufficient answer to the committee is, look around you : look at the present state of trade of the country, look at the contentment of the people ; look at the wealth and prosperity which pervades every class of the community ; and then, having done so, the committee may be fairly called upon to decide whether they will interfere with the continuance of an act under which these results have been developed ».(Grâce à l'observation stricte et prompte des principes de l'acte de 1844, les choses se sont passées avec régularité et facilité; le système monétaire est assuré et nullement ébranlé ; la prospérité du pays est incontestée, la confiance publique dans la sagesse de l'acte de 1844 grandit tous les jours, et si le comité désire d'autres illustrations pratiques de la sûreté des principes sur lesquels il repose, ou des bienfaisants résultats qu'il a donnés, la vraie et suffisante réponse au comité est : re-

d'ores et déjà que la théorie de Ricardo qui isole la monnaie sous sa forme fluide de moyen de circulation aboutit à attribuer à l'accroissement et au décroissement des métaux précieux une influence absolue sur l'économie bourgeoise telle que la superstition du système monétaire ne l'avait jamais rêvée. C'est ainsi que Ricardo, qui proclame le papier monnaie la forme la plus achevée de la monnaie, devint le prophète des Bullionistes.

Après que la théorie de Hume, ou l'antithèse abstraite du système monétaire, eut été ainsi développée jusqu'à sa dernière conséquence, la conception concrète de la monnaie qu'avait eue Steuart fut réintégrée dans ses droits par *Thomas Tooke* (1). Tooke ne déduit pas ses principes d'une théorie quelconque mais d'une analyse consciencieuse de l'histoire des prix de 1793 à 1856. Dans la première édition de son histoire des prix, parue en 1823, Tooke est entièrement imbu encore de la

gardez autour de vous ; voyez l'état actuel du commerce du pays, voyez le contentement du peuple ; voyez la richesse et la prospérité qui règnent dans chaque classe de la communauté et quand vous aurez regardé autour de vous, on pourra loyalement inviter le comité à décider s'il doit s'opposer au maintien d'un acte qui a donné de tels résultats). C'est ainsi que Overstone emboucha sa trompette le 14 juillet 1857 ; le 15 novembre de la même année le ministère a dû suspendre sous sa propre responsabilité l'acte miraculeux de 1844.

(1) Tooke ignorait complètement l'écrit de Steuart, comme le prouve la *History of prices* from 1839-1847, London, 1848, où il résume l'histoire des théories de la monnaie.

théorie ricardienne et il s'efforce vainement à faire concorder les faits avec cette théorie. On pourrait même considérer son pamphlet *On the Currency*, qui parut après la crise de 1825, comme le premier exposé conséquent des vues que Overstone a fait prévaloir plus tard. Toutefois des recherches soutenues sur l'histoire des prix le contraignirent à reconnaître que cette connexion directe entre les prix et la quantité des moyens de circulation, sous-entendue par la théorie, est une chimère de l'esprit ; que l'expansion et la contraction des moyens de circulation, la valeur des métaux précieux restant constante, sont toujours l'effet, jamais la cause des fluctuations des prix ; que la circulation de l'argent, en général, n'est qu'un moment secondaire et que l'argent dans le procès de production réel revêt encore de tout autres formes déterminées que celle de moyen de circulation. Ses recherches de détail n'appartenant pas à la sphère de la circulation métallique simple ne peuvent pas être discutées ici, non plus que les recherches dans le même ordre d'idées de Wilson et de Fullarton (1). Ces écrivains n'envisagent pas l'argent sous un aspect unique ; ils le conçoivent bien dans ses dif-

---

(1) L'écrit le plus important de Tooke, outre la *History of prices* que son collaborateur a édité en six volumes, est : *An Inquiry into the currency principle, the connexion of currency with prices*, etc., 2e édition, London, 1844. Nous avons déjà cité l'écrit de WILSON. Il nous reste enfin à mentionner JOHN FULLARTON : *On the regulation of currencies*, 2e édition, London, 1845.

férents moments, mais d'une manière mécanique, sans liaison vivante aucune, soit de ces moments entre eux, soit avec le système total des catégories économiques. C'est pourquoi ils confondent à tort l'*argent*, distingué du *moyen de circulation*, avec le *capital*, voire avec la marchandise, quoique, d'autre part, ils se voient contraints, à l'occasion, de le différencier de l'un et de l'autre (1). Quand,

(1) « We ought to... distinguish... between gold... as marchandise, i.e. as capital, and gold... as currency ». (Il convient de distinguer entre l'or comme marchandise, c'est-à-dire comme capital et l'or comme moyen de circulation) TOOKE, *An Inquiry into the currency principle*, etc., p. 10. « Gold and silver may be counted upon to realise on their arrival nearly the exact sum required to be provided... gold and silver possess an infinite advantage over all other description of merchandize... from the circumstance of being universally in use as money... It is not in tea, coffee, sugar or indigo that debts, whether foreign or domestic, are usually contracted to be paid, but in coin : and the remittance, therefore, either in the identical coin designated, or in bullion which can be promptly turned into that coin through the mint or market of the country to which it is sent, must always afford to the remitter, the most certain, immediate, and accurate means of affecting this object, without risk of disappointment from the failure of demand or fluctuation of price.» FULLARTON, *loc. cit.*, p. 132-133 . (On peut compter sur l'or et l'argent pour réaliser à leur arrivée presque l'exacte somme nécessaire... l'or et l'argent possèdent un avantage infini sur toutes les autres marchandises... parce qu'ils servent universellement de monnaie... Ce n'est pas en thé, café, sucre ou indigo qu'on contracte ordinairement le paiement des dettes à l'étranger et à l'intérieur, mais en espèces, et le paiement, soit dans l'identique numéraire désigné, soit en lingot qu'on peut promptement convertir

par exemple, on envoie de l'or à l'étranger, c'est en fait du capital qu'on y envoie, mais la même chose arrive quand on exporte du fer, du coton, du blé, bref, n'importe quelle marchandise. Tous deux sont du capital et ne se distinguent donc pas en tant que capital, mais en tant que monnaie et marchandise. Le rôle de l'or quand il sert de moyen d'échange international ne dérive donc pas de sa forme capital mais de sa fonction spécifique comme monnaie. Et pareillement, quand l'or, ou à sa place des billets de banque, servent de moyens de paiement dans le commerce intérieur, ils sont en même temps du capital. Mais du capital sous forme de marchandises ne pourrait pas les remplacer ainsi que le montrent les crises d'une façon palpable. C'est donc encore une fois parce que l'or, en tant que monnaie, se distingue de la marchandise, et non parce qu'il existe sous forme du capital, que l'or devient moyen de paiement.

Même là où le capital est exporté directement comme capital, pour prêter à intérêts une certaine somme à l'étranger, il dépend des conjonctures

en ce numéraire au marché ou à la Monnaie du pays où il est expédié, offrira toujours à l'expéditeur le moyen le plus sûr, le plus direct, le plus exact pour remplir ce but sans risque de déception causée par la fluctuation du prix). « Any other article (except gold or silver) might in quantity or kind be beyond the usual demand of the country to which it is sent ». (Tout autre objet (que l'or et l'argent) pourrait dépasser par la quantité ou la qualité la demande ordinaire du pays où il est expédié) TOOKE, *An Inquiry*, etc.

qu'il soit exporté sous forme de marchandise ou d'or, et s'il est exporté sous la dernière forme, c'est à cause de la forme spécifique déterminée que revêtent les métaux précieux comme monnaie vis-à-vis des marchandises. Ces écrivains, en général, ne considèrent pas en premier lieu l'argent sous son aspect abstrait, tel qu'il se développe dans l'enceinte de la circulation simple des marchandises et qu'il sort des rapports même des marchandises évoluantes. Ils oscillent donc continuellement entre les formes abstraites qu'acquiert l'argent par opposition à la marchandise et ses formes déterminées sous lesquelles se cachent des rapports plus concrets, tels que le capital, le revenu et autres (1).

(1) Nous étudierons la transformation de l'argent en capital dans le troisième chapitre, lequel traite du capital et clôt cette première section.

NOTE DU TRADUCTEUR

L'Ecrit, *Zur Kritik der politischen Oekonomie* (*Contribution à la Critique de l'Economie politique*) publié par Karl Marx en 1859, 12 ans après la *Misère de la Philosophie* et 8 ans avant *das Kapital*, ouvre la série des ouvrages dans lesquels il étudie et dévoile « la loi économique du mouvement de la société moderne ». Dans le premier chapitre du *Capital*, l'auteur a résumé, en modifiant son plan d'exposition, le contenu de la *Critique* mais de telle manière que nombre de points simplement indiqués dans la *Critique* sont amplement développés dans le *Capital* tandis que d'autres complètement développés dans la *Critique* ne sont plus qu'indiqués dans le *Capital*. C'est ainsi que *l'histoire de la théorie de la valeur et de la monnaie* qui forme une partie importante du premier ouvrage a été écartée du second. Le *Capital* fait donc suite à la *Critique* mais il ne la remplace pas. L'un est le complément de l'autre.

Dans la *Critique de l'Économie politique* comme dans le *Capital*, la méthode de Karl Marx est la méthode dialectique. Il fait la matière sienne dans tous ses détails, il en analyse les diverses formes de développement et en découvre le lien intime. Une fois cette tâche accomplie, mais seulement alors, il expose le mouvement réel dans son ensemble. Et parce qu'il y réussit et que la vie de la matière se réfléchit dans sa reproduction idéale, ce mirage fait croire à une construction *a priori*. (Voir la *Postface* du *Capital*, trad. franç. p. 350.)

Après que l'auteur a analysé la marchandise, montré la genèse et résolu l'énigme de la forme monnaie, il expose le développement et le caractère historique des théories sur la marchandise et la monnaie. Il examine une forme de société historique déterminée, la loi de la valeur supposant pour son complet développement la société de la grande production industrielle et de la libre concurrence, c'est-à-dire, la société bourgeoise moderne. Il passe en revue les doctrines des économistes attitrés ; il démontre les erreurs des uns, l'insuffisance et le peu de profondeur des autres ; il met à nu leur inconsciente hypocrisie et dénonce leur empêtrement dans les notions et les préventions bourgeoises. C'est ainsi que Ricardo, qui dissèque l'économie bourgeoise avec une singulière acuité théorique, considère la forme bourgeoise comme la forme naturelle et éternelle du travail.

Dans la célèbre Préface de *Zur Kritik*, Karl Marx formule pour la première fois la conception matérialiste de l'histoire et donne quelques indications sur le cours des études politiques et économiques qui l'ont conduit au résultat général suivant : « Le mode de production de la vie matérielle conditionne le procès de vie social, politique et intellectuel en général. Ce n'est pas la conscience des hommes qui détermine la réalité, c'est au contraire la réalité sociale qui détermine leur conscience ».

L'ébauche de l'*Introduction à une Critique de l'Economie politique*, trouvée dans les manuscrits laissés par l'auteur, a été publiée pour la première fois par Karl Kautsky dans la revue, *Die Neue Zeit*, en 1903, puis réimprimée dans la seconde édition de *Zur Kritik*, parue en 1907. C'est à cette *Introduction*, dont la traduction est donnée en supplément dans ce volume, que Marx fait allusion dans sa Préface lorsqu'il dit : « Je supprime une *Introduction* générale que j'avais jetée sur le papier, parce que, après y avoir bien réfléchi, il me paraît qu'anticiper sur des résultats qu'il reste encore à démontrer, ce serait dérouter le lecteur ».

Dans l'avant propos à la 2e édition de *Zur Kritik*, Karl Kautsky dit au sujet de cette *Introduction.* « Malgré qu'un demi-siècle se soit écoulé depuis que l'*Introduction* fut écrite ; malgré que Marx et Engels aient depuis lors exposé dans le détail et consolidé leur philosophie, ainsi que leur conception de l'histoire et du mode de production capitaliste, et qu'ils en aient fait l'application de la manière la plus pénétrante dans les directions les plus diverses ; malgré tout cela le petit morceau de l'*Introduction*, avec ses indications fragmentaires et inachevés nous apporte une ample moisson de vues nouvelles. S'il n'anticipe plus sur des résultats encore à démontrer, en revanche, il donne de la profondeur et de la clarté à nos idées sur les résultats acquis. L'*Introduction* enrichit éminemment la littérature marxiste et rehausse par là la valeur de ce livre ».

(N. D. T.)

APPENDICE

___

INTRODUCTION

A UNE CRITIQUE DE L'ÉCONOMIE POLITIQUE

1. *La Production en général.*

Notre thème est en premier lieu la *production matérielle*.

Des individus produisant en société — donc la production d'individus, déterminée socialement, est naturellement le point de départ. Le chasseur ou le pêcheur particulier et isolé, par lequel commencent Smith et Ricardo, appartiennent aux plates imaginations du xviii⁰ siècle. Ce sont des Robinsonades qui n'expriment nullement, ainsi que se le figurent les historiens de la civilisation, une simple réaction contre un raffinement excessif et le retour à une vie primitive mal comprise. Pas plus que le « Contrat Social » de Rousseau, qui au moyen d'une convention met en rapport et communication des sujets indépendants par nature, ne repose sur un pareil naturalisme. C'est là l'apparence, et l'apparence esthétique seulement, des petites et des grandes Robinsonades. Elles anticipent plutôt la « société bourgeoise » qui se préparait depuis le xvie siècle et qui au xviiie marchait à pas de géant à sa maturité. Dans cette société de libre concurrence, l'individu apparaît comme détaché des liens de la nature, lesquels aux époques antérieures de l'histoire font de lui une partie intégrante d'un conglomérat humain déterminé, délimité. Pour les prophètes du xviiie siècle, qui portent sur leurs épaules Smith et Ricardo, cet individu du xviiie siècle — le produit d'une part de la dissolution des formes de société féodales, d'autre part des forces productives nouvellement développées depuis le xvie siècle — apparaît comme un idéal dont l'existence appartient au passé. Non pas comme un résultat historique mais comme le point de départ de l'histoire.

Parce que cet individu paraissait conforme à la nature et qu'il [répondait] (1) à leur conception de la nature humaine, il [n'apparaissait pas] comme se produisant historiquement mais comme posé par la nature. Chaque nouvelle époque a jusqu'ici partagé cette illusion. Steuart, qui en sa qualité d'aristocrate se place à certains égards et en opposition avec le xviiie siècle sur un terrain plus historique, a échappé à cette niaiserie. Plus haut nous remontons dans l'histoire, plus l'individu, et partant l'individu producteur aussi, apparaît comme dépendant et faisant partie d'un tout plus grand ; d'abord d'une manière toute naturelle encore, d'une famille et d'une tribu qui est la famille élargie ; ensuite d'une communauté sous ses différentes formes, issue de l'antagonisme et de la fusion de la tribu.

______

(1) Les mots entre crochets ont été ajoutés par Kautsky.

Ce n'est qu'au xviii° siècle et dans la « société bourgeoise » que les différentes formes des rapports sociaux se dressent devant l'individu comme un simple moyen pour ses buts privés, comme une nécessité extérieure. Mais l'époque qui produit ce point de vue, celui de l'individu isolé, est justement celle où les conditions sociales (générales de ce point de vue) ont atteint le plus haut degré de développement.

L'homme est au sens le plus littéral un *zoon politikon*, non seulement un animal sociable, mais encore un animal qui ne peut s'isoler que dans la société. La production par des individus isolés, en dehors de la société — fait rare qui peut bien se produire lorsqu'un civilisé, qui dynamiquement possède déjà en lui les forces de la société, s'égare accidentellement dans une contrée sauvage — est une chose aussi insensée que le développement du langage dans l'absence d'individus vivant ensemble et parlant ensemble. Inutile de s'arrêter à cela plus longtemps. Il n'y aurait même pas lieu de toucher ce point, si cette fadaise, qui avait un sens et une raison chez les hommes du xviii° siècle, n'avait pas été réintroduite sérieusement en pleine économie politique par Bastiat, Carey, Proudhon, etc. Pour Proudhon et d'autres encore, il est naturellement agréable de faire de la mythologie sous prétexte de donner des explications historico-philosophiques d'un rapport économique dont ils ignorent la genèse historique. C'est Adam ou Prométhée qui d'emblée en eurent l'idée et alors elle fut introduite, etc. Rien de plus aridement ennuyeux que le *locus communis* qui se fait fantaisiste.

Quand donc il est question de production, il s'agit toujours de la production à un stade déterminé du déloppement social — de la production d'individus sociaux. C'est pourquoi il pourrait sembler que lorsqu'on fait tant que de parler de la production, on dût ou bien suivre le procès de développement dans ses différentes phases, ou déclarer dès l'abord qu'on a affaire à une époque historique déterminée, par exemple à la production bourgeoise moderne qui en fait est notre thème propre. Mais toutes les époques de la production ont certains traits distinctifs en commun, des déterminations communes. La *production en général* est une abstraction, mais une abstraction raisonnable, pour autant qu'elle met réellement en relief et fixe le caractère commun et, par conséquent, nous épargne les répétitions. Cependant ce caractère général, ou cet élément commun, démêlé par la comparaison, est lui-même organisé de manière complexe et diverge en déterminations diverses. Certains de ces éléments appartiennent à toutes les époques, d'autres sont communs à quelques-unes. Certaines déterminations seront communes à l'époque la plus moderne comme à la plus ancienne. Sans elles aucune production ne serait concevable ; mais si les langues les plus développées ont des lois et des caractères déterminés qui leur sont communs avec les moins développées, c'est précisément ce qui constitue leur développement qui les différencie de ces éléments généraux et communs. Les déterminations qui valent pour la production en général doivent précisément être dégagées afin qu'on ne

perde pas de vue la différence essentielle en raison
de l'unité, laquelle découle déjà du fait que le sujet,
l'humanité, et l'objet, la nature, sont les mêmes.
Dans cet oubli réside toute la sagesse des économistes
politiques modernes qui démontrent l'éternité et l'harmonie des conditions sociales existantes ; qui exposent
par exemple qu'aucune production n'est possible sans
un instrument de production, cet instrument ne fût-il
que la main ; sans du travail passé, accumulé, ce travail ne fût-il que l'adresse que l'exercice répété a développée et concentrée dans la main du sauvage. Le
capital, entre autres choses, est aussi un instrument de
travail, il est du travail passé, objectivé. Donc le
capital est un rapport naturel, général, pour autant
c'est-à-dire, que j'écarte précisément ce qui est spécifique et ce qui de l' « instrument de production », du
« travail accumulé », fait du capital. Aussi toute l'histoire des rapports de production apparaît-elle chez
Carey, par exemple, comme une falsification faite à
l'instigation malveillante des gouvernements.

S'il n'y a point de production en général, il n'y a
point non plus de production générale. La production
est toujours une branche particulière de la production,
ou bien elle est une totalité, par exemple, l'agriculture,
l'élève du bétail, la manufacture, etc. Mais l'économie
politique n'est pas la technologie. Le rapport des déterminations générales de la production, à un stade
social donné, avec les formes de production particulières est à développer en un autre endroit.

Enfin, la production n'est pas non plus particulière

seulement. C'est toujours, au contraire, un corps social donné, un sujet social, qui exerce son activité dans un agrégat plus ou moins considérable de branches de production. Ce n'est pas ici le lieu de considérer le rapport qui existe entre la représentation scientifique et le mouvement réel. [Il nous faut donc distinguer] entre la production en général, les branches de production particulières et la totalité de la production.

Il est de mode chez les économistes de débuter par une partie générale et c'est précisément celle qui figure sous le titre de *Production* (voir, par exemple, J.-St. Mill) et qui traite des conditions générales de toute production.

Cette partie générale expose ou est censée exposer :

1. Les conditions sans lesquelles la production n'est pas possible, ce qui de fait revient seulement à indiquer les moments les plus essentiels de toute production. Cela se réduit en effet, comme nous le verrons, à un certain nombre de très simples déterminations que l'on délaie en de plates tautologies.

2. Les conditions qui donnent plus ou moins d'essor à la production, comme par exemple les développements d'Adam Smith sur l'état progressif ou stagnant de la société.

Pour donner à ceci qui, chez lui, a sa valeur comme aperçu, un caractère scientifique, il y aurait à faire une étude sur les *degrés de la productivité*, aux différentes périodes, dans le développement de certains peuples — étude qui dépasserait les limites propres de notre thème, mais qui, dans la mesure où elle y entre,

devra être faite lorsque seront développées la concurrence, l'accumulation, etc. Formulée d'une manière
générale, la réponse aboutit à cette généralité qu'un
peuple est parvenu à l'apogée de sa production au
moment où en général il a atteint son apogée historique. Ou encore à ceci : que certaines dispositions de
races, certains climats et certaines conditions naturelles, telles que la situation maritime, la fertilité du
sol, etc. sont plus favorables à la production que
d'autres. Ce qui aboutit de nouveau à la tautologie, que
la richesse se produit plus facilement selon que subjectivement et objectivement ses éléments existent dans une
plus large proportion. Effectivement un peuple est à son
apogée industrielle aussi longtemps que la chose principale pour lui est non le gain mais le procès de gagner.
A cet égard, les Yankees sont supérieurs aux Anglais.

Mais ce n'est pas tout cela qui préoccupe réellement
les économistes dans cette partie générale. Il s'agit
plutôt de représenter la production — voir par exemple
Mill — à la différence de la distribution, comme étant
régie par des lois naturelles éternelles, indépendantes
de l'histoire, et à cette occasion on insinue sous main
des rapports *bourgeois* comme des lois naturelles, im-
muables, de la société *in abstracto*. C'est là le but plus
ou moins conscient de tout le procédé. Dans la distribution, par contre, les hommes se seraient en effet
permis toutes sortes d'actes arbitraires. Toute abstraction faite de la brutale disjonction de la production et
de la distribution en dépit de leur rapport réel, il est
de toute évidence, dès l'abord, que pour diversifiée que

puisse être la distribution aux différents stades de la société, il doit être possible, pour elle comme pour la production, de faire ressortir des caractères communs, et non moins possible de confondre et d'éteindre toutes les différences historiques dans des lois humaines générales. Par exemple, l'esclave, le serf, l'ouvrier salarié, reçoivent tous [un quantum] d'aliments qui leur permet d'exister comme esclave, comme serf, comme ouvrier salarié. Qu'ils vivent, le conquérant du tribut, le fonctionnaire des impôts, le propriétaire foncier de la rente, ou bien le moine d'aumônes et le lévite de la dîme, tous reçoivent [un quantum] de la production sociale qui est déterminé par d'autres lois que celle des esclaves. Les deux points principaux que tous les économistes rangent sous cette rubrique sont : 1° la Propriété, 2° la protection de celle-ci par la Justice, la Police, etc. A cela il y a à répondre très brièvement :

1. Toute production est appropriation de la nature par l'individu, à l'intérieur et au moyen d'une forme de société déterminée. En ce sens c'est de la tautologie de dire que la propriété (appropriation) est une condition de la production. Mais il est ridicule de sauter de là à une forme déterminée de la propriété, par exemple la propriété privée (Ce qui en outre suppose aussi une forme antagonique, la *non-propriété* comme condition). L'histoire nous montre plutôt la propriété commune (par exemple chez les Indiens, les Slaves, les vieux Celtes, etc.) comme la forme primitive, forme qui pendant longtemps encore joua un rôle important sous l'aspect de la propriété communale. Demander si la

richesse se développe mieux sous cette forme-ci de la propriété ou sous cette forme-là est une question qui ne se pose pas encore ici. Mais dire qu'il ne puisse pas être question d'une production, ni par suite d'une société, là où il n'existe pas de ·propriété, c'est une tautologie. Une appropriation qui ne s'approprie rien est une *contradictio in subjecto*.

2. Sauvegarde de la Propriété, etc. Lorsqu'on réduit ces trivialités à leur ·contenu réel, elles expriment plus que ne savent leurs prêcheurs. C'est-à-dire que chaque forme de production crée ses rapports de droit, ses formes de gouvernement propres. La grossièreté et l'incompréhension consistent précisément à ne rapporter que fortuitement les uns aux autres, à ne lier que dans la réflexion, des éléments qui sont unis organiquement. La notion qui flotte dans l'esprit des économistes bourgeois c'est que la police est plus favorable à la production que le droit du plus fort. Ils oublient seulement que le droit du plus fort est aussi un droit et que le droit du plus fort survit encore sous d'autres formes dans leur « Etat de droit ».

Quand les conditions sociales qui répondent à un stade déterminé de la production sont en voie de formation ou quand elles sont en train de disparaître, des troubles se manifestent naturellement dans la production, quoiqu'à des degrés différents et avec un effet différent.

Pour résumer : tous les stades de production ont en commun certaines déterminations que la pensée généralise, mais les soi-disant *conditions générales* de toute production ne sont rien d'autre que ces moments

abstraits, lesquels n'expliquent aucun stade historique
réel de la production.

Le rapport général de la Production avec la Distribution, l'Echange et la Consommation.

Avant de nous engager plus avant dans l'analyse de
la production, il est nécessaire de considérer les différentes rubriques que les économistes placent à côté
d'elle. L'idée qui se présente de soi est celle-ci : dans
la production, les membres de la société approprient
les produits de la nature à des besoins humains ; la
distribution détermine la proportion dans laquelle l'individu participe à cette production ; l'échange lui
apporte les produits particuliers en lesquels il veut
convertir le quantum qui lui est échu par la distribution ; enfin, dans la consommation, les produits deviennent des objets de jouissance, d'appropriation individuelle. La production fournit les objets qui répondent
aux besoins ; la distribution les répartit suivant les lois
sociales ; l'échange répartit à nouveau ce qui est réparti déjà selon le besoin individuel ; dans la consommation enfin, le produit disparaît du mouvement social,
devient directement objet et serviteur du besoin individuel et le satisfait dans la jouissance. La production
apparaît ainsi comme le point initial, la consommation
comme le point final, la distribution et l'échange apparaissent comme le milieu qui lui-même est double, la
distribution étant déterminée comme le moment qui

émane de la société, l'échange comme celui qui émane des individus. Dans la production, le sujet s'objective ; dans la [consommation], l'objet se subjective ; dans la distribution, la société, sous la forme de dispositions générales décisives, se charge de la médiation entre la production et la consommation ; dans l'échange, cette médiation est accomplie par l'individu déterminé fortuitement.

La distribution détermine la proportion dans laquelle les produits échoient à l'individu ; l'échange détermine les produits en lesquels l'individu réclame la part que la distribution lui assigne.

Production, distribution, échange, consommation, forment ainsi un syllogisme selon les règles — production, la généralité ; distribution et échange, la particularité ; consommation, l'individualité qui exprime la conclusion. C'est là sans doute un enchaînement, mais il est superficiel. La production [au dire des économistes] est déterminée par des lois naturelles générales, la distribution par la contingence sociale ; elle peut donc influer plus ou moins favorablement sur la production ; l'échange est situé entre les deux comme mouvement social formel (?) (1) et l'acte final de la consommation, laquelle est conçue non seulement comme but, mais comme fin, se trouve proprement hors de l'économie sauf en tant qu'il réagit sur le point initial et fait recommencer tout le procès.

Les adversaires des économistes politiques — que

____

(1) Les mots suivis d'un point d'interrogation sont des mots que Kautsky n'est pas sûr d'avoir bien déchiffrés.

ce soient des adversaires dans ou hors de leur domaine — qui leur reprochent de disloquer d'une manière barbare ce qui est organiquement joint ensemble, ou bien se placent sur le même terrain qu'eux ou sont au-dessous d'eux. Rien de plus ordinaire que le reproche fait aux économistes d'envisager la production trop exclusivement comme un but en soi. La distribution aurait une importance tout aussi grande. Ce reproche est fondé précisément sur la conception économique que la distribution est une sphère indépendante, autonome, qui existe à côté de la production. Ou bien [on leur reproche] de ne pas concevoir les différents moments dans leur unité. Comme si cette dissociation n'avait pas pénétré de la réalité dans les traités au lieu d'avoir pénétré des traités dans la réalité et comme s'il s'agissait ici du balancement dialectique de concepts et non de la perception de rapports réels.

a) *La production est immédiatement consommation aussi.*

Consommation double, subjective et objective. L'individu qui en produisant développe ses facultés, les dépense aussi, les consomme dans l'acte même de la production, exactement comme la reproduction naturelle est une sorte de consomption des forces vitales. En second lieu, produire c'est consommer les moyens de production dont on fait usage et qui s'usent et dont une partie (dans le chauffage par exemple) est de nouveau résolue dans les éléments de l'univers. C'est aussi consommer de la matière première, laquelle ne demeure pas dans sa forme et constitution naturelles mais qui est consumée plutôt. L'acte de production lui-même est donc dans tous ses moments un acte de consommation aussi. Mais, cela les économistes l'accordent. La production en tant qu'immédiatement identique à la consommation, la consommation en tant que coïncidant immédiatement avec la production, ils l'appellent la consommation productive. Cette identité de production et de consommation revient à la proposition de Spinoza : *determinatio est negatio.* Mais cette détermination de la consommation productive n'est établie que pour séparer la consommation qui est identique à la production, de la consommation proprement dite laquelle est conçue plutôt comme son antithèse destructive. Considérons donc la consommation proprement dite.

La consommation est immédiatement production aussi, comme dans la nature la consommation des éléments et des substances chimiques est production de la plante. Que, par exemple, dans l'alimentation, qui est une forme de la consommation, l'homme produise son propre corps, cela est clair : mais cela est également vrai de tout autre genre de consommation qui d'une façon ou d'une autre produit l'homme. [C'est là] la production consommatrice. Seulement, dit l'économie, cette production identique à la consommation est une seconde production née de l'anéantissement du produit de la première. Dans la première, le producteur devient objet, dans la seconde, l'objet se personnifie. Ainsi donc cette production consommatrice — bien qu'elle soit une unité immédiate de la production et de la consommation — diffère essentiellement de la production proprement dite. L'unité immédiate, où la production coïncide avec la consommation et la consommation avec la production, laisse subsister sa dualité immédiate.

La production est donc immédiatement consommation, la consommation est immédiatement production. Chacune est immédiatement son contraire. En même temps s'opère un mouvement médiateur entre les deux. La production est médiatrice de la consommation dont elle crée les matériaux et qui sans eux n'aurait point d'objet. Mais la consommation est immédiatement aussi production en ce qu'elle procure aux produits le sujet pour lequel ils sont des produits. Le produit ne reçoit son dernier fini que dans la consommation. Un chemin de fer sur lequel on ne voyage pas, qui, par conséquent, ne s'use pas, qui n'est pas consommé, n'est qu'un chemin de fer *dynamei*, et non en réalité. Sans production, point de consommation, mais sans consommation point de production non plus. La consommation produit la production d'une manière double.

Premièrement, en ce que le produit ne devient réellement produit que dans la consommation ; par exemple, une robe ne devient réellement une robe que par le fait d'être portée ; une maison qui n'est pas habitée n'est pas en fait une maison véritable ; ainsi le produit, à la différence du simple objet naturel, ne se confirme comme produit, ne *devient* produit, que dans la consommation. En résolvant le produit, la consommation lui donne son achèvement. Car le produit est le [résultat] de la production non seulement comme activité objectivée mais aussi en tant qu'objet pour le sujet actif.

Deuxièmement, la consommation produit la production en ce qu'elle crée le besoin d'une production nouvelle, donc le mobile idéal, interne et agissant de la production qui est sa présupposition. La consommation crée le mobile de la production, elle crée aussi l'objet qui comme but agit dans la production d'une manière déterminante. S'il est clair que la production fournit l'objet extérieur de la consommation, il n'est pas moins clair que la consommation pose l'objet de la production idéalement, comme image intérieur, comme besoin, comme impulsion, comme but. Elle crée l'objet de la production sous une forme qui est subjective encore. Sans besoin point de production. Mais la consommation reproduit le besoin. A cela correspond du côté de la production :

1. Qu'elle fournit à la consommation les matériaux, l'objet. Une consommation sans objet n'est pas une consommation. En ce sens donc, la production produit la consommation.

2. Mais ce n'est pas l'objet seulement que la production fournit à la consommation. Elle donne à la consommation son caractère déterminé, son achèvement. De même que la consommation donne au produit son achèvement comme produit, la production donne l'achèvement à la consommation. *Premièrement*, l'objet n'est pas un objet en général mais un objet déterminé, lequel a été consommé d'une manière déterminée par la médiation encore une fois de la **production** elle-

même. La faim est la faim, mais la faim qui se satisfait avec de la viande cuite, mangée à l'aide d'un cou-
teau ou d'une fourchette, est une autre faim que celle
qui avale de la viande crue à l'aide des mains, des
ongles et des dents. La production ne produit donc
pas seulement l'objet de la consommation, mais encore la manière de la consommation, elle produit donc
objectivement et subjectivement. La production crée
donc les consommateurs.

3. La production ne fournit pas seulement des matériaux au besoin, elle fournit aussi un besoin aux matériaux. Quand la consommation émerge de sa
grossièreté primitive — et s'y attarder serait en soi le
résultat d'une production enfoncée encore dans la
grossièreté primitive — elle est elle-même sollicitée
par-l'objet comme cause excitatrice. Le besoin qu'elle
éprouve de lui a été créé par la perception de l'objet.
L'objet d'art, et pareillement tout autre produit, crée
un public sensible à l'art et apte à jouir de la beauté.
Ainsi la production ne produit pas seulement un objet
pour le sujet mais aussi un sujet pour l'objet.

La production produit donc la consonsommation :
1. en lui fournissant les matériaux ; 2. en déterminant
le mode de la consommation ; 3. en excitant dans le
consommateur le besoin des produits qu'elle a d'abord
posés comme objet. Elle produit donc l'objet de la consommation, le mode de la consommation, l'instinct de
la consommation. La consommation de même (produit)
la *disposition* du producteur en le posant comme but (?)
et en sollicitant le besoin. L'identité entre la consom-

mation et la production apparaît donc comme triple.

1. Identité immédiate : la production est consommation ; la consommation est production. Production consommatrice. Consommation productive. Les économistes nomment l'une et l'autre consommation productive, mais ils font encore une différence : la première figure comme reproduction ; la seconde, comme consommation productive. Toutes les recherches sur la première sont relatives au travail productif ou improductif ; sur la seconde, à la consommation productive et non-productive.

2. Chacune apparaît comme moyen et existe par la médiation de l'autre, ce qui s'exprime comme leur interdépendance, un mouvement par où elles se rapportent l'une à l'autre et apparaissent comme indispensables l'une à l'autre, mais demeurent cependant extérieures l'une à l'autre.

La production crée les matériaux pour la consommation comme objet extérieur ; la consommation crée le besoin comme objet interne, comme but de la production. Sans production, point de consommation, sans consommation point de production ; cette proposition figure dans l'économie sous beaucoup de formes.

3. La production n'est pas seulement immédiatement consommation, ni la consommation immédiatement production ; la production n'est encore que moyen pour la consommation et la consommation, but pour la production, c'est-à-dire que chacune fournit à l'autre son objet, la production, l'objet extérieur de la consommation, la consommation, l'objet représenté de la production.

Chacune d'elles n'est pas seulement l'autre, n'est pas seulement la médiatrice de l'autre, mais chacune d'elles, en se réalisant, crée l'autre, se réalise comme l'autre. La consommation n'accomplit d'abord l'acte de la production qu'en achevant le produit comme produit, en le résolvant, en en consumant la forme objective, indépendante ; en faisant évoluer jusqu'à l'adresse, par le besoin de la répétition, la disposition développée dans le premier acte de la production ; elle n'est donc pas seulement l'acte final par lequel le produit devient produit, mais encore l'acte par lequel le producteur devient producteur. D'autre part, la production produit la consommation en ce qu'elle crée le mode déterminé de la consommation et puis en ce qu'elle crée le stimulus pour la consommation, la capacité même de consommation sous forme de besoin. Cette dernière identité mentionnée sous le point 3 est beaucoup discutée par l'économie à propos du rapport de l'offre et de la demande, des objets et des besoins, des besoins créés par la société et des besoins naturels.

Ceci dit, rien de plus simple pour un hegélien que de considérer la production et la consommation comme identiques. Et c'est ce qui a été fait, non seulement par des gens de lettres socialistes, mais aussi par des économistes politiques, par exemple, par Say, sous la forme que voici : si l'on considère un peuple ou encore l'humanité *in abstracto* — sa production est sa consommation. Storch a démontré l'erreur de Say, en faisant observer qu'un peuple ne consomme pas son produit net mais crée aussi des moyens de production, du capital fixe, etc. Au surplus, considérer la société comme un seul individu, c'est la considérer faussement, spéculativement. Chez un individu, produire et consommer apparaissent comme les moments d'un acte. L'important ici est de faire ressortir que si l'on considère la production et la consommation comme activités d'un seul sujet ou d'individus isolés, elles apparaissent en tout cas comme les moments d'un procès où la production est le véritable point de départ, et partant aussi le facteur qui prédomine. La consommation comme nécessité, comme besoin, est elle-même un moment interne de l'activité productive, mais cette dernière est le point de départ de la réalisation et par conséquent son moment prépondérant, l'acte dans lequel tout le procès se résout à nouveau. L'individu produit un objet et, en consommant son produit, il fait retour en soi-même, mais comme individu productif et qui se reproduit soi-même. La consommation apparaît ainsi comme un moment de la production.

Mais dans la société, le rapport du producteur au produit, dès que ce dernier est achevé, est purement extérieur, et le retour du produit à l'individu dépend des relations de celui-ci avec d'autres individus. Il ne s'en empare pas immédiatement. Aussi bien l'appropriation immédiate du produit n'est pas son but quand il produit dans la société. Entre le producteur et les produits se place la distribution, laquelle, par des lois sociales, détermine sa part au monde des produits et se place donc entre la production et la consommation.

Maintenant, est-ce que la distribution existe comme

sphère indépendante à côté et en dehors de la production ?

b) Production et Distribution. — Ce qui doit frapper de prime abord quand on considère les traités ordinaires d'économie politique, c'est qu'on y pose toutes les catégories d'une manière double ; par exemple, dans la distribution figurent la rente foncière, le salaire, l'intérêt et le profit, tandis que dans la production, la terre, le travail, le capital figurent comme agents de la production. En ce qui concerne le capital, il est évident, dès l'abord, qu'il est posé doublement : 1. comme agent de production ; 2. comme source de revenus ; l'intérêt et le profit [apparaissent] comme des facteurs déterminants et des formes déterminées de la distribution ; comme tels ils figurent encore dans la production en tant qu'ils sont des formes dans lesquelles le capital s'accroît et grandit, et qu'ils sont donc des moments de sa production même. L'intérêt et le profit, comme formes de distribution, supposent le capital comme agent de production. Ce sont aussi des modes de reproduction du capital.

Le salaire pareillement est le travail salarié considéré sous une autre rubrique : le caractère déterminé que possède ici le travail comme agent de production apparaît là comme attribut de la distribution. Si le travail n'était pas déterminé comme travail salarié, le mode suivant lequel il participe à la distribution n'apparaîtrait pas comme salaire, ainsi que c'est le cas pour l'esclavage. Enfin, la rente foncière, pour prendre tout de suite la forme la plus développée de la distribution dans laquelle la propriété foncière participe aux produits, suppose la grande propriété foncière (proprement la grande culture), comme agent de production ; non la terre tout court, pas plus que le salaire n'est le travail tout court. C'est pourquoi les rapports et modes de distribution apparaissent seulement comme les revers des agents de production. Un individu qui participe à la production sous la forme du travail salarié, participe sous la forme de salaire aux produits, aux résultats de la production. L'organisation de la distribution est entièrement déterminée par l'organisation de la production. La distribution est, elle-même, un produit de la production, non seulement en ce qui concerne l'objet, puisque seuls les résultats de la production peuvent être distribués, mais en ce qui concerne la forme particulière de la distribution, la forme suivant laquelle on participe à la distribution. Il est tout à fait illusoire de placer la terre dans la production, la rente foncière dans la distribution.

Les économistes comme Ricardo auxquels tous les premiers on reproche de n'avoir en vue que la production, ont donc déterminé la distribution comme l'objet exclusif de l'économie, parce qu'ils concevaient instinctivement les formes de distribution comme l'expression la plus catégorique où s'affirment les agents de production dans une société donnée.

Vis-à-vis de l'individu isolé, la distribution apparaît naturellement comme une loi sociale qui conditionne sa situation dans la production à l'intérieur de laquelle il produit et qui précède donc la production. A l'origine, l'individu ne possède point de capital, point de propriété foncière. Dès sa naissance, il est contraint au travail salarié par la distribution sociale. Mais cette contrainte est, elle-même, le résultat du fait que le capital, que la propriété foncière existent comme des agents de production indépendants.

A considérer des sociétés entières, la distribution paraît encore à un autre point de vue précéder et déterminer la production ; en quelque sorte, comme un fait pré-économique. Un peuple conquérant partage le pays entre les conquérants et impose ainsi une répartition et une forme de propriété foncière déterminées, il détermine par conséquent la production ; ou il fait des hommes conquis des esclaves et fait ainsi reposer la production sur le travail d'esclaves. Ou bien un peuple morcelle par une révolution la grande propriété foncière et donne par cette nouvelle distribution un caractère nouveau à la production. Ou encore la législation perpétue la propriété foncière dans les grandes familles ou répartit le travail comme un privilège héréditaire, et le fixe ainsi dans les castes.

Dans tous ces cas, et tous sont des cas historiques, la distribution ne paraît pas être déterminée par la production, mais, au contraire, la production paraît être organisée et déterminée par la distribution.

Conçue de la manière la plus superficielle, la distribution apparaît comme la distribution des produits et ainsi comme plus éloignée de la production et quasi indépendante vis-à-vis d'elle. Mais avant d'être la distribution des produits, la distribution est : 1° la distribution des instruments de production, et 2° — ce qui est une nouvelle détermination du même rapport — la distribution des membres de la société entre les différents genres de production (subsomption des individus sous des rapports de production déterminés). La distribution des produits est manifestement un résultat de cette distribution qui est incluse dans le procès de production lui-même èt détermine l'organisation de la production. Considérer la production en laissant de côté cette distribution qu'elle renferme est évidemment de l'abstraction vide, tandis que, au contraire, la distribution de produits découle de soi de cette distribution qui, à l'origine, constituait un moment de la production. C'est précisément parce que Ricardo s'attachait à concevoir la production moderne dans son organisation sociale déterminée, et parce qu'il est l'économiste de la production *par excellence* (1), qu'il déclare la distribution et non la production, le thème propre de l'économie moderne. Ici apparaît à nouveau l'absurdité des économistes qui traitent la production comme une vérité éternelle alors qu'ils enferment l'histoire dans le domaine de la distribution.

La question de savoir quel est le rapport de cette distribution à la production qu'elle détermine est manifestement du domaine de la production même. Dirait-on qu'alors du moins — puisque la production dépend d'une certaine distribution des instruments de production — la distribution dans cette signification

(1) En français dans l'original.

précède la production, est présupposée par elle, il y aurait à répondre que la production en fait a ses conditions et ses présuppositions qui en constituent ses moments. Celles-ci peuvent paraître, dans les commencements, avoir une origine spontanée. Par le procès de production même elles deviennent, de facteurs spontanés, des facteurs historiques et si, pour une période, elles apparaissent comme présupposition naturelle de la production, elles ont été pour une autre un résultat historique. A l'intérieur de la production même, elles sont constamment transformées. L'application du machinisme, par exemple, modifie la distribution aussi bien des instruments de production que des produits, et la grande propriété foncière moderne, elle-même, est le résultat aussi bien du commerce moderne et de l'industrie moderne que de l'application de la dernière à l'agriculture.

Les questions soulevées plus haut se réduisent toutes en dernière instance au point de savoir de quelle manière les conditions historiques générales affectent la production et quel est le rapport de la production au mouvement historique. La question appartient évidemment à la discussion et à l'analyse de la production même.

Cependant, dans la forme triviale où elles viennent d'être posées, on peut les expédier aussi promptement. Toutes les conquêtes comportent trois possibilités. Le peuple conquérant soumet le peuple conquis à son propre mode de production (par exemple, les Anglais en Irlande au xix⁰ siècle et en partie dans l'Inde); ou bien il laisse subsister le mode ancien et se contente d'un tribut (par exemple, les Turcs et les Romains), ou bien il s'établit une action réciproque qui produit quelque chose de nouveau, une synthèse (cela s'est produit en partie dans les conquêtes germaniques). Dans tous les cas, le mode de production, soit celui du peuple conquérant, soit celui du peuple conquis, soit celui provenant de la fusion des deux, est décisif pour la distribution nouvelle qui s'introduit. Quoique celle-ci apparaisse comme une condition préalable pour la nouvelle période de production, elle est elle-même un produit de la production, non seulement de la production historique en général mais d'une production historique déterminée. Les Mongols, par leurs dévastations en Russie, par exemple, agissaient conformément à leur production qui n'exigeait que le pâturage, pour lequel de grandes étendues de pays inhabitées sont une condition capitale. Les Germains barbares, chez qui l'agriculture pratiquée par des serfs était la production traditionnelle et qui étaient habitués à la vie solitaire à la campagne, pouvaient d'autant plus facilement soumettre les provinces romaines à ces conditions que la concentration de la propriété terrienne qui s'y était opérée avait déjà complètement renversé les anciens systèmes d'agriculture. C'est une notion traditionnelle qu'à de certaines périodes on n'a vécu que de pillage. Or, pour pouvoir piller il faut qu'il y ait quelque chose à piller, donc production. Et le genre de pillage est lui-même déterminé par le genre de la production. On ne peut pas piller une *stock jobbing nation* (nation de spéculateurs à la Bourse) de la même façon qu'une nation de vachers.

Quand on vole l'esclave, on vole directement l'instrument de production. Mais encore faut-il que la production du pays pour lequel on l'a volé soit organisée de manière à admettre le travail d'esclaves ou bien encore (comme dans l'Amérique du Sud, etc.) faut-il qu'on crée un mode de production qui corres-ponde à l'esclavage.

Des lois peuvent perpétuer un instrument de production, par exemple, la terre, dans certaines familles. Ces lois n'acquièrent une importance économique que là où la grande propriété foncière est en harmonie avec la production sociale, comme en Angleterre. En France, la petite culture était pratiquée malgré la grande propriété ; aussi cette dernière fut-elle mise en pièces par la révolution. Mais si l'on perpétue le parcellement par des lois ? En dépit de ces lois, la propriété se concentre de nouveau. L'influence des lois pour fixer des rapports de distribution et, par suite, leur action sur la production sont à déterminer à part.

c) Echange et Circulation. — La circulation elle-même n'est qu'un moment déterminé de l'échange ou encore elle est l'échange considéré dans sa totalité, en tant que *l'échange* est un moment médiateur entre la production et la distribution qu'elle détermine et la consommation ; cependant, en tant que cette dernière apparaît elle-même comme un moment de la production, l'échange est manifestement compris aussi comme moment dans la production.

En premier lieu il est clair que l'échange d'activités et de capacités qui s'effectue dans la production même lui appartient directement et la constitue essentiellement. Cela est vrai, en second lieu, de l'échange des produits dans la mesure où il est l'instrument qui sert à fournir le produit achevé, destiné à la consommation immédiate. Dans ces limites, l'échange lui-même est un acte compris dans la production. En troisième lieu, l'échange entre producteurs-échangistes est, d'après son organisation, anssi bien déterminé entièrement par la production qu'il est lui-même une activité productive. L'échange n'apparaît comme indépendant à côté de la production et indifférent à son égard, que dans le dernier stade où le produit est échangé immédiatement pour la consommation. Mais il n'existe point d'échange sans division de travail, qu'elle soit naturelle ou qu'elle soit elle-même déjà un résultat historique ; 2. l'échange privé suppose la production privée ; 3. l'intensité de l'échange, de même que son étendue et son genre, sont déterminés par le développement et l'organisation de la production, par exemple, l'échange entre la ville et la campagne, l'échange à la campagne, à la ville, etc. L'échange apparaît ainsi, dans tous ses moments, comme directement compris dans la production ou déterminée par elle.

Le résultat auquel nous arrivons n'est pas que la production, la distribution, l'échange, la consommation sont identiques mais qu'ils sont tous des membres d'une totalité, des différences dans une unité. La production se dépasse aussi bien elle-même, dans la détermination antithétique de la production, qu'elle dépasse les autres moments. C'est par elle que le procès recommence toujours de nouveau. Que l'échange et la consommation ne puissent pas être l'élément prédominant, cela s'entend de soi. Il en va de même de la distribution comme distribution des produits. Mais comme distribution des agents de la production, elle est elle-même un moment de la production. Une [forme] déterminée de la production détermine donc des [formes] déterminées de la consommation, de la distribution, de l'échange, ainsi que des *rapports réciproques déterminés de ces différents facteurs*. Sans doute la production *dans sa forme unilatérale* est, elle aussi, déterminée par d'autres moments ; par exemple, quand le marché, c'est-à-dire la sphère des échanges, s'étend, la production gagne en extension et se divise plus profondément.

Avec un changement dans la distribution, la production change, par exemple, avec la concentration du capital, une distribution différente de la population dans la ville et la campagne, etc. Enfin, le besoin de la consommation détermine la production. Une action réciproque a lieu entre les différents moments. C'est le cas pour chaque tout organique.

La méthode de l'Economie Politique.

Quand nous considérons un pays donné au point de vue de l'économie politique, nous commençons par sa population, la division de celle-ci en classes ; son établissement dans les villes, les campagnes, aux bords de la mer ; les différentes branches de production, l'exportation et l'importation, la production et la consommation annuelles, les prix des marchandises, etc. Il paraît correct de commencer par ce qu'il y a de concret et de réel dans les données ; ainsi donc, dans l'économie, par la population qui est la base et le sujet de tout l'acte social de la production. Mais à regarder de plus près, ce serait là une fausse méthode. La population est une abstraction si je laisse de côté les classes dont elle se compose. Ces classes sont à leur tour un mot vide de sens si j'ignore les éléments sur lesquels elles reposent, par exemple, le travail salarié, le capital, etc. Ceux-ci supposent l'échange, la division du travail, les prix, etc. Le capital, par exemple, n'est rien sans travail salarié, sans valeur, argent, prix, etc. Si donc je commençais par la population, ce serait une représentation chaotique du tout et par une détermination plus stricte, j'arriverais analytiquement toujours davantage à des concepts plus simples ; du concret représenté, j'arriverais à des abstractions toujours plus ténues, jusqu'à ce que je sois parvenu aux plus simples déterminations. Arrivé là, il faudrait refaire le voyage à rebours, jusqu'à ce que j'aboutisse de nouveau à la population, mais cette fois, non pas avec une représentation chaotique d'un tout, mais avec une riche totalité de déterminations et de rapports divers. Le premier est le chemin que l'économie politique naissante a pris historiquement. Les économistes du xviie siècle, par exemple, débutent toujours par le tout vivant, la population, la nation, l'Etat, plusieurs Etats, etc. ; mais

ils finissent toujours par découvrir, au moyen de l'analyse, un certain nombre de rapports généraux abstraits
qui sont déterminants, tels que la division du travail,
l'argent, la valeur, etc. Dès que ces moments isolés
ont été plus ou moins fixés et abstraits, commencent
les systèmes économiques qui s'élèvent du simple, tel
que Travail, Division du travail, Besoin, Valeur
d'échange, jusqu'à l'Etat, l'Echange entre les nations et
le Marché universel. La dernière méthode est manifestement la mé-hode scientifiquement exacte. Le concret
est concret, parce qu'il est la synthèse de beaucoup de
déterminations, donc unité du divers. C'est pourquoi
le concret apparaît dans la pensée comme le procès de
la synthèse, comme résultat, non comme point de départ, quoiqu'il soit le véritable point de départ et par
suite le point de départ aussi de la perception et de la
représentation. Dans la première méthode, la représentation pleine est volatilisée en l'abstraite détermination ; dans la seconde, les déterminations abstraites
conduisent à la reproduction du concret par la voie de
la pensée. C'est ainsi que Hegel donna dans l'illusion
de concevoir le réel comme le résultat de la pensée qui
s'absorbe en soi, descend en soi, se meut de soi, tandis
que la méthode de s'élever de l'abstrait au concret
n'est que la manière de procéder de la pensée pour
s'approprier le concret, pour le reproduire mentalement comme chose concrète. Mais ce n'est nullement
là le procès de la genèse du concret lui-même. La
plus simple catégorie économique, mettons la valeur
d'échange, suppose la population, une population pro

duisant dans des conditions déterminées et aussi un certain genre de familles, ou de communautés, ou d'Etats. Elle ne peut jamais exister autrement que comme rapport unilatéral-abstrait d'un tout concret et vivant déjà donné.

Comme catégorie, au contraire, la valeur d'échange mène une existence antédiluvienne. Pour la conscience — et la conscience philosophique est ainsi déterminée que, pour elle, la pensée qui conçoit est l'homme réel et le monde conçu est comme tel le seul monde réel — pour la conscience donc, le mouvement des catégories apparaît comme le véritable acte de production — qui ne reçoit qu'une impulsion du dehors — dont le résultat est le monde, et cela est exact en ceci (mais ici nous avons de nouveau une tautologie) que la totalité concrète, comme totalité de pensée, comme un concrétum de pensée, est en fait un produit du penser, du concevoir ; elle n'est nullement le produit du concept qui s'engendre lui-même et qui conçoit en dehors et au-dessus de la perception et de la représentation, mais elle est l'élaboration de la perception et de la représentation en concepts. Le tout, tel qu'il apparaît dans la tête comme un tout mental, est un produit du cerveau pensant qui s'approprie le monde de la seule manière qu'il lui soit possible de le faire, manière qui diffère de la manière artistique, religieuse et pratique de se l'approprier. Le sujet concret demeure debout après comme avant dans son indépendance en dehors du cerveau — aussi longtemps, c'est-à-dire, que le cerveau ne se comporte que spéculativement, théoriquement. Dans la méthode théorique aussi [de l'économie politique] le sujet, la société, doit donc toujours être présent à l'esprit comme présupposition.

Mais ces catégories simples n'ont-elles pas aussi une existence indépendante, historique ou naturelle avant les catégories plus concrètes? *Ça dépend* (1). Par exemple, Hegel ouvre correctement sa *Rechtsphilosophie* par la possession, comme le rapport juridique le plus simple du sujet. Mais il n'existe point de possession avant la famille ou les rapports entre maîtres et esclaves, qui sont des rapports encore bien plus concrets. En revanche, il serait juste de dire qu'il existe des familles, des tribus qni ne font que *posséder*, mais qui n'ont pas de *propriété*. La plus simple catégorie apparaît donc comme le rapport de communautés de familles ou de tribus avec la propriété. Dans la société primitive, elle apparaît comme le rapport plus simple d'un organisme développé, mais le substrat plus concret dont le rapport est la possession, est toujours sous-entendu. On peut se représenter un sauvage isolé possédant des choses. Mais alors la possession n'est pas un rapport juridique.

Il n'est pas exact que la possession évolue historiquement à la famille. Elle suppose toujours cette « plus concrète catégorie juridique ». Cependant il resterait toujours ceci : que les catégories simples sont l'expression de rapports dans lesquels le concret moins développé a pu se réaliser sans avoir encore

____

(1) En français dans le texte allemand.

posé le rapport plus complexe qui est exprimé mentalement dans la catégorie concrète, tandis que le concret plus développé conserve la même catégorie comme un rapport subordonné.

L'argent peut exister et il a existé historiquement avant qu'existât le capital, avant qu'existassent les banques, avant qu'existât le travail salarié. A ce point de vue, on peut dire que la catégorie simple peut exprimer des rapports dominants d'un tout peu développé encore, rapports qui existaient déjà avant que le tout se fût développé dans la direction qui est exprimée dans une catégorie plus complète. En ce sens, les lois du penser abstrait qui s'élève du plus simple au complexe, répondent au procès historique réel.

D'un autre côté, on peut dire qu'il y a des formes de société très développées, bien que, historiquement, elles n'aient pas encore atteint leur maturité, où se trouvent les formes les plus hautes de l'économie, telles que la coopération, une division de travail développée, sans qu'il y existe de l'argent, par exemple le Pérou.

Dans les communautés slaves aussi, l'argent et l'échange qui le conditionne ne jouent point ou ne jouent guère de rôle, mais ils apparaissent à leurs frontières, dans leurs relations avec d'autres communautés. C'est d'ailleurs une erreur de placer l'échange au milieu des communautés comme l'élément les constituant originairement. Au début, il apparaît plutôt dans les rapports des différentes communautés, les unes avec les autres, que dans les relations entre les membres d'une seule et même communauté.

En outre, quoique l'argent ait de bonne heure et partout joué un rôle comme élément dominant, il n'apparaît dans l'antiquité que chez des nations développées unilatéralement, dans un sens déterminé, et même dans l'antiquité la plus cultivée, chez les Grecs et les Romains, il n'atteint son complet développement, lequel est supposé dans la société bourgeoise moderne, que dans la période de la dissolution. Cette très simple catégorie n'atteint donc historiquement son point culminant que dans les conditions les plus développées de la société. Et l'argent ne pénétrait (?) aucunement tous les rapports économiques ; ainsi dans l'empire romain, à l'heure de son parfait développement, l'impôt en nature et la prestation en nature demeurèrent la chose fondamentale. Le système de l'argent, à proprement parler, n'y était complètement développé que dans l'armée, et n'avait jamais de prise sur la totalité du travail.

Ainsi, quoique la catégorie simple ait pu exister historiquement avant la plus concrète, elle ne peut précisément appartenir dans son plein développement, interne et externe, qu'à des formations sociales composées (?), tandis que la catégorie plus concrète était pleinement développée dans une forme de société moins avancée.

Le travail est une catégorie tout à fait simple. Et encore la conception du travail dans ce sens général — comme travail en général — est très ancienne. Néanmoins, conçu économiquement dans cette simplicité, le travail est une catégorie aussi moderne que le

sont les conditions qui engendrent cette abstraction.
Par exemple, le système monétaire place la richesse
tout à fait objectivement encore... (1) dans l'argent.
Au regard de ce point de vue, ce fut un grand progrès quand le système manufacturier ou commercial
plaça la source de la richesse non dans l'objet mais
dans l'activité subjective — le travail commercial
et manufacturier. Mais il la concevait encore dans le
sens restreint d'une activité productrice d'argent. Par
rapport à ce système, le système des physiocrates est
(un nouveau progrès) ; il pose une forme déterminée
du travail — l'Agriculture — comme créatrice de
richesse, et l'objet lui-même ne paraît plus sous le
déguisement de l'argent mais comme produit en général, comme résultat général du travail. Mais ce produit, conformément aux limitations de l'activité, n'est
toujours qu'un produit naturel. L'agriculture produit,
la terre produit *par excellence* (2). Ce fut un progrès
immense que fit Adam Smith quand il rejeta tout
caractère déterminé de l'activité qui crée la richesse,
quand [il posa] le travail sans plus ; ni la manufacture,ni le travail commercial, ni le travail agricole,
mais aussi bien l'un que l'autre. Avec la **généralité** abstraite de l'activité qui crée la richesse, nous
avons maintenant la généralité de l'objet déterminé
comme richesse, le produit en général ou, encore une
fois, le travail en général, mais comme travail passé

(1) Ici se trouvent deux mots indéchiffrables.
(2) En français dans l'original.

réalisé. Combien difficile et considérable était ce passage, c'est ce qui prouve le fait qu'Adam Smith lui-même retombe de temps à autre dans le système physiocratique. Maintenant il pourrait paraître qu'on eût ainsi trouvé seulement l'expression abstraite pour le rapport le plus simple et le plus ancien où entrent les hommes — dans n'importe quelle forme de société — en tant que producteurs. Cela est vrai dans un sens. Non dans un autre.

L'indifférence à l'égard d'un genre déterminé de travail présuppose une totalité très développée de genres de travail réels, desquels aucun ne domine plus tous les autres. Aussi les abstractions les plus générales ne se produisent que là où existe le développement concret le plus riché, où une chose apparait comme commune à beaucoup d'individus, commune à tous. Alors elle cesse de pouvoir être pensée seulement sous une forme particulière. D'autre part, cette abstraction du travail en général n'est que le résultat d'une totalité concrète de travaux. L'indifférence à l'égard du travail déterminé correspond à une forme de société dans laquelle les individus peuvent passer avec facilité d'un travail à un autre et dans laquelle le genre déterminé du travail est fortuit et leur est par conséquent indifférent. Ici le travail est devenu non seulement catégoriquement, mais réellement un moyen de produire de la richesse en général et il a cessé de se confondre avec l'individu comme une destination spéciale. Cet état des choses est le plus développé dans la forme d'existence la plus moderne de la société bourgeoise — aux Etats-Unis. Ici donc l'abstraction de la catégorie « travail », « travail en général », travail *sans phrase* (1), le point de départ de l'économie moderne, devient pour la première fois pratiquement vraie. Ainsi l'abstraction la plus simple que l'économie moderne place au premier rang et qui exprime un rapport ancien et valable pour toutes les formes de société, n'apparaît pourtant comme pratiquement vrai, dans cette abstraction, qu'en tant que catégorie de la société la plus moderne. On pourrait dire que ce qui apparaît dans les Etats-Unis comme un produit historique, apparaît chez les Russes par exemple — cette indifférence à l'égard du travail déterminé — comme une disposition naturelle. Premièrement, il y a une différence en diable entre des barbares qui sont aptes à être employés à tout, et des civilisés qui s'appliquent eux-mêmes à tout. Et puis, pratiquement, à cette indifférence à l'égard du travail déterminé correspond, chez les Russes, ce fait qu'ils sont traditionnellement assujettis à un travail bien déterminé auquel seules des influences extérieures peuvent les arracher.

Cet exemple montre d'une manière frappante comment même les catégories les plus abstraites malgré leur validité — précisément à cause de leur nature abstraite — pour toutes les époques, sont néanmoins, dans ce qu'il y a de déterminé dans cette abstraction, tout aussi bien le produit de conditions

(1) En français dans l'original.

historiques et ne possèdent une pleine validité que pour ces conditions et dans le cadre de ces conditions.

La société bourgeoise est l'organisation historique de la production la plus développée, la plus différenciée. Les catégories qui expriment ses conditions, la compréhension de son organisation propre, la rendent apte à comprendre l'organisation et les rapports de production de toutes les formes de société disparues, sur les ruines et les éléments desquelles elle s'est édifiée et dont des vestiges, non dépassés encore, traînent en elle, tandis que ce qui avait été simplement indiqué s'est épanoui et a pris toute sa signification, etc. L'anatomie de l'homme est une clef pour l'anatomie du singe. Ce qui, dans les espèces animales inférieures, indique une forme supérieure ne peut au contraire être compris que lorsque la forme supérieure est connue déjà. L'économie bourgeoise fournit la clef de l'économie antique etc. Mais nullement selon la méthode des économistes qui effacent toutes les différences historiques et dans toutes les formes de société voient la forme bourgeoise. On peut comprendre le tribut, la dîme, lorsqu'on comprend la rente foncière. Mais il ne faut pas les identifier.

Comme, en outre, la société bourgeoise n'est elle-même qu'une forme antagonique du développement, certains rapports appartenant à des formes antérieures ne se retrouveront en elle que tout à fait étiolées ou même travesties, par exemple, la propriété communale. Si donc il est vrai que les catégories de l'économie bourgeoise possèdent une vérité pour toutes les autres formes de société, cela ne doit être pris que *cum grano salis*. Elles peuvent les contenir développées, étiolées, caricaturées, mais toujours essentielle ment différentes. La soi-disant évolution historique repose en général sur le fait que la dernière forme considère les formes passées comme des degrés qui conduisent à elle-même, étant rarement et seulement dans des conditions tout à fait déterminées, capable de se critiquer soi-même — il n'est naturellement pas question ici de ces périodes historiques qui se dévoilent à elles-mêmes comme des temps de décadence. La religion chrétienne n'a pu aider à faire comprendre d'une manière objective les mythologies antérieures que lorsque sa critique de soi fut, jusqu'à un certain point, *dynamei*, pour ainsi dire, achevée. C'est ainsi que l'économie bourgeoise parvint seulement à l'intelligence de la société féodale, antique, orientale, quand la société bourgeoise commença à se critiquer soimême. Pour autant que l'économie bourgeoise ne donna pas dans la mythologie et ne s'identifia pas simplement avec le passé, sa critique de la [société] antérieure, notamment de la féodale, avec laquelle elle avait encore à lutter directement, ressembla à la critique que le christianisme exerça sur le paganisme, ou encore le protestantisme sur le catholicisme.

Quand on étudie la marche des catégories économiques, et, en général, toute science sociale historique, il importe toujours de retenir que le sujet — ici la société bourgeoise moderne — est donné dans la menta-

lité aussi bien que dans la réalité, et que les catégories, par conséquent, expriment des formes de vie,
des déterminations d'existence, et souvent des côtés
isolés seulement de cette société déterminée, de ce
sujet, et que partant [l'économie politique] ne commence nullement *comme science aussi* à partir du moment seulement où il est question d'elle *comme telle.*
Ce fait est à retenir parce qu'il donne immédiatement une direction décisive pour la division à faire.

Rien ne paraît plus naturel, par exemple, que de
commencer par la rente foncière, la propriété foncière,
parce qu'elle est liée à la terre, source de toute production et de toute vie et à la première forme de production dans toutes les sociétés tant soit peu solidifiées
— l'agriculture. Or, rien ne serait plus faux. Dans
toutes les formes de société il se trouve une production
déterminée, qui est supérieure à toutes les autres et
dont la situation assigne leur rang et leur influence à
toutes les autres.

C'est une illumination universelle où trempent toutes
les couleurs, et qui les modifie dans leur particularité.
C'est un éther spécial qui détermine le poids spécifique de toutes les choses mises en relief par lui.

Prenons, par exemple, les peuples pasteurs (de
simples peuples chasseurs où pêcheurs sont en deçà du
point où le véritable développement commence). Chez
eux existe une certaine forme sporadique de l'agriculture. La propriété foncière est par là déterminée. Elle
est commune, et elle conserve plus ou moins cette
forme, selon que ces peuples adhèrent plus ou moins

à leurs traditions, par exemple, la propriété foncière chez les Slaves. Là où prédomine l'agriculture pratiquée par des peuples établis — et cet établissement est déjà un grand progrès — ainsi que dans la société antique et féodale, l'industrie avec son organisation et les formes de la propriété qui lui correspondent ont, elles aussi, plus ou moins des traits caractéristiques de la propriété foncière ; [la société] ou bien dépend entièrement de l'agriculture, comme chez les anciens Romains, ou elle imite, comme au Moyen Age, l'organisation de la campagne dans les rapports de la cité. Le capital lui-même — en tant qu'il n'est pas du simple capital argent — possède au Moyen Age, comme outil (?) traditionnel, ce caractère de propriété foncière.

C'est l'inverse dans la société bourgeoise. L'agriculture devient de plus en plus une simple branche de l'industrie et elle est dominée entièrement par le capital. Il en va de même de la rente foncière. Dans toutes les formes où domine la propriété foncière, le rapport avec la nature est prépondérant. Dans celles où règne le capital, c'est l'élément social produit historiquement qui prévaut. On ne peut pas comprendre la rente foncière sans le capital, mais on comprend le capital sans la rente foncière. Le capital est la puissance économique de la société bourgeoise qui domine tout. Il doit constituer le point initial et le point final et être développé avant la propriété foncière. Après qu'on a considéré séparément l'un et l'autre, il faut considérer leur rapport réciproque.

Il serait donc impraticable et erroné de ranger les catégories économiques dans l'ordre dans lequel elles ont eu historiquement une action déterminante. L'ordre dans lequel elles se succèdent est plutôt déterminé par le rapport qu'elles ont les unes avec les autres dans la société bourgeoise moderne, et qui est précisément le contraire de ce qui paraît être leur rapport naturel ou de ce qui correspond à la série de l'évolution historique. Il ne s'agit pas de la place que les rapports économiques occupent historiquement dans la succession de différentes formes de société. Encore moins de leur série « dans l'idée » (Proudhon) qui n'est qu'une représentation fallacieuse (?) du mouvement historique. Il s'agit de leur connexion organique à l'intérieur de la société bourgeoise moderne.

La netteté (caractère déterminé abstrait) avec laquelle les peuples commerçants — Phéniciens — Carthaginois — apparurent dans le monde antique, provient précisément de la suprématie même des peuples agriculteurs. Le capital, comme capital commercial ou capital argent, apparaît justement dans cette abstraction là où le capital n'est pas encore l'élément prépondérant des sociétés. Les Lombards, les Juifs, occupent la même position à l'égard des sociétés médiévales qui pratiquent l'agriculture.

Voici qui peut servir encore comme exemple du rôle différent que les mêmes catégories remplissent à des degrés différents de la société : les sociétés par actions, une des dernières formes de la société bourgeoise, apparaissent aussi à son début, dans les grandes compagnies commerciales privilégiées et jouissant de monopoles.

Le concept de la richesse nationale, lui-même, s'insinue dans l'esprit des économistes du XVII° siècle sous cette forme — et cette représentation se continue en partie chez ceux du XVIII° — que la richesse n'est créée que pour l'Etat, mais que la puissance de l'Etat est proportionnelle à cette richesse. C'était là une forme inconsciemment hypocrite encore sous laquelle la richesse et la production de la richesse s'annonçaient comme le but des Etats modernes et ne les considéraient plus que comme des moyens pour ce but.

La division doit manifestement être faite de manière qu'en premier lieu [on développe] les déterminations générales abstraites, lesquelles appartiennent plus ou moins à toutes les formes de société, mais dans le sens exposé plus haut. En second lieu, les catégories qui constituent l'organisation intérieure de la société bourgeoise et sur lesquelles reposent les classes fondamentales. Capital : Travail salarié ; Propriété foncière. Leurs rapports réciproques. Ville et campagne. Les trois grandes classes sociales. L'échange entre celles-ci. Circulation. Crédit (privé). En troisième lieu, la société bourgeoise comprise sous la forme de l'Etat. L'Etat en soi. Les classes « improductives ». Impôts. Dettes de l'Etat. Le Crédit public. La population. Les colonies. Emigration. En quatrième lieu, Rapports internationaux de la production. Division internationale du travail. Echange international. Exportation et importation. Cours du change. En cinquième lieu, le marché mondial et les crises.

*

Production. — Moyens de Production et rapports de Production. — Rapports de Production et de Distribution. — Formes de l'Etat et de la Propriété dans leur rapport avec la Production et la Distribution. — Rapports juridiques. — Rapports familiaux.

Nota bene. — En ce qui concerne des points qui doivent être mentionnés ici et qui ne doivent pas être oubliés : 1. La guerre est développée avant la paix. [Il y aurait à exposer] comment par la guerre et dans les armées, etc., certains phénomènes économiques, tels que le travail salarié, le machinisme, etc., sont développés de meilleure heure qu'à l'intérieur de la société bourgeoise. Le rapport de la force productive et des moyens de communication est particulièrement visible dans l'armée.

2. Rapport de la méthode idéaliste d'écrire l'histoire, telle qu'on l'a suivie jusqu'ici, et la méthode réaliste. Notamment la soi-disant histoire de la civilisation qui est l'histoire de la religion et des Etats.

A cette occasion, on pourra dire quelque chose aussi sur les différentes manières dont on a écrit l'histoire jusqu'ici. La manière dite objective. La subjective (morale et autre). La manière philosophique.

3. *Faits secondaires et tertiaires.* En général, des rapports de production *dérivés, transmis,* non origiaux. Ici entrent en jeu les rapports internationaux

4. Sur le matérialisme de cette conception. Rapport au matérialisme naturaliste.

5. Dialectique des concepts, force productive (moyens de production) et rapports de production, dialectique dont les limites sont à déterminer et qui n'élimine pas la différence réelle.

6. Le rapport inégal entre le développement de la production matérielle et la production antique par exemple. En général, le progrès ne doit pas être conçu de la manière abstraite habituelle. En ce qui concerne l'art, cette disproportion n'est pas encore aussi importante ni aussi difficile à saisir que dans les rapports pratiques-sociaux, par exemple, le rapport de la culture des Etats-Unis à celle de l'Europe. Le point réellement difficile qui est à discuter ici est celui de savoir comment les rapports de production, et les rapports juridiques qui en découlent évoluent d'une manière inégale (?). Ainsi, par exemple, le rapport entre le droit privé romain (pour le droit criminel et public ceci est moins vrai) et la production moderne.

7. Cette conception apparaît comme celle d'une évolution nécessaire. Mais justification du hasard. Varia (1). (La liberté et autres choses encore). (Influence des moyens de communication). A proprement parler, l'histoire universelle n'apparaît pas toujours dans l'histoire comme le résultat de l'histoire universelle.

8. Des déterminations naturelles subjectives et ob-jectives, tribus, races, etc., doivent, comme de juste, être prises comme point de départ.

(1) Va dans l'original.

Pour l'art, on sait que des périodes de floraison déterminées ne sont nullement en rapport avec le développement général de la société, ni par conséquent avec la base matérielle, l'ossature, en quelque sorte, de son organisation. Par exemple, les Grecs comparés aux modernes, ou encore Shakespeare. En ce qui concerne certains genres de l'art, par exemple, l'épopée, il est admis qu'ils ne peuvent jamais se produire dans leur forme classique, faisant époque dans le monde, dès que la production artistique comme telle apparaît ; c'est-à-dire qu'à l'intérieur du domaine de l'art lui-même, certaines de ses manifestations importantes ne sont possibles qu'à un degré inférieur de l'évolution de l'art. Si cela est vrai du rapport des différents genres de l'art à l'intérieur du domaine de l'art lui-même, il devient moins surprenant qu'il en soit de même du rapport du domaine de l'art tout entier avec le développement général de la société. La difficulté ne consiste que dans la formulation générale de ces contradictions. Dès qu'on les spécifie, elles s'expliquent. Prenons, par exemple, le rapport de l'art grec et puis de l'art de Shakespeare avec le temps présent. La mythologie grecque, on le sait, n'était pas seulement l'arsenal de l'art grec, mais sa terre nourricière. La conception de la nature et des relations sociales, qui est au fond de l'imagination grecque et partant de l'art grec, est-elle compatible avec les machines automatiques, les chemins de fer, les locomotives et le télégraphe électrique ? Qu'est-ce que Vulcain auprès de Roberts et C°, Jupiter auprès du paratonnerre et Hermès auprès du Crédit mobilier ? Toute mythologie dompte et domine et façonne les forces de la nature dans l'imagination et par l'imagination et disparaît donc lorsqu'on parvient à les dominer réellement. Que devient Fama au regard de *Printing house square* (1) ? L'art grec suppose la mythologie grecque, c'est-à-dire la nature et la société élle-même façonnées déjà d'une manière inconsciemment artistique, par la fantaisie populaire. Ce sont là ses matériaux. Non pas une mythologie quelconque, non pas une transformation inconsciemment artistique quelconque de la nature (cette dernière comprenant ici tout ce qui est objet, donc aussi la société). La mythologie égyptienne n'eût jamais pu fournir le sol ou le sein maternel pour enfanter l'art grec. Mais en tout cas, il fallait une mythologie. En aucun cas, l'art grec ne pouvait éclore dans une société qui exclut tout rapport mythologique avec la nature, qui demande à l'artiste une imagination ne s'appuyant pas sur la mythologie.

A un autre point de vue, Achille est-il possible, lorsqu'apparaissent la poudre et le plomb ? Ou toute l'Iliade, est-elle compatible avec la machine à imprimer ? Est-ce que les chants et légendes et la Muse ne disparaissent pas nécessairement devant la barre du typographe, est-ce que les conditions nécessaires de la poésie épique ne s'évanouissent pas ?

La chose difficile n'est pas de comprendre que l'art grec et l'épopée soient liés à certaines formes du dé-

____

1) L'imprimerie du journal le *Times*.

veloppement social, mais de comprendre qu'ils puissent encore nous procurer des jouissances esthé-tiques et soient considérés à certains égards comme norme et comme modèle inaccessibles.

Un homme ne peut pas redevenir un enfant sans tomber en enfance. Mais ne se réjouit-il pas de la naïveté de l'enfant, et ne doit-il pas lui-même aspirer à reproduire, à un niveau plus élevé, la sincérité de l'enfant ; est-ce que dans la nature enfantine, le caractère propre de chaque époque ne revit pas dans sa vérité naturelle ? Pourquoi l'enfance sociale de l'humanité, au plus beau de son épanouissement, n'exercerait-elle pas, comme une phase à jamais disparue, un éternel attrait ? Il y a des enfants mal élevés et des enfants vieillots. Beaucoup de nations anciennes appartiennent à cette catégorie. Les Grecs étaient des enfants normaux. Le charme que nous trouvons à leur art n'est pas en contradiction avec le caractère primitif de la société où cet art a poussé. Il est plutôt le produit de celle-ci ; il est plutôt lié indissolublement à ce fait que les conditions sociales inachevées où il est né, et où seul il pouvait naître, ne pourront jamais plus revenir.

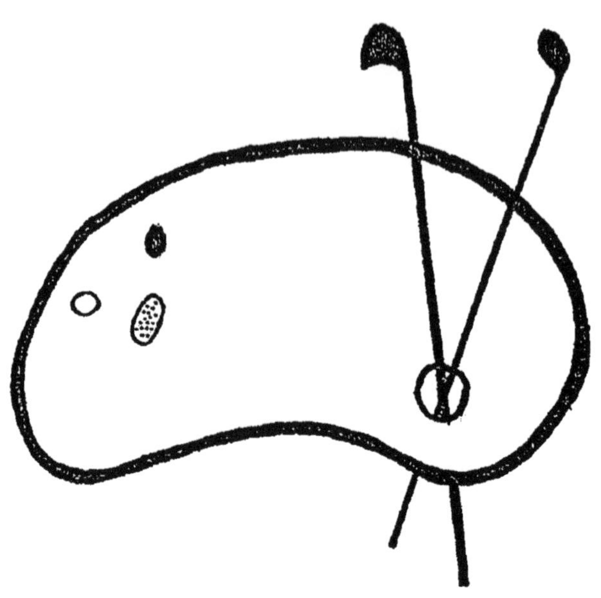

ORIGINAL EN COULEUR
NF Z 43-120-8

www.ingramcontent.com/pod-product-compliance
Ingram Content Group UK Ltd.
Pitfield, Milton Keynes, MK11 3LW, UK
UKHW022057120726
13694UKWH00001B/189